상징입법

걸과 속이 다른 입법의 정체

이 도서의 국립중앙도서관 출판예정도서목록(CIP)은 서지정보유통지원시스템 홈페이지(http://seoji.nl.go.kr)
와 국가자료종합목록 구축시스템(http://kolis-net.nl.go.kr)에서 이용하실 수 있습니다.
CIP제어번호: CIP2020025749

상징입법

겉과 속이 다른 입법의 정체

Symbolic Legislation

deceiving and misleading people

사랑하는 아이와 아내를 잃고 피눈물을 흘리는 가습기살균제 피해자를 구제한다며 만든 법이 오히려 피해자들의 분노와 원성을 불러일으키는 까닭은 무엇일까? 테러방지법, 아동·청소년성보호법 등 처벌을 강화해도 왜 우리는 더 불안을 떨칠 수 없는 것일까? 미세먼지 8법을 만들며 야단법석을 떨었지만 OECD 최하위 수준, 최악의 피해 노출 소식을 듣는 한국인들의 숨쉬기가 여전히 힘든 까닭은 무엇일까? 대학 강사의 지위 향상을 표방한 강사법은 왜 대량해고 사태를 낳고 네 차례나 시행이 연기된 것도 모자라 강사나 대학 누구도 만족 못하는 문제입법이 되었을까? 이 모든 물음에 대한 해답을 상징입법의 개념과 이론을 통해 파헤친다.

홍준형 지음

한울
아카데미

이 책은 2019년도 서울대학교 (행정대학원) 한국행정연구소 연구총서로 지원을 받았음.

머리말

상징입법 문제를 제기하는 것은 말하자면 일종의 시민 주권회복 이니셔티브의 일환이다. 정치인이나 관료들이 벌이는 '입법 연희(演戲)'에서 무엇이 연출되었고 무엇이 허구인지 옥석을 가릴 수 있어야 그로 인한 폐해를 막을 수 있고 또 책임도 물을 수 있기 때문이다. 정부와 국회가 해온 많은 일들 가운데 상징입법 범주에 들어가는 경우가 적지 않기 때문에 눈을 부릅뜨고 감시를 하자는 이야기다. 정치와 정부의 엘리트들이 상징입법을 통해 발신하는 메시지, 가령 사태가 잘 수습되고 있다거나 문제가 확실히 해결되었다는 메시지가 기만이나 허위가 아닌지 제대로 분별해야 주권을 제대로 행사할 수 있기 때문이다.

그동안 우리가 동시대인으로서 겪어온 대표적인 상징입법 사례들을 분석하다보니 그 사례들이 동시에 한국사회가 겪었던 대표적 고난의 시리즈였다는 것을 깨닫게 된다. 우리 눈앞에서 우리 곁에서 그런 일들이 벌어지는 걸 보면서 살아왔던 것이다. 이제 분명히 하자. 입법에는 책임이 따른다는 것을. 책임정치는 책임입법이 되어야 한다는 것을.

이 책이 나오는 데 도움을 준 사람들, 특히 이 책의 구조와 내용을 점검하고 도움을 준 송유경 조교, 필자의 연구실에서 자료수집과 정리 등을 도와준 박효성, 전연재, 문소영, 장창대 조교에게 깊이 감사드린다.

2020년 7월 북들 한 귀퉁이에 앉아

홍준형

차례

프롤로그
우리는 속고 산 게 아닐까

사랑하는 아이와 아내를 잃고 피눈물을 흘리는 가습기살균제 피해자를 구제한다며 만든 법이 오히려 피해자들의 분노와 원성을 불러일으키는 까닭은 무엇일까? 초복합위험사회에 대한 처방이라며 강력 처벌조항을 담아 만들어진 테러방지법, 전자감시법, 아동·청소년성보호법에도 불구하고 왜 우리는 안전하다고 느끼기는커녕 더욱 더 불안을 떨칠 수 없는 것일까? 미세먼지 문제 해결을 약속하며 강력한 종합대책을 거듭하다 급기야 미세먼지 8법을 만들어 야단법석을 떨었지만 OECD 회원국 중 최하위 수준, 최악의 피해에 노출되어왔다는 소식을 들어야 하는 한국인들의 숨쉬기가 여전히 불안한 까닭은 무엇일까? 열악한 대학 강사들의 지위를 향상시키겠다던 강사법은 왜 시행도 되기 전에 대량 해고 사태를 낳고 학문 생태계를 무너뜨릴 것이라는 비난을 받으며 네 차례나 시행이 연기되고 강사나 대학 어느 누구도 만족하지 못하는 문제입법이 되었을까? 이 모든 물음에 대한 해답의 단초를 제공해주는 것이 바로 상징입법의 문제이다. 모든 문제를, 전적으로 그리고 근본적으로 설명해주지는 못할지라도 적어도 많은 부분을 해명해준다. 국가와 정부, 국회가 우리의 문제를 제대로 해결해주리라는 기대를 사그라뜨리는 근원이 바로 여기에 있다.

상징입법이란 무엇인가? 쉽게 말하면 겉과 속이 다른 법, 또는 그런 법을 만드는 것이다. 무슨 동기에서든(보통은 용납할 수 없는 불순한 의도로) 겉만 번지르르한 법을 만들어 대중을 현혹하거나 우롱하는 경우를 말한다. 가장 흔한 경우는 '안심조장형' 또는 '민심무마용' 상징입법, 그러니까 정부 또는 정치 지도자들이 자신이 사태를 잘 장악하고 있으니 안심해도 좋다는 메시지를 보내기 위한 입법이다. 어디서 많이 들어 본 낯익은 이야기 아닌가. 박근혜 전 대통령이 팽목항에서 세월호 탑승자 가족들에게 뭐든 확실히 해줄 것 같던 결연한 표정을 짓던 광경, 며칠 뒤 단호하고 비장한 얼굴로 해경을 해체한다는 결단을 발표하던 장면. 이를 보고 영문 모를 통쾌함을 느꼈을 사람들이 있었을지도 모르겠다. 그러나 실상은 기대를 배반한다. 그 단호한 결단들이 실제 문제해결로 이어졌을까?

상징입법은 문제 많은 나라, 대한민국에 유독 많다.

배신행위를 대놓고 하는 경우는 흔치 않다. 특히 정치인들은 더 그렇다. 입법, 법을 만든다는 숭고한 임무를 표방하며 능란하게 현혹하고 때로는 스스로 현혹되기도 한다. 상황이 벌어지면 뭐라도 해야 하는, 법을 집행할 뿐만 아니라 만드는 과정에 깊숙이 관여하는 정부 관료들도 곧잘 해온 일이다. 대형 재난이나 사고가 발생하면 정부는 일단 피해자나 국민들에게 자신이 그 수습을 위해 헌신하고 있다는 모습을 '실감나게' 보여주려고 노력한다. 동시에 정부는 강력하고 효과적인 수습책을 가시화하여 보여주어야 한다는 압박에 처해 최대한 빠른 시일 내에 입법조치나 정책대안을 급조해낸다. 정부와 행정의 엘리트들은 그런 압박 속에서도 자신들이 사태를 확실히 장악하고 있다는 외관을 만들어내고 또 과시하는 데 관심을 기울인다. 국회와 정당 등 정치권 역시 마찬가지 맥락에서 특별조사단을 꾸리고 현장을 방문하며 부산을 떨고 각종 아이디어와 약속들을 담은 입법조치들을 꾸린다. 이러한 현상은 비단 대형 재난이나 사고뿐만 아니라 정권교체, 경제정책, 복지정책 등 중대한 국가정책의 전환, 국정농단과 부패스캔들, 적폐청산 캠페인 등 다양한 상황에서도 빈번히 발생한다.

시간이 지나면서 어떤 계기를 통해서든 정부와 정치권이 내건 의지와 약속과는 다른 결과가 빚어졌다는 사실이 판명되는 경우가 많다. 하지만 자신이 만든 법이나 법조항을 자랑하는 국회의원은 있지만 입법의 부작용이나 결함에 대해 책임을 지는 사람은 없다. 명색이 법을 만든다는 입법권자 국회의원들은 법률안이 국회를 통과하여 공포될 때까지만 기억한다. 그 이상 그 법률안이 실제로 어떤 결과를 가져왔는지, 어떤 미비점이나 문제가 있는지 따지지 않는다. 일부 소수의 예외를 제외하면 대부분 그렇다. 이러한 경향은 국회의원들뿐만 아니라 공직자도 마찬가지이다. 자신이 관여한 입법의 잘못이나 부실에 대해서는 일절 책임이나 반성이 없다. 법이 만들어져 시행되기도 전에 문제점들이 드러나 시행이 연기되거나 만들자마자 맹점이 불거져 개정 대상이 되는 법들이 생기는 이유는 무엇일까. 사람들을 돕기 위해 만들었다는데 정작 그 대상인 사람들에게는 불만과 불신만 키우는 법들이 적지 않다. 책임정치가 안 되는 가장 단적인 경우가 바로 상징입법이다. 입법에 책임이 따르지 않기 때문이다. 이 상징정치와 상징입법이라는 속이고 속는 게임에 대한 반복된 경험은 뿌리 깊은 정부 불신의 많은 부분을 설명해준다. 상징입법이라는 현상은 정부와 국회, 그리고 국가 자체에 대한 불신을 가중시키는 원인이 된다.

상징입법은 한국에서 이미 오래전부터 일상화된 현상이다. 특히 고강도 형벌정책을 배경으로 제정·개정된 형사처벌법들은 상징입법의 대표적인 사례로 꼽기에 손색이 없다. 예를 들어, 소극적 일반예방효과를 강조하여 법정형 상향을 관철시킨 고강도 형벌정책의 사례인 아동·청소년성보호법의 경우, 그리고 국가보안법을 비롯한 국가안보 관련 형사법이 대표적인 상징입법이다. 최근에는 다양한 분야에서 상징입법이 일련의 큰 흐름을 이루며 두드러지게 나타나고 있다.

이 책에서는 상징입법의 이론과 실태를 제1부와 제2부로 나누어 살펴보고자 한다.

먼저 제1부에서는 상징입법의 개념 등 이론적 측면을 소개하고 상징입법이 현실에서 어떻게 나타나고 있는지를 분석한 후, 상징입법이 배태되고 생성되는 정치사회적 배경과 폐해를 살펴보고 상징입법 문제의 해결을 위한 법정책적 대안을 고민해보려고 한다. 상징입법의 개념에 관해서는 기만, 그리고 법적-사실적 효과와 정치적-전략적 효과의 상위와 같은 핵심적 요소를 설명하며, 상징입법의 대표적인 사례로 세월호 참사 이후 단행된 국민안전처 신설과 해양경찰청 폐지를 담은 정부조직법개정법, 정권교체마다 일상화된 정부조직 개편, 적폐청산을 위한 전가(傳家)의 보도(寶刀)로 활용되어온 형법 제123조의 직권남용죄, 그리고 2015년의 담뱃세 인상 관계법, 2011년 개정 이후 8년간 네 차례나 시행을 미룬 끝에 2018년 8월부터 시행된 '강사법' 사례들을 분석한다. 사례분석을 통해 상징정치와 상징정치의 폐해, 즉 책임의 전가와 정부 불신으로 이어지는 악순환의 실체에 더욱 가까이 접근할 수 있게 될 것이다.

제2부에서는 최근 한국사회에서 나타난 상징입법의 빅이슈들을 분석한다. 상징정치와 상징입법이 어떻게 정부 불신으로 이어지는지 그 연결고리를 추적한다. 사회적으로 널리 회자되고 논란을 불러일으켰으나, 정작 사실관계와 세부적인 정책의 내용이 비교적 상세히 알려지지 않은 사건들을 들여다보고, 그 사실관계와 배경, 논란을 따져본다. 특히 상징입법을 통해 달성하려는 의도와 실제 발생한 효과, 종국적으로는 정부 불신으로 이어지는 일련의 흐름을 분석하는 데 초점을 맞춘다. 탈원전과 공론화 관련 입법, 안전국가 관련 입법, 미세먼지, 바이오사이드(Biocide) 등 빅이슈들이 그 대상이다. 이들 사례분석을 통해 알게 모르게 우리 사회와 생활을 지배하고 교란해온 상징입법의 다양한 모습을 드러내고 문제와 해법을 고민한다.

| 제1부 |

상징입법, 제대로 알아야 고친다

:

제1장

상징입법이란 무엇인가

1. 상징정치: 상징입법의 정치적 맥락

상징정치(symbolic politics)와 상징입법(symbolic legislation)은 특히 한국사회에서 정부 불신의 근원이 어떻게 형성되고 유지, 활용, 고착되는지를 단적으로 보여주는 개념들이다.

상징정치란 통상의 언어관용으로는 현실 정치의 실상으로부터 주의를 돌릴 목적으로 이루어지는 공적으로 표출된 기만 또는 가장행동(publicly displayed deception or surrogate action)을 말한다(Sarcinelli, 2008). 상징정치는 그런 의미에서 정치의 가장물(a surrogate for politics)이며 '실체적 정책(substantial policy)'과 구별된다.[1]

상징이란 좁은 의미로는 부호화된 신호(codierte Signale)로서 부호(Code)를 풀 수 있는 사람들만 그 의미를 이해하는 비언어적 소통수단(nonverbale Verständigung)으로 파악되기도 한다(Voigt, 1989: 14). 그러나 넓은 의미에서 상징은 일반적으로 복수의 상이한 의미를 표상하고 감정과 정서를 불러일으켜 사람들을 행동으로 이끄는 사물, 행위, 개념 또는 언어적 구성체로 정의된다(Cohen, 1974: ix).

상징정치는 깃발, 색깔, 구호와 슬로건, 배지(badges), 아이콘(icon), 마스코트, 배너와 그림, 동작(gestures), 의식적 행위(rituals), 정치적 연출(political staging) 등 다양한 신호·기호를 사용하는 경우가 많다. 이러한 신호와 행동, 이야기들을 활용하여 정치적 목적에 맞게 대중들의 상황인식을 유도하는 것이다.[2] 물론 정치적 목적을 달성하기 위해 상징을 활용하는 것은 모든 정치행위에서 다소간 정도 차는 있을지라도 일반적으로 나타나는 현상이고, 이러한 의미의 상징정치는 이미 널리 일상화되어 있다고 해도 무방하다. '이미지 정치(politics of images)' 역시 넓은 의미의 상징정치의 범주로 볼 수 있을 것이다. 하지만 상징정치는 신호나 기호 같은 상징적 수단들을 동원하거나 활용하여 대중의 관심을 자신들이 원하는 방향으로 유도하거나 현혹시키는 다분히 의도적인 정치행위라는 점에서 '실체적 정책(substantial policy)'과는 구별된다. '실체적 정책'이란 입법, 계약, 조세 등 수정 가능한 일련의 정치적 결정들로 이루어지며, 그 목적과 수단 관계가 비교적 뚜렷하게 드러나 평가와 검증을 통해 그 실체나 성과를 확인할 수 있는 경우가 일반적이다. 물론 상징정치와 실체적 정책의 구별은 절대적인 것이 아니다. 양자 간의 한계를 일도양단으로 준별할 수 없는 경우도 많다. 양자는 서로 연관될 수도 있고 상징정치가 실체적 정책에 영향을 미칠 수도 있다. 상징정치를 통해 실체적 정책을 선전하거나 실행할 수도 있고 반대로 실체적 정책이 회피될 수도 있다(Sarcinelli, 2008). 상징정치론의 선구자인 Murray Edelman은 1964년 고전적인 저서 『상징정치론(The Symbolic Uses of Politics)』의 서론에서 다음과 같이 지적한 바 있다.

> 체계적인 연구를 통해 밝혀진 사실은 가장 사랑받아온 국정참여의 형태들이 대부분 상징적일 뿐만 아니라 학교에서 가르치고 공공대중에게 혜택을 준다고 여겨

지는 공공프로그램들이 실은 비교적 소수의 집단들을 우대한다는 것이다. 다수의 기업규제와 그 밖의 법집행 정책들이 피규제기업들에게 유형적인 혜택을 주면서도 그들이 표면적으로 위한다고 하는 수혜자들, 즉 소비자들에게 전달하는 것은 단지 상징적인 안도일 뿐이다(Edelman, 1964).

상징정치는 종종 부정적인 가치평가와 결부되는 경우가 많다. 그러나 상징정치가 반드시 그리고 항상 '혹세무민(惑世誣民)'으로 이끄는 것은 아니라는 점에서 이를 가치대유적 개념으로 볼 수는 없다. 또한 정부와 대척점에 서기 마련인 시민사회단체들도 기후변화 대응이나 성평등 관철 같은 사회운동 목적을 달성하기 위한 수단으로 상징정치를 활용할 수 있다는 점에서 이를 정부나 정치의 전유물로 간주하는 것도 적절치 못하다. 가령 2014년 10월 17일 자신을 '태평양 전사(Pacific Warriors)'라고 칭한 태평양 12개 섬나라에서 온 30명의 활동가들이 세계 최대 규모의 석탄하역항인 호주 뉴캐슬항에서 카누를 타고 대형 석탄 운반선들을 막아섰던 사건은 화석연료산업들이 자신들의 섬나라를 황폐화시키고 있다는 사실과 기후변화에 대한 호주의 책임을 극적으로 연출해냄으로써 기후변화운동을 촉진시키기 위한 전형적인 상징정치적 시도였다.[3] 상징정치는 그런 의미에서 '현실에 대한 비전을 선전하고 비전을 현실에 부과할 수 있는 권력을 위한 투쟁'이다(Bourdieu, 1991; 1997).

상징정치는 입법의 형태로 그 의도를 관철시키는 경우가 많다. 또 경우에 따라 상징정치가 그 자체로 상징입법의 의제가 되기도 한다. 이 같은 경우 상징정치적 목적 달성을 위하여 또는 그 자체가 상징정치로서, 그 과정에서 추진된 입법을 상징입법이라고 부를 수 있을 것이다. 상징정치와 상징입법은 종종 개념상 엄밀한 구분 없이 동의어로 사용되기도 한다. 상징정치는 반드시 입법의 경로로 이어지거나 입법의 의제 또는 입법이라는 형식으로 구현되는 것은 아니다. 가령 박근혜 전 대통령은 부친인 박정희 대통령 시해사건 직후 전방의 안위를 묻거나 커터칼 피습 후 격전지 대전의 상황을 묻는 것만으로도 안보와 멸사봉공 리더십의 상징이 될 수 있었다. 이를 통해 '선거의 여왕'으로 선풍을 일으키고 결국 대통령 선거를 승리로 이끌 수 있었다. 그 과정에서 별도의 입법을 거칠 필요는 없었다. 하지만 상징정치는 입법으로 이행하거나 입법에 반영되는 경우가 많다. 그런 연유로 상징정치가 상징입법과 거의 동일한 맥락에서 인식되거나 다루어지는 것도 그리 이상한 일은 아니다. 그러나 상징정치는 상징입법보다는 넓은 개념이다. 상징입법은 상징정치가 활용할 수 있는 여러 가지 수단 중 하나일 뿐이다. 상징정치가 상징입법으로 이어지는 경우 외에도 입법 의제로 제기되거나 입법으로 이행·반영되지 않는 경우도 있을 수 있다는 점에서 상징입법보다는 더 넓은 정치현상으로 볼 수 있다.

이러한 관점에서 상징정치와 상징입법의 이론과 대표 사례분석을 통해 상징정치의 정치사회적 배경과 맥락을 규명하고 상징정치와 상징입법의 후과(後果)라 할 수 있는 정부 불신의 메커니즘을 식별하여 바람직한 해법을 찾아보려고 한다.

2. 상징입법

1) 개념

범죄, 환경오염 등 사회문제에 대한 공포나 우려에 대한 응답으로 입법이 행해지지만, 사실 범죄 수준이나 환경오염 등의 문제해결에는 거의 또는 전혀 효과가 없고 다만 사람들을 진정시킬 의도만 가진 경우, 그런 입법을 통상 '상징입법(symbolic legislation)' 또는 '상징적 법령(symbolic statutes)'이라고 부른다(Siehr, 2005). 일반적으로 법은 사회적 갈등 해소를 위한 규범이지만, 그 규범의 내용이나 그것이 추구하는 효과와는 관계없이 입법자가 법률을 제정한다는 사실만으로도 시민들에게 법질서와 국가에 대한 신뢰를 불러일으키는 사회적·정치적 기능을 가질 수 있다. 특히 그런 기능이 두드러진 유형의 법률을 '상징입법'(Noll, 1981: 327 이하; Hegenbarth, 1981: 201~204, 201 이하; Schmehl, 1991: 251 이하)이라 부를 수 있을 것이다. 입법의 상징적 효과나 기능이 인정된다면 또는 다양한 유형의 입법 가운데 그런 유형의 입법이 존재함을 받아들인다면, 명실상부 목적합리적(zweckrational)이라고 볼 수 있는 입법조치의 경우에도, 표명된 입법목적뿐만 아니라 '정치적 결정행위의 연출(Dramaturgie politischen Entscheidungshandelns)'이라는 측면이 있다는 점을 간과해서는 안 될 것이다.[4]

상징입법의 개념은 실질적 문제해결을 시도하는 기능적 입법과는 달리, 또는 기능적 입법과 병행하여 '국가의 능동적·전폭적인 상황장악 및 문제해결에 대한 믿음을 조성하려는 목적을 지닌 입법'(Hegenbarth, 1981: 202)으로 규정할 수 있다. 상징입법의 개념을 '법률의 잠재적 효과'(Ryffel)나, '법률의 사실적 효과를 고려하지 않는 입법자의 의도'에 초점을 맞춰 파악하는 견해도 있다(Noll, 1981).

독일의 법정책연구자들도 비교적 일찍부터 Edelman과 Kaufman의 연구와 유사한 맥락에서 입법의 상징적 특성에 관심을 기울여왔다. 일례로 Hegenbarth는 몇몇 대표적인 입법사례들을 통해 입법의 상징적·도구적 기능을 분석한 바 있다. 그는 법률의 임무가 점점 더 '상황해결(Situationsbewältigung)'과 '인상조작(Eindrucksmanipulation)' 중 하나를 선택해야 하는 상황으로 몰리고 있다는 데 주의를 환기한다. 즉, 법률은 입법이 영향을 미치려고 하는 현실의 문제 상황을 바꾸든지, 그렇지 않으면 적어도 정치인들이 무언가를 했다는 느낌을 갖도록 돕거나 또는 유권자들에게 당국이 사태를 장악하여 문제를 제대로 해결하고 있다는 인상을 불러일으키든지 해야 하는데, 개별 사례에서 이들 법률목적들 중 어느 것이 더 우세한지는 법률을 만드는 입법권자 스스로에게도 결코 명확하지 않다고 지적한다. 그는 상징입법의 경우, 근본원리를 둘러싼 투쟁 그 자체가 자기가 속한 집단의 주도적 지위를 관철하거나 확보하기 위한 수단이 될 경우 이를 '상징적 십자군전쟁(symbolische Kreuzzge)'이라 부른다. 이러한 상징적 투쟁과정에서는 그만큼 입법조치의 순전한 결과가 뒤로 밀려나는 결과가 생긴다고 한다(Hegenbarth, 1981: 201). 가령 낙태 합법화 논쟁은 정당들이 낙태행위를 가능한 한 어렵게 하자는 데 합의를 보았기 때문에 도구적 관점에서 볼 때는 사실상 불필요하게 되어버렸다는 것이다. 만일 이 논쟁이 선택할 수단에 대한 토론이 아니라 더 고차적인 가치 실현에 관한 격렬한 논쟁으로 이어졌다면, 낙태 찬성 측이나 반대 측 공히 각각의 도덕적 기본입장을 규범화하는 문제가 걸려 있었다는 바로 그 이유 때문에 논쟁이 격화되었겠지만, 정당들이 그와 같이 양해했기에 아예 근본 쟁점 자체에 들어갈 필요가 없었다는 것이다. 아우토반 속도제한 논쟁에서도 그 정치적 목표는 다른 이웃나라들에서 그러했듯이 규범적 요구의 상징적 강화였지 그 강화된 규범의 준수 확보가 아니었다고 한다(Hegenbarth, 1981: 202).

상징입법의 문제는 형법 및 형사정책 분야에서는 '상징형법(symbolisches Strafrecht)'의 문제로 다루어진다. 상징형법이란 특정 법률이 문제해결에 별 도움이 되지 않는데도 단순히 어떤 행위를 금지시킴으로써 정치적 목적의 수단으로 작동하는 경우(배종대, 1991: 243 이하; 최석윤, 2002: 20 이하), '형법의 기본이념과 원칙으로 평가할 때 비합리적인 법적 성격을 가지지만 단지 사회적 혹은 정치적으로 일정한 기능을 갖는 특정의 효율성을 지향하는 것'(김학태, 2000: 173), '법률이 시간적으로나 내용적으로 원래 의도한 목적과 달리 작용하는 경우 또는 법률이 법적 의무나 그 의무이행을 부과한 수범자와는 다른 수범자에게 적용될 경우'를 가리키는 개념으로 이해되고 있다(이용식, 2001: 45).

그리고 형법은 내재적으로 상징적 성격을 띤다는 데 거의 이견이 없다. 위험사회의 예방압력으로부터 형사입법자는 상징적 형법으로 나아가고 있다(이용식, 2001: 46). 당장은 실효성이 떨어지는 영역에서도 형법에 중요한 상징적 의미를 부여하여 장기적으로 특정한 행위가 금지되어 있다는 인식을 심어주고 의식변화를 가져오도록 하며 형사입법자가 이를 위해 무엇인가 하고 있다는 인상을 남기고자 한다는 점에서 정도의 차이는 있지만 형법은 상징입법의 성격을 띤다고 한다(하태훈, 2011: 43).[5]

사실 이러한 언명들은 비단 형법 분야뿐만 아니라 법 일반에 대해서도 타당하다. 모든 입법은 정도의 차이는 있겠지만 늘 상징적 성격을 가진다고 볼 수 있기 때문이다. Noll이나 Blankenburg가 모든 법은 상징적 차원을 가진다고 한 이유는, 법이란 우리가 공유하는 세계를 해석을 통해 재구성하는 데 관여하는 것이고, 사회적 상호작용 과정에서 역할을 하고 공통의 가치들을 표현하는 것이기 때문이다(Noll, 1981: 353, 355~356; Blankenburg, 1977: 31~58). Rottleuthner 역시 법규범이 상징적 기능을 가진다는 사실을 인정한다. 입법자는 (대부분 포퓰리즘으로) 적극적으로 설정된 목표를 달성하기 위해 필요한 조치를 취했다는 외관을 보여주고자 한다. 그러나 그 조치를 실현하기 위해 필요한 절차적 규정이 해당 법률에 없거나, 해당 조치의 효과가 미미하거나 오히려 역효과를 초래하는 등의 경우에는 사실상 목표를 달성하기 어렵게 되는데, 이런 경우 상징입법이 존재한다는 것이다(Rottleuthner/Rottleuthner-Lutter, 2010: 13, 14~15).[6] 이와 같은 의미에서 '상징입법'에서 상징성이란 유무의 문제가 아니라 많고 적음의 정도 차이의 문제라고 보아야 할 것이다.[7]

상징입법은 입법학과 법사회학에서는 일반적으로 입법의 기능부전(gesetzgeberische Fehlleistung) 문제로 파악되고 있다.[8] 해결해야 할 입법과제들을 단지 상징적으로만 접근하여 법적으로나 사실적으로 실효를 거두지 못하면서 동시에 의회입법 과정에서부터 무망(無望)한 법률 집행 의무를 지게 될 행정에 이르기까지 헛된 비용을 발생시키는 입법(Dwyer, 1990: 250), 그리하여 헌법상 경제성 요청(Verfassungsgebot der Wirtschaftlichkeit)과 비례원칙(Grundsatz der Verhältnismäßigkeit)을 훼손하는 현상으로 인식되기도 한다(Lübbe-Wolff, 2000a). 상징입법은 형법 분야에서는 상징형법의 문제로 다루어지는데, 상징형법은 규범의 현출기능(manifeste Funktion)보다 잠재기능(latente Funktion)이 더 우세하게 나타나는 경우를 말한다.[9]

잠재기능(latent function)과 현출기능(또는 선언기능 manifest function)의 구분은 미국의 사회학자 Robert K. Merton이 사회적 기능 분석을 위해 사용한 개념 도구이다. Merton은 '사회학에 있어 기능 분석의 준칙화를 향하여'란 부제하에 이 두 가지 기능의 불일치를 설명한다(Merton, 1968: 73 이하). Merton에 따르면, 이 개념들은 사회적 행위의 의식적 동기, 즉 주관적으로 의도된 목적(subjective aim-in-view)과 객관적인 결과(objective consequence)의 혼동을 피하기 위하여 안출된 도구이며,[10] 양자가 상충되는 경우를 설명해주는 개념적 구별기준이다. 여기서 '잠재기능'이란 의도되지도 인지되지도 않은, 사전에 예상치 못했던 기능들인 반면, '현출기능'이란 체계의 참여자들에 의해 의도되고 인지된 기능들로서 체계의 조정 또는 적응에 기여하는 객관적인 결과들이라고 한다(Merton, 1968: 105, 115~116). 그는 Emile Durkheim 역시 자신과 유사한 개념을 사용하여 형벌의 사회적 기능을 잠재기능(공동체에 대한 결과)과 현출기능(범죄자에 대한 결과)으로 구별한 바 있다고 주의를 환기시키고 있다(Merton, 1968: 115).

상징입법 역시 일반적으로 그와 같은 특성을 가진다고 볼 수 있다. 즉, 외적으로 현출된 의미와 실질적인 의미가 일치하지 않는 허위성을 가지고 있고, 규범의 잠재기능이 그 현출기능을 압도하는 양상을 띠게 된다(이소영, 2017: 159). 그러나 Merton의 이 두 가지 기능들, 특히 양자의 불일치 또는 상위(相違)는 여기서 우리가 문제 삼는 상징입법의 특성과는 그 의미나 접근의 맥락이 동일하지 않다. Merton이 말하는 현출기능과 잠재기능의 불일치는 다분히 모든 사회적 행위(social behavior)에 대하여 일반화할 수 있는 정상적인 경향인 데 비해, 우리가 문제 삼고 있는 상징입법에서의 불일치란 후술하는 정치적-전략적 효과와 법적-사실적 효과의 상위가 현저한 경우처럼 비정상적인, 일종의 불량입법의 증상으로 간주되는 문제이기 때문이다. 굳이 대조적으로 표현하자면 Merton의 현출기능과 잠재기능의 상위가 생리적 현상이라면 상징입법의 그것은 병리적 현상에 가깝다고 할 수 있을 것이다.

한편, 법체계의 분야별 특성에 주목하는 상징입법과 달리 국가실정법의 총체적 기능과 자율성을 문제 삼는 상징헌법화(Symbolische Konstitutionalisierung)의 개념이 강조되기도 한다(Neves, 1998).

엄밀히 볼 때, 상징입법의 보편적인 개념이 정립되어 있다고 보기는 어렵다.[11] 상징입법에 대한 일반적 통념, 즉 현실적 문제해결에 실패하기 때문에(또는 그렇게 인식되기 때문에) 실효적이지 못한 입법(ineffective law-making), 나아가 실제로 존재하지 않는 문제해결 시도를 가장함으로써 궁극적으로 정치적 현상유지를 위한 기만의 도구(instrument of deception)로서 역할을 할 뿐이라는 비판법사회학적 통념은 학문적 개념으로 채택하기 곤란한 약점이 있다. 왜냐하면 모든 정치와 입법은 많건 적건 어느 정도 상징적 차원을 가지는데, 단지 결과의 정당성 결여나 부족만을 가지고 상징입법을 정의할 수는 없기 때문이다(Lembcke, 2016).[12] 사실, 법률들은 집행되지 않거나 완전히 집행되지 않는 경우에도 어느 정도 도구적인 효과(instrumentelle Wirkung)를 가질 수 있고 또 어떤 법률도 그 배경에 다소간에 분명히 선언된 법익이 존재하기 마련이다(Röhl, 2010: 283). 현상으로서 상징입법은 이미 반세기 전부터 문제시되어왔음에도 불구하고, 그 개념이나 경험적 일관성에 여전히 논란의 여지가 남아 있는 것도 사실이다(Newig, 2010: 302). 관점에 따라서는 상징입법의 학문적 정의를 포기하고 '본질적으로 정치적인 개념(An Essentially Political Concept)'으로 보는 견해(van Klink, 2016)도 있다.[13]

그러나 상징입법을 보편적 개념으로 보기 어렵다거나 그 형사정책적 타당성, 정당성에 논란이 있다고 해서 상징입법이라는 현상이 존재하지 않게 되는 것은 아니고, 또 상징입법에 대한 문제의식이 근거를 상실하는 것도 아니다. 더욱이 상징입법의 개념을 정의하는 문제는 자연법칙에 입각하여 어떤 자연현상이나 물상의 본질을 포착하는 문제가 아니라, 유의미한 속성을 공유하는 사회현상을 어떻게 범주화할 것인가 하는 문제이다. 따라서 상징입법이라는 범주로 인식되는 입법현상들의 공통적 속성이 발견될 수 있다면 그러한 속성을 토대로 삼아 상징입법의 개념을 정의하는 것도 충분히 가능한 일이다. 이는 입법현상에 대한 문제의식, 즉 법대중의 기대를 배반하는 입법의 허위나 숨은 의도를 색출해내어 민주적 통제 아래 되돌려 놓아야 한다는 문제의식에 비추어볼 때 실천적으로도 유용하다.

2) 상징입법의 요소

(1) 법적-사실적 효과와 정치적-전략적 효과의 상위

Newig는 많은 문헌들이 상징입법을 본질적으로 '입법자에 의한 시민(선거권자) 기만'으로 해석해왔지만, 사회적 자기기만(gesellschaftlicher Selbsttauschung), 즉 유권자들의 스스로 기만을 당할 용의(Bereitschaft)는 전혀 고려하지 않았다고 지적한다(Newig, 2003). 1995년의 오존법(Ozongesetz)과 1983

년의 대형연소시설규제령(Großfeuerungsanlagenverordnung) 사례를 실증적으로 분석하면서, 그는 상징입법이 권력정치에 기반한 기만으로서 또는 사회적 자기기만으로서 각각 사회적 역할을 어떻게 그리고 얼마나 수행하는지를 보여주었다.[14]

Newig는 상징입법을 정의하면서 '예상된 법적-사실적 효과는 낮은 반면(niedrige antizipative rechtlich-sachliche Effektivität), 예상된 정치적-전략적 효과는 높은(hohe antizipative politisch-strategische Effektivität), 다시 말해 후자가 전자를 압도하는 입법이라 기술한다(Newig, 2010: 306~307).

이 두 가지 지표(Merkmale)는 어떤 법률의 상징성(Symbolcharakter)도 다소간에 강하게 특화될 수 있을 만큼 점진적인(graduell) 속성을 가지며 그 측정을 위해서는 이 두 가지 차원에 대한 지표들(Indikatoren)을 찾아낼 필요가 있다.

먼저, 입법의 법적-사실적 예상효과는 주로 다음과 같은 지표에 따라 측정된다(Newig, 2010: 306~307):

- 내용적 적합성(Materielle Geeignetheit): 법률 조항의 내용이 특정한 법목적 달성에 적합한 정도;
- 규범실천가능성(Normdurchsetzbarkeit): 집행을 담당하는 행정에게 법률의 준수를 통제하고 경우에 따라 그 불준수에 대한 제재를 허용하는 규정들(Diekmann, 1980; Lübbe-Wolff, 2000b);
- 효력발생가능성(Geltungschance): 법률의 사실상 준수와 이행을 결정하는 환경조건들. 예컨대 행정 설비(Ausstattung der Verwaltung)라든가 수범자의 규범수용(Akzeptanz durch Normadressaten) 등.

다음, 정치적-전략적 예상효과에 대한 척도(Kriterien)는 다음과 같은 요소를 포함한다.

- 법적 결과의 강도(Härte der Rechtsfolge): 규범 무시 행태(Norm-Missachtung)에 단호하게 대응하는 정도(Kindermann, 1988);
- 규범위계에서의 입지(Stellung in der Normhierarchie): 입법자가 헌법 또는 법률, 법규명령이나 행정규칙을 제·개정하면서 특정 규범에 부여하는 중요성;
- 타이밍(Timing): 전술적으로 적절한 시기의 선택. 예: 선거 직전

그림 1-1 **정치적-전략적 차원과 법적-사실적 차원에 따른 입법의 분류**

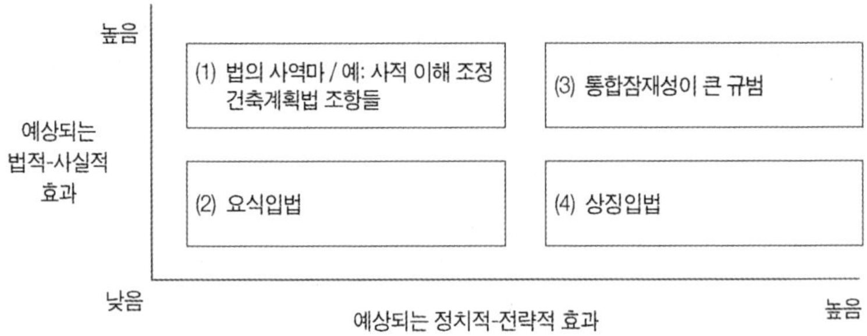

자료: Newig(2003; 2010: 305~306)에 의거 작성.

〈그림 1-1〉에서 분류된 입법유형에 대한 설명은 다음과 같다(Newig, 2010: 305~306):

(1) 강한 법적 효과가 기대되지만 정치적-전략적 의도와는 거의 무관한 입법. 가령 건축계획법의 많은 조항들이 이에 해당하는데, 사람들 사이의 이해관계를 원만하게 조정하는 것을 목적으로 한다(법의 '사역마' Arbeitspferde).

(2) 드물지만 실체적 법적-사실적 효과나 정치적-전략적 목표 모두가 거의 문제되지 않는 입법. 이런 유형의 법률들은 단지 '공적 기록을 위해(für die Akten)' 일

종의 요식행위로 제정되는데, 독일에서 이미 오래전부터 준수해 온 EU 기준에 따른 배출허용기준(Emissionsgrenzwerte)을 새로이 독일 국내법에 구속적으로 전환 적용한다는 목적만으로 제정된 1996년의 티탄디옥시드령(Titandioxid-Verordnung: 25. BImSchV)이 대표적인 예이다(Newig, 2003).

(3) 입법자가 법적-사실적 목표는 물론 정치적-전략적 목표를 추구하기 위한 수단으로 입법을 단행하는 경우이다. 고도의 공익성을 띠는 사회 영역에서 효과적인 조종(effektive Steuerung) 효과를 기대할 수 있고, 다수의 목표를 추구한다는 점에서 고도의 통합잠재력(Integrationspotential)을 지닌 입법이다.

(4) 진지한 법적 목표나 사실적 목표를 추구하지 않기 때문에 법적-사실적 효과를 기대하기 어려운, 그러나 '공적 기록을 위한' 입법과는 달리 특정한 정치적 목적에만 기여하고자 하는 입법이다.

(2) 기만

'상징'과 '입법'이라는 개념요소를 통해 상징입법을 분석하려는 시도는 그 개념의 불확정성을 가중시키고 오히려 상징입법이라는 범주에 속하지 않는 그 밖의 '비(非)상징입법'과의 구분을 모호하게 만든다는 점에서 그리 권장할 만한 방법은 아니다. 상징입법 개념에서 '상징'의 의미를 넓게 파악하는 관점, 가령 철학자들이나 일부 사회학자들에 의해 전개된 '범상징주의'(pan-symbolism: Röhl, 2010: 268)나 문화연구에 의해 촉발된 상징에 대한 패러다임식 과잉해석을 따를 필요는 없으며, 법사회학적 견지에서 이것이 유용하지도 않다(Röhl, 2010: 267). 그런 이유에서 좁은 의미의 상징 개념(Symbolisch in diesem engeren Sinne)이 필요한데, 그런 시각에서는 의미전달자의 '별도의 의도(Nebensinn eines Bedeutungsträgers)'만을 상징적이라고 보게 된다.[15] 이와 같이 입법을 그 속성 면에서 다른 '비(非)상징입법'과 구별할 수 있게 해주는 특징적 징표들이 무엇인가를 탐구하는 것이 더 필요하고 유용하다.

상징입법의 특징적 징표를 찾으려면 무엇보다도 입법자의 의사형성과 의도(gesetzgeberische Willensbildung und Intentionen)에 초점을 맞출 필요가 있다(Schmehl, 1991: 251). 그 경우 상징입법이라 불리는 현상에서 가장 공통적으로 나타나는 징표는 '기만(Täuschung)'이라는 계기이다(Newig, 2010: 302, 318; Siehr, 2016: 323). 이것은 입법 추진의 배경이나 의도, 입법 전후의 행태, 객관적인 입법의 성과(특히 output보다는 outcome) 등을 통해 드러난다. 즉, 의도적으로, 고의나 묵시적 고의 또는 미필적 고의로, 표상된 입법목적과 다른 목적을 추구하거나 표상된 입법목적을 달성하려는 의도 없이 단지 문제해결을 위해 노력했다거나 입법조치를 통해 문제를 해결했다는 것을 가시화하여 증명하려는 목적으로 입법을 추진했다면, 그 과정과 결과로 산출된 입법을 상징입법이라고 부를 수 있을 것이다(Schmehl, 1991: 252; Kindermann, 1988: 225; Hegenbarth, 1991: 10).

종종 상징입법의 예로 거론되는 '알리바이 입법(Alibigesetzgebung)'은 정치인, 특히 의회 의원들의 요구와 대중들의 기대가 결합될 때 나타나는 현상이다. 정치인들은 어떻게든 법률을 제정하거나 개정함으로써 자신들의 역량을 과시하기를 원한다. 아무리 법률의 홍수(Gesetzesflut)라는 비판이 일고 개별 법률에 대한 시비가 들끓어도 시민들은 입법 자체를 일종의 '성공증명(Erfolgnachweis)'으로 받아들이는 경향을 보인다. 더욱이 위기상황이 발생하면 즉각 입법권자가 호출되며, 입법권자는 지체 없이 정치적 압력을 해소하기 위해 입법조치에 착수하지 않을 수 없다. 이러한 상황에서 알리바이 입법은 대중의 요구에도 영합하는데, 무슨 일이 벌어지면 으레 대두되는 국가시스템의 존재이유와 역량에 대한 의구심을 '입법'이 해소해주기 때문이다. 이로써 국가시스템에 대한 신뢰와 순응이 다시 재건된다. 그런 의미에서 대중들과 입법권자는 복잡하고 상호연관된 영합 관계에 놓이게 된다(Kindermann, 1988: 269). 물론 그런 경우 입법권자를 기만행위자(Täuschende)로, 시민들을 기만당한 자(Getäuschte)로 간주하는 것은 온당치 않다(Kindermann, 1988: 270). 하지만 어떻든 입법권자의 요구와 시민들의 요구가 상호 영합하여 전체적으로 상징입법을 뒷받침하는 공통적 징표중 하나인 사회적 기만 또는 그와 실질적으로 동가치적인 계기가 만들어지는 것은 사실이다.

Newig는 오존법과 속도제한 규제에 대한 대중들의 이율배반적 행태를 분석함으로써 사회적 자기기만 사례를 제시하고 있다. 그는 상징입법의 중심적 요소는 기만이라고 전제하면서, 정치·경제의 엘리트들이 대중이나 유권자들을 기만하기 위하여 그들의 권력을 어떻게 활용해왔는지를 비판적으로 규명하는 데 관심을 기울였다. 그는 그동안 상징정치와 상징입법에 대한 연구들이 정치경제학 이론의 관점에 잘 부합하며, 실제로 자신이 상징입법 사례분석의 일환으로 실시한 오존법 제정에 관여한 정치인들과의 인터뷰 결과도 규율대상이 복잡하다는 특성을 배경으로, 일종의 알리바이 조치라는 의미에서의 기만이 의도적으로 이루어졌다는 사실을 분명히 보여준다고 지적한다(Newig, 2010: 318).

하지만 Newig는 오존법의 경우에는 또 다른 형태의 기만을 확인할 수 있다고 한다. 여론조사에서는 국민의 압도적 다수가 여름철 고농도 스모그 발생 시 건강위험을 방지하기 위하여 차량통행 속도제한에 찬동했지만 각 주의 관계법령에 따른 속도제한은 사실상 거의 준수되지 않았다는 것이다. 외견상 비합리적인 것으로 보이는 이런 행태는 시민들이 일종의 자기기만전략(Strategie der Selbsttäuschung)을 통해 자신들의 이율배반성(Schizophrenie)을 극복하려고 시도한다는 점을 분명히 보여준다는 것이다.[16]

이와 같은 패러독스는 개인이 무엇을 올바르다고 확신하면서 동시에 그 반대의 것에 대한 확신을 유지할 때 생기는 현상인데(Pears, 1985), 이를 '비합리성'으로 이해할 수도 있지만, 기본적으로 공공선택이론에 부합하는 '의도적인 전략(intentionale Strategie)'으로 해석한다(Davidson, 1985; Pears, 1985). 합리적이든 아니든

간에 사회구성원들 상당수가 어떤 대상에 대하여 자기기만(Selbsttäuschung)의 상태에 빠져 있을 때 바로 '사회적 자기기만(gesellschaftliche Selbsttäuschung)'을 말할 수 있다(LaFleur, 1996: 263~ 285; Blühdorn, 2007: 251~275). 오존법의 경우에는 두 가지, 즉 권력정치를 통한 의도적인 기만과 사회적 자기기만이 모두 나타났다고 한다(Newig, 2010: 319).

이와 같은 분석은 제2부에서 다루게 될 미세먼지 대책법이나 탈원전 정책 등 우리나라 사례들에 대해서도 시사하는 바가 크다.

(3) 상징입법의 특징

어떤 입법을 '상징입법'으로 보기 위해서는 그 입법추진자의 의도와 입법의 과정과 결과라는 두 가지 측면에서 국민이나 대중, 이해관계인 집단들을 기만한 것이라는 판단이 성립하여야 한다. 그것이 상징조작(Symbolic manipulation)[17]에 의한 것이든, 입법을 통한 알리바이 만들기(Alibiübung), 남용(Missbrauch), 조작(Manipulation)에 의한 것이든 상징입법이 직·간접적으로 기만을 통해 이루어진다는 점은 대체로 공통된다. 물론 기만이 상징입법의 절대적 요건은 아니고 기만이라는 계기를 결여한 상징입법도 상상할 수 없는 것은 아니지만, 기만이야말로 상징입법을 단순한 입법목적 달성의 실패나 부진으로부터 구별시켜주는 가장 일반적인 특징이다(Siehr, 2016). 환경법에서 두드러지게 나타나는 현상인 집행결함(Vollzugsdefizit), 입법프로그램이나 인권보장 등과 같이 아직 또는 원래 공식적으로 규범화되지 않은 각종 선언, 국제환경법이나 정보통신법, AI법 등 새롭게 형성 중인 분야에서 나타나는 규범유형인 '연성법(soft law)' 같은 현상들은 상징입법의 범주에 해당하지 않는다(Röhl, 2010: 283). 여기에서는 무엇보다도 기만이라는 계기가 결여되어 있기 때문이다.

다른 한편, 입법을 통해 문제 해결을 가장하거나(Scheinlösung der Probleme durch Gesetzgebung), 명분이나 심리 차원에서 정파 간 양해를 통해 입법 그 자체를 추진하는 데 그치는 경우가 가장 전형적인 상징입법 현상이다. 집행가능성이나 실효성에 대한 고려, 그리고 실제 문제해결에는 관심이 없고 단지 입법을 통해 문제를 해결했다는 외양을 갖추는 것이 관건이 되는 경우이다. 입법의 의도가 좋고 나쁨을 떠나, 적극적인 기만의 의도로 또는 묵시적인 기만이나 의도하지 않은 기만을 통해서 실행되기도 한다. 상징입법은 국가 또는 국가조직 자체를 위해서 동원되기도 하는데, 가령 입법을 통해 정부의 능력(Handlungsfähigkeit)을 상징적으로 과시함으로써 정부가 상황을 잘 통제하고 있다는 믿음을 만들어내는 수단으로 기여할 수 있다(Schmehl, 1991: 251).

상징입법은 다수의 문헌에서 실효성이 결여되어 있다는 점(Ineffektivität)에서 비판의 대상이 되고 있다. 반면, 상징입법과 그 입법에 따른 효과 발생 여부의 관계를 좀 더 분명히 규명할 필요가 있다는 주장이 제기된다(Röhl, 2010: 284). 왜냐하면 상징입법도 일정한, 그 입법취지에 따른 효과를 낼 수 있다는 사실이 다양하게 지적되고 있기 때문이다(Voß, 1989).

상징입법은 '알리바이 입법'처럼 의도적 기만이라는 계기가 전면에 분명히 드러나는 것도 아니고, 이를 규명하기가 쉽지 않은 경우도 많다. 그러나 상징입법은 입법에 대한 대중들의 의식과 수용(Akzeptanz)을 통하여 사실상 기만의 계기를 관철시킬 수 있다. 바로 Newig가 강조한 '사회적 자기기만(gesellschaftlicher Selbsttauschung)'을 통해 상징입법이 이루어지는 경우가 그런 경우일 것이다.

상징입법에 있어 중요한 과제는 상징입법이 생성되는 특별한 조건이 무엇인지, 그리고 그 효과는 어떻게 나타나는지를 밝히는 문제이다.[18] Newig가 기술한 상징입법의 정의에 따라 법적-사실적 효과는 낮은 것으로 예상되지만(niedrige antizipative rechtlich-sachliche Effektivität), 정치적-전략적 효과는 높을 것으로 예상된다는 점(hohe antizipative politisch-strategische Effektivität)이 상징입법의 객관적 특징을 보여준다면, 위에서 본 바와 같은 기만이라는 계기는, 다양한 변형의 여지가 있지만, 일종의 주관적 징표에 해당한다고 볼 수 있을 것이다. 특히 기만의 계기는 후자가 전자를 압도하는 효과를 발생시키는 데에 직·간접적으로 기여한다. 말하자면, '기만'은 어떤 입법으로 인해 '예상되는 정치적-전략적 효과'가 발생하도록 하거나, 이 같은 효과를 강화하기도 한다.

요컨대 상징입법을 예상되는 법적-사실적 효과는 낮은 반면, 예상되는 정치적-전략적 효과는 높은 입법이라고 본 Newig의 개념정의는 일반화하기 곤란한 측면도 있고, 상징입법에 관련된 정교한 척도를 제공하는 데 성공했다고 보기는 어렵다. 그러나 현실에서 문제되는 상징입법의 유형을 객관적·실질적으로 포착할 수 있도록 해주는 준거로서 적실성을 가지며, 바로 그런 이유에서 그 개념정의의 효용을 인정할 수 있다. 아울러 Newig의 정의에 기만이라는 계기를 추가하여 상징입법의 징표를 구체적으로 가시화해 나간다면 더욱 설득력 있는 결과에 도달할 수 있을 것이다.

3. 상징입법의 유형

상징입법 현상은 특히 형사법 분야에서 두드러지게 나타난다. 상징형법의 대표적인 유형을 소개하면 다음과 같다.[19]

① 입법자의 상이한 가치관(Gesetzgeberische Wertbekenntnisse)을 반영한 상징입법

입법자의 가치관 또는 선이해(先理解, Vorverständnis)에 따라 제정된 입법이 이에 해당한다. 낙태죄 조항이나 낙태 관련 입법처럼 임산부의 자기의사

결정권과 태아의 생명권이 충돌하는 상황에서 해당 법률의 효과와는 상관없이 입법자의 가치관이나 선이해로부터 제정된 입법을 예로 들 수 있다. 이런 유형의 입법은 규범의 실효성 여부와는 상관없이 중요한 윤리적 가치를 표방하는 데 그치거나, 경우에 따라 산모의 건강을 배려하는 내용에 초점을 맞추는 등 근본적 가치관의 충돌을 정면 돌파하지 않고 상징적으로 절충하기도 한다. 실제로 낙태를 범죄로 규정한 우리나라 형법 제269조는 오랫동안 사실상 사문화되었다고 할 정도로 법규범과 실제 법 적용 사이의 괴리를 보여주었는데 이를 상징입법의 한 사례로 볼 수 있다(김학태, 2000: 175). 그런 배경에서 헌법재판소는 2019년 4월 11일 임신한 여성의 자기낙태를 처벌하는 형법 제269조 제1항은 과잉금지원칙을 위반하여 임신한 여성의 자기결정권을 침해하는 위헌적인 규정이며, 의사가 임신한 여성의 촉탁 또는 승낙을 받아 낙태하게 한 경우를 처벌하는 형법 제270조 제1항 중 '의사'에 관한 부분 역시 동일한 목표를 실현하기 위하여 임신한 여성의 촉탁 또는 승낙을 받아 낙태하게 한 의사를 처벌하는 의사낙태죄 조항도 같은 이유에서 위헌이라는 이유로 모두 헌법에 합치되지 아니하며, 위 조항들은 2020년 12월 31일을 시한으로 입법자가 개정할 때까지 계속 적용된다는 헌법불합치결정을 내린 바 있다.

② (도덕적) 호소(Appellcharakter)로서 상징입법

환경오염이나 환경침해행위를 형사법으로 규율하고자 하는 등 윤리적·도덕적 내용이 포함된 입법이 여기에 해당한다(Voß, 1989: 28).[20]

환경형법의 경우 환경과 생태계 보호 등 윤리, 도덕적 당위를 실정법에 규범화함으로써 형사처벌을 통해 환경문제를 해결하고자 도모한다. 그러나 환경보호라는 윤리적·도덕적 의무를 법으로 어떻게 강제할 것인지에 대한 구체적인 구상이나 법의 실효성에 대한 보장 없이, 교육적이고 예방적인 효과를 기대하며 행하는 호소적인 성격을 띠는 입법이라는 점에서 상징입법의 한 유형이라 할 수 있다.

③ 입법자의 대체작용(gesetzgeberische Ersatzreaktionen)으로서 상징입법

알리바이 법률(Alibigesetze), 전시형법(Krisenstrafrecht)처럼, 특정문제 해결을 요구하는 급격한 여론이 형성되는 경우 입법자가 이를 무마하거나 도외시한다는 비난을 면하고 사태를 장악하여 무엇인가 하고 있음을 전시하기 위하여 서둘러 제정하는 것도 상징입법의 한 유형으로 파악할 수 있다. 대표적인 사례로 테러방지법처럼 테러에 대한 전쟁이나 성범죄 급증에 대한 대책 등이 거론된다. Noll은 공격을 당한 동물이 스스로 방어나 반격을 하기에는 무력하기 때문에 자신의 반격본능을 만족시키는 방법으로 단지 위협적 제스처(예컨대 짖는 행위)로 그친다는 예를 들어 이러한 유형이 상징입법의 특성을 가진다고 설명한다(Noll, 1981: 358).

④ 타협법률(Kompromissgesetze)로서 상징입법

상호간에 이해관계가 첨예하게 대립되는 상황에서 일반조항이나 불확정개념을 사용하여 입법하는 경우 역시 상징입법으로 볼 수 있다. 하나의 일치된 결론에 도달할 수 없는 문제 상황에서 양쪽의 요구를 적당히 만족시키기 위해 의도적으로 규범이 관철되지 못하게끔 만든 절충적 형사 법률이 여기에 해당한다. 즉, 특정 집단의 압력으로 정치적인 제스처로서 입법을 하지만, 동시에 또 다른 이익집단의 압력을 고려하여 규범의 관철수단만큼은 얼버무린다는 점(실효성)이 중요하다.

실제로 독일에서 상징입법의 사례는 환경법(Hansjurgens/Lubbe-Wolff Hg., 2000; Newig, 2003)과 형사법(Frommel, 2005; Hassemer, 1989 u. 2001; Lauterwein, 2006) 분야에서 두드러지게 나타났다고 한다. 먼저 환경법 분야 상징

입법의 사례를 보면, Newig가 분석한 세 가지 환경법률이 대표적이다.

(i) 여름스모그논란(Sommersmogdebatte)에 뒤이어 신설된 1995년의 오존법 조항들(Ozongesetz §§ 40a~40e, 62a BImSchG 2002);

(ii) 1994년의 순환경제·폐기물법에 따른 폐기물발생방지조항(Abfallvermeidungsgebot in § 4 Abs. 1 KrW -/AbfG);

(iii) 삼림소실(Waldsterbens) 방지를 위해 제정된 1983년의 대형연소시설규제령(Großfeuerungsanlagenverordnung).

Newig에 따르면 앞의 두 법령들(i과 ii)은 예상되는 법규범적-사실적 목적(rechts normativ-sachliche Zielsetzung)보다 예상되는 상징적-정치적 목적(symbolisch-politische Ziele)이 우세하다는 점에서 상징입법에 해당한다고 보았다. 그러나 세 번째 경우(iii)는 생태적 의미에서 실효적으로 설계된 조치들이었고, 이 조치들은 의문의 여지없이 성공이었다는 점에서 대형연소시설규제령을 상징입법으로 볼 수 없다고 결론지었다(Newig, 2010: 312~314).

다음으로, 형사법에서는 예를 들어 형법상 테러단체 조직 관련 조항들(§§ 129a und b StGB), 국민선동(Volksverhetzung) 관련 조항(§ 130 Abs. 3 StGB), 그리고 인종학살범(Völkermord) 시효 폐지 등이 상징입법에 해당하는 것으로 평가되고 있고(Lauterwein, 2006), 성범죄 관련 조항의 일부도 상징적 성질(symbolische Qualität)을 가지는 데 불과하다는 논의가 거듭되고 있다고 한다(Röhl, 2010: 284). Funcke-Auffermann(2007)은 2004년 4월 1일에 시행된 「성적 자기결정에 대한 범죄 관련 규정 및 그 밖의 규정 개정을 위한 법률(Gesetz zur Änderung der Vorschriften über die Straftaten gegen die sexuelle Selbstbestimmung und zur Änderung anderer Vorschriften)」을 둘러싼 상황을 분석한 바 있다. 대중미디어가 매개가 되어 대중들은 성범죄가 극적으로 급증하고 있다는 인상을 받았고, 이에 대중들이 패닉에 가까운 반응을 보이며 입법자에 대한 강력한 압력이 생기게 되었다. 그 결과 1998년 이래 성범죄에 대한 형사처벌이 지속적으로 강화되는 계기가 되었다고 한다. Funcke-Auffermann에 따르면 형사입법은 상징적 지위다툼의 본거지(Austragungsort symbolischer Statuskämpfe)가 되어, 우호적인 자기주장과 반대자에 대한 부정적 배제가 상쟁하게 된다. 그리고 여기에서 입법자의 행위는 주로 상징적, 적극적-일반예방효과(symbolische bzw. positiv-generalpräventive Wirkungen)에만 주목하고 법익보호(Rechtsgüterschutz)는 무시하는 경향이 있다.[21]

제2장

상징정치와 상징입법

1. 세월호 참사 수습의 정치: 국가개조론과 컨트롤타워

1) 세월호 참사와 국가개조론

사상 최악의 재난으로 기록된 2014년 4월 16일 세월호 참사는 한국의 재난안전 시스템의 부실뿐만 아니라 정치경제·사회문화 등 전반에 누적된 고질적 적폐를 총체적으로 드러낸 비극이었다. 세월호 참사를 수습하기 위하여 박근혜 정부는 해경 해체와 각 부처의 안전기능을 통합한 '컨트롤타워(control tower)'로서 국민안전처 설치를 내용으로 정부조직 개편을 단행했다.

세월호 참사는 한국의 재난안전 시스템의 부실을 총체적으로 드러낸 사건으로 기록되었다. 여러 가지 공식제도들이 한결같이 고질적인 결함을 드러냈는데, 이 결함의 원인은 한국의 정치·정책·기업 문화에 뿌리를 두고 있었다. 운임규제를 신고제로 완화하고도 허가제로 운영하는 행정편의적이고 권위주의적인 정책 집행, 관료와 기업이 유착하여 서로를 챙기는 온정적 정부-기업 관계, 이익을 위해서는 기꺼이 법을 어기는 기업 행태, 주변의 요구에 저항하지 못하도록 길들여진 업무 태도가 법과 제도를 무력화시켰다는 점(사공영호, 2016)에서 세월호 참사는 규제 실패의 종합판이라고 해도 과언이 아니다.

특히 참사 당일 구조에 실패한 것은 현장을 지휘해야 할 '컨트롤타워'가 보이지 않았다. 재난방지를 위한 안전규제 장치가 작동하지 않았다는 사실이 드러나기 시작했다. 세월호 참사 직후 재난 대응을 총괄하는 '컨트롤타워'가 어디인지를 둘러싸고 논란이 제기되었다. 중앙재난대책본부는 구조자 숫자조차 제대로 파악하지 못한 채 허둥댔고, 청와대 국가안보실은 법령에 따른 공식 컨트롤타워가 아니라며 책임을 회피하는 데 급급하여 대중의 공분을 샀다. 박근혜 정부 청와대는 세월호 참사 이후 언론과 야당으로부터 컨트롤타워 역할을 하지 못한다는 지적을 받을 때마다 청와대는 재난의 컨트롤타워가 아니라고 주장해왔다. 그러나 청와대가 세월호 참사 이후 그런 주장을 뒷받침하기 위하여 국가위기관리 기본지침을 불법으로 변경했다는 사실이 드러났다.[1] 그 결과 '컨트롤타워'라는 키워드가 주요 이슈로 떠올랐고, 이는 세월호 참사의 주범으로 지목된 유병언 검거를 둘러싼 언론의 집중보도가 여론의 초점을 이끄는 가운데, '관피아' 문제 등 적폐청산을 위한 '국가개조론'으로 이어졌다.[2]

반면, 세월호 참사 당시 대통령의 책임을 둘러싼 논란이 제기되었고 이후 2017년 헌법재판소는 국회 소추위원이 주장한 세월호 참사 관련 탄핵소추사유였던 생명권 보호의무 위반 여부 및 성실한 직책수행의무 위반 여부를 판단해야만 했다. 헌법재판소는, 피청구인 박근혜 전 대통령은 행정부의 수반으로서 국가가 국민의 생명과 신체의 안전 보호의무를 충실하게 이행할 수 있도록 권한을 행사하고 직책을 수행하여야 하는 의무를 부담하지만, 국민의 생명이 위협받는 재난상황이 발생했다고 하여 피청구인이 직접 구조 활동에 참여하여야 하는 등 구체적이고 특정한 행위의무까지 바로 발생한다고 보기는 어려우며, 세월호 참사로 많은 국민이 사망했고 그에 대한 피청구인의 대응조치에 미흡하고 부적절한 면이 있었다고 하여 곧바로 피청구인이 생명권 보호의무를 위반했다고 인정하기는 어렵다고 판시했다. 아울러 세월호 참사 당일 피청구인이 직책을 성실히 수행했는지 여부는 그 자체로 소추사유가 될 수 없어, 탄핵심판절차의 판단대상이 되지 아니한다(헌재 2004.5. 14. 2004헌나1 참조)고 판시하여 이 부분 박근혜 대통령의 책임을 부인했다.[3]

2) 상징정치와 정부조직 개편

세월호 참사 이후 정부는 컨트롤타워 논란과 그에 따른 정치적 책임론과 부담을 회피하기 위해 정부조직 개편을 단행하여 '세월호 참사 당시 결여되었던' 범정부 컨트롤타워를 창설했음을 대외적으로 선창(宣暢)한다.

세월호 참사의 주범으로 지목된 유병언 검거를 둘러싼 언론의 집중보도가 문제의 초점을 전환시키는 가운데, 청와대는 해경 해체, 컨트롤타워 구축을 표방한 국민안전처 신설 등 일련의 상징적 조치들을 단행함으로써 대통령과 정부가 솔선하여 사태를 완전히 장악하고 당면 과제들을 잘 해결해 나가고 있다는 메시지를 전파, 확산하는 데 주력했다. 당시 박근혜 대통령은 세월호 참사의 현장 중 하나였던 팽목항에서 대통령이 사태를 완전히 장악하여(under control) 현안을 확실히 해결해 나가고 있다는 인상을 확신시키는 '이미지 정치'의 맥락에서 획기적인 후속조치를 취함으로써 과감하고 단호한 결단을 보여줄 필요가 있다고 판단했을 것이다. 이러한 정치적·전략적 의도는 이후 단행된 국민안전처 신설과 해양경찰청 폐지를 내용으로 한 정부조직법개정법률(2014.11.19. 법률 제12844호)을 통해 구체화되었다. 이로써 세월호 참사 당시 집중적 질타를 받았던 컨트롤타워를 만들었다고 과시할 수 있게 된 것이다. 이것은 전형적인 상징입법의 유형인 알리바이 입법의 징표를 여실히 보여준 대표적인 사례가 되었다.

세월호 참사의 후속조치로 단행된 정부조직 개편은 재난안전 기능의 통합을 지향하는 외양은 갖추고 있었다. 가장 두드러진 변화는 국민안전처의 설치와 해양경찰청의 해체였다. 특히 대중에게 가장 강력한 인상을 준 상징적 계기는 마치 세월호 피해자 구조실패의 주범처럼 지목된 해경의 해체였다. 해경은 세월호 참사 직후 극도로 혼란스런 상황 속에서 박근혜 전 대통령의 전격적 선언을 통해 폐지되었다. 기존 해경의 수사·정보 기능을 경찰청으로 이관하고 경비, 안전, 오염방제 기능을 국민안전처 해양안전본부로 이관하는 후속조치들이 이어졌다.

국민안전처는 그 명칭에서 드러나듯, 정부 전체의 안전 관련 이슈를 통합하여 관리하기 위해 안전행정부 등에서 기능을 이관 받아 국무총리 소속으로 설립되었다.[4] 국민안전처의 설치는 미국의 연방재난관리청(Federal Emergency Management Agency: FEMA)을 모델로 삼아 각 부처에 분산된 재난관리 기능을 통합 관리하기 위한 컨트롤타워의 구축으로 정당화되었다. 사실 컨트롤타워 설치론은 새로운 이슈는 아니었고 정부조직 개편 때면 언제나 등장하는 조직 개편의 논리 중 하나였다.[5] 하지만 컨트롤타워를 둘러싼 청와대의 기회주의적 대응은 상징정치의 주된 도구인 상징조작(symbolic manipulation)의 전형이었다.

반면, 2014년 세월호 참사에 대한 사실 규명에 대한 요구는 당시 박근혜 정부에 의해 저지되었다. 박근혜 정부는 2014년 세월호 참사에 대한 특별조사위원회 등의 조사 범위와 기간, 조사권을 제한하기 위하여 다양한 방해 공작을 시도했고,[6] 세월호특별법 시행령 등 위임입법권을 통해 그 의지를 관철시켰다. 이러한 정부·여당의 행태에 반발한 당시 야당은 위임입법에 대한 국회통제 강화 필요성을 절감하여 입법을 추진하기 시작했다. 우여곡절 끝에 여·야 간 정치 협상을 거쳐 위 2015년 5

월 29일 국회법 개정법률안이 국회를 통과했다. 2015년 5월 29일, 제19대 국회에서 여·야 국회의원 211명의 찬성으로 가결된 국회법 개정법률안은 국회법 제98조의2 규정의 내용을 한층 더 강화하여 중앙행정기관이 제출한 대통령령 등에 대해 상임위원회가 법률에의 위반여부를 검토하여 수정·변경을 요구할 수 있도록 하고, 중앙행정기관의 장에게 수정·변경을 요구 받은 사항의 처리 및 소관 상임위원회에의 결과 보고 의무를 부과했다.[7] 정치권과 언론, 법조계, 학계에 치열한 논란을 불러 일으켰던 이 개정안은 같은 해 6월 25일 대통령의 거부권 행사로 무산되고 말았지만, 박근혜 정부에게 돌이킬 수 없는 파국을 가져오는 서막이 되었다. 이 법개정을 둘러싼 갈등이 일파만파 한국정치의 지형을 뒤엎는 대통령 탄핵소추의 단초를 제공했기 때문이다.

원내에서의 정치적 타협과 개정법률안의 통과는 이를 둘러싸고 집권여당 내부에 치명적 균열을 가져왔다. 이후 234표라는 압도적인 찬성으로 통과된 사상 초유의 대통령 탄핵소추는 집권여당의 동참이 없었다면 불가능했다. 이른바 '최순실 국정농단'이 불거져 촛불집회를 통한 대중항의가 진행되는 가운데 국회에서 여당의원들의 '이탈표'에 힘입어 대통령 탄핵소추가 가결되었고 2017년 헌법재판소의 탄핵심판으로 박근혜 대통령이 파면되는 일련의 정치적 대격변이 벌어졌기 때문이다.

국회법개정은 무산되었지만, 그 대소동과 혼란을 겪고도 2014년 세월호 참사에 대한 사실 조사는 충분히 이루어지지 못했고 계속 정치적 미제로 남게 되었다. 세월호 참사에 대한 사실조사의 미진은 2017년 12월 가습기살균제 사건과 4·16 세월호 참사의 발생원인 수습과정·후속조치 등의 사실관계와 책임소재의 진상을 밝히고 피해자를 지원하며, 재해·재난의 예방과 대응방안을 수립하여 안전한 사회를 건설·확립한다는 목적으로 「사회적 참사의 진상규명 및 안전사회 건설 등을 위한 특별법」 제정(시행 2017. 12.12. 법률 제15213호)을 가져오는 계기가 된다.

3) 상징정치의 모토: 컨트롤타워

한국에서 통용되고 선호되어온 '컨트롤타워'란 용어는 '공항관제탑(air traffic control tower)'이란 이미지를 통해 중앙 통제, 관리를 강조하는 의미를 지닌 상징어이다. 이러한 의미에서 컨트롤타워는 일단 만들어지기만 한다면 통합된 관리통제 기능을 통해 일사분란하게 최선, 최적의 결정을 내리는 위기관리 기구로 작동하리라는 기대 또는 환상을 불러일으킨다. 대형 재난이 발생할 때마다 비효율적 의사소통, 관리자의 실책, 복잡한 구조와 불명확한 책임소재가 거론되고, 또 하나의 새로운 컨트롤타워의 설치가 마치 궁극적인 해결책처럼 등장하는 패턴이 반복되고 있다. 이러한 주목할 만한 반복적 현상은 사실 컨트롤타워론에서 (a) 중앙에서 모든 분야를 총괄하는 단일한 의사결정기구와 지휘계통(chain of command) 수립에 치중한 나머지, (b) 현장(field)에서 결정을 이끌어 갈 현장 컨트롤타워 구축에 관한 논의가 소홀히 되었다는 사실과 무관하지 않다. 그리고 어떤 의미에서는 현장 컨트롤타워는 처음부터 관심대상에서 배제된 경우가 많았다는 점에서 상징입법에서 나타나는 특징적 양상의 하나인 '문제해결의 가장(Scheinlösung der Probleme durch Gesetzgebung)'으로 볼 여지가 충분하다. 실현가능성이 없거나 약함에도 불구하고 그와 상관없이 컨트롤타워라는 상징을 내세워 단지 문제해결을 위해 노력했다거나 입법조치 등을 통해 문제를 해결했다는 외양을 조성함으로써 국민의 신뢰를 사려는 정치적-전략적 의도가 여실히 드러났기 때문이다. 즉, 국민안전처 신설과 해양경찰청 폐지를 관철시킨 정부조직법개정법률은 정부가 재난관리를 위한 '컨트롤타워'를 새로 만들어 국민 기대에 맞게 사태를 장악, 문제를 효과적으로 해결하고 있다는 외관을 과시함으로써 국민으로부터 신뢰를 받겠다는 정치적-전략적 기대가 법적-사실적 효과를 압도한, 그리고 그 과정에서 다분히 대중의 관심을 세월호 참사에 대한 정부책임론으로부터 정부조직 개편으로 전환시킨 일종의 알리바이 입법이기도 했다.

한편, 정부의 정책대응이 그 자체로 허위나 기만 또는 불법적인 것은 아니었고, 당시에는 비교적 합당한 조치로 받아들여졌던 것도 사실이다. 이들 조치가 옥상옥 논란에도 불구하고 관철될 수 있었던 것은 기존의 재난 컨트롤타워 필요론과 무리 없이 연결될 수 있었기 때문이다. 컨트롤타워 설치론은 대통령 탄핵과 정권교체 이후에도 여전히 광범위한 지지를 받는 정책대안이자 해법으로서 재난이 발생할 때마다 그 필요성이 다시금 부각되고 있다. 비록 노골적인 기만이 없었다고 하더라도 Newig(2010: 301)가 말하는 사회적 자기기만(gesellschaftlicher Selbsttäuschung), 즉 유권자들 스스로 기만을 당할 수용 태도(Bereitschaft)가 조성되어 있었기 때문에 컨트롤타워 설치를 표방한 정부의 조치가 그 정치적-전략적 효과를 발휘할 수 있었다. 이들 일련의 입법조치들은 Newig가 말하는 상징입법의 전형적 조건을 충족할 뿐만 아니라 청와대의 기만적 기동과 대중의 사회적 기만이 서로 조응했다는 점에서도 상징입법의 징표를 그대로 보여주고 있다.

반면, 학계, 실무계 및 언론에서 제기된 현장 컨트롤타워 강화에 대한 요구는 제대로 반영되지 못했고 대형 재난의 해결책 패키지로 도입된 국민안전처는 문제를 해결했다기보다는 또 다른 문제를 남기면서 각종 비판을 면치 못했다. 국민안전처 신설과 해양경찰청 폐지를 단행한 정부조직법개정의 입법조치는 재난관리체계 개선이라는 예상된 법적-사실적 효과를 발휘하지 못한 채, 결국 문재인 정권이 들어서면서 원래 상태로 환원되는 운명을 피할 수 없었다.

국민안전처는 육상 재난 대응 조직인 소방조직을 국가와 지방으로 이원화하여 일사불란한 지휘 체계를 구축하지 못했다는 점에서 구조적 문제를 드러냈고, 대형재난 발생 시 국가안전처장 대신 국무총리가 지휘하는 업무의 모호성 문제도 안고 있었다. 또 해양경찰청이 해체되면서 중국 불법어선 단속 등 해양경비 업무공백이 발생했고, 예산과 인사 독립성 문제도 발생했다. 이후 문재인 정부가 국민안전처를 폐지하여 그 소관업무를 행정안전부 산하 재난안전관리본부로 흡수·통합하고 소방청과 해양경찰청을 독립기관화해 육상과 해상 재난에 대한 지휘권을 부여하는 내용으로 원상복귀의 조직개편을 단행한 것도 바로 그러한 이유였다.[8]

4) 어떤 컨트롤타워가 필요한가?

'컨트롤타워'라는 은유는 앞서 지적한 바 있듯이 어떤 조직에 대한 이미지를 형성하는 데 도움을 주는 하나의 상징이다. 상징이란 '좀 더 넓은 개념이나 의미와는 의식적 또는 무의식적 연관성을 보여 주는 것'을 말하는데, 컨트롤타워는 '강력한 권한을 가지고 관련 부처 간 갈등 조정 및 협력을 이끌어 문제해결 역량을 갖춘 전담조직'을 상징한다.[9] '컨트롤타워'는 공항에서 모든 항공기의 이착륙, 지상이동 등을 관리하고 통제하면서 안전사고를 방지하기 위해 설치된 설비와 조직을 말하는데, 여기서 관리와 통제란, 효율적이고 원활한 공항 운영을 위한 조율, 조정이 핵심이다. 그런데 한국사회에서 회자되어온 재난 컨트롤타워는 그와는 사뭇 다른 맥락에서 독특한 의미를 부여받았다. 그것은 첫째, 한국에서는 정책의 컨트롤타워가 강화된 권한과 역할을 수행할 것으로 기대되며, 조율과 조정을 넘어 '권력'적 측면이 강조된다. 즉, 컨트롤타워는 조망의 역할을 넘어, 피라미드형 위계구조의 정점에서 모든 결정과 책임을 담당할 것으로 기대된다(홍완식, 2014). 둘째, 컨트롤타워를 통해 단일한 구조의 안전관리를 주창하지만, 오히려 안전, 경제, 복지 등 부문의 다양성, 공공과 민간 영역도 차이를 인정해야 하며, 지역과 전국 수준이라는 층위에서도 컨트롤 타워가 필요하다는 등 다양한 주장이 제기되고 있다. 이와 같은 이유로 재난, 안전관리에 있어서도 전 분야를 아우르는 단일하고 통일된 의사결정체계를 구축하는 것은 사실상 불가능하다. 이것은 컨트롤타워로 상징되는 논의에 매몰되어 그동안 우리 사회가 놓친 일선 현장의 지휘체계 정비와 권한 강화, 지원체계에 더욱 관심을 기울여야 하는 이유이다.

2. 새 술은 새 부대에?: 정부조직 개편의 상징정치

1) 정부조직 개편의 일상화

변함없이 보이는 것도 실은 끊임없이 바뀌는 경우가 많다. 정부도 그렇다. 정부는 늘 항구적이고 변함없이 유지되는 것처럼 여겨지지만 정부조직은 시도 때도 없이 끊임없이 바뀌어왔다. 1948년 정부 수립 후, 70년 동안 총 62회의 정부조직 개편이 있었는데, 거의 1년 2개월마다 정부조직이 개편된 셈이다. 전두환 정권 시절 '작은 정부'를 내세운 정부조직 개편을 필두로 문민정부를 거치며 일종의 정치적 관행으로 자리 잡기 시작했고(조성한·최정화, 2018: 103~127), 이후 1987년 대통령 5년 단임제 개헌을 계기로 새 정권 출범 때마다 정부조직을 대거 개편하는 것이 정치적으로 관례화되어 오늘에 이르게 되었다.[10] 오히려 바뀌지 않는 것이 비정상으로 보일만큼 정부조직은 늘 변화해온 것이다.

일반적으로 정부조직 개편이란 정부 부처의 편제 또는 조직구성을 정치·행정의 필요에 맞게 바꿔 의식적으로 재배열 또는 재편성하는 조치를 말한다(Cohen & Eimicke, 1995). 정부조직 개편의 효용은 기능 재조정을 통해 외적 변화에 효율적이고 능동적으로 대처할 수 있도록 하는 데 있다(March &

Olson, 1983; 임주영·박형준, 2017: 263~294). 정부조직 개편은 그 밖에도 정책 변화의 대용물(surrogate for policy change) 또는 새로운 리더십의 정치적 의제를 각인시킬 목적으로 단행되는 과정이기도 하다(Radin/Chanin, 2009: 3~5). 정부조직 개편은 구조적 측면에서는 주로 기능의 중복, 간극, 저활용, 과부하, 지나친 상호의존, 지나친 자치, 분산된 권위 등의 문제를 해결하는 데 초점을 맞추는 것이 일반적이다(박천오, 2011: 1~30).

정부조직 개편은 특히 정권이 바뀔 때마다 거치는 일종의 통과의례가 되었고, 정권 임기 중에도 이런 저런 기회에 정치적 국면 전환에 따라 빈번히 발생하는 정치적·행정적 과정이었다. 그리하여 조직개편이 '일상화'됨으로써(염재호, 2009) 정부조직은 다른 어느 나라보다도 자주, 그리고 늘 바뀌는 가변성을 띠게 된 것이다.

2) 한국 정부조직 개편의 특성: 정치적 조직개편?

정부조직 개편의 목적은 일반적으로 정치적 목적과 행정적 목적으로 나눌 수 있다. 정치적 목적으로는 국정철학의 상징성 확보, 정치적 정당성의 확보, 관료에 대한 통제, 정치적 국면 전환 등을, 행정적 목적으로는 효율성과 생산성의 향상, 관료적 경직성의 해소 등이 꼽힌다. 행정적 목적은 비용절감이나 능률향상, 변화된 행정환경에서 제기되는 행정기능이나 사무의 질적·양적 변화 요구에 대한 효과적 대처 등 정부조직 개편의 명분으로 가장 빈번히 원용되는 논리이자 수사들이다.

양자는 사실 동전의 양면 같은 관계에 놓여 있다. 하지만 대다수 학자들은 정부조직 개편의 정치적 목적을 훨씬 더 중요시하는 경향을 보인다. 일례로 Kettle에 따르면 조직개편은 행정의 문제일 뿐만 아니라 정치적 행위이기도 하므로 항상 능률 개선 이상의 문제라고 한다(Kettle, 2018: 158). 이와 달리 Vogelsang-Coombs/Cummins는 양자의 상호연관에 주목한다. 대통령이 조직개편을 제안하면 그것은 관료제 업무로 넘어가며 관료제라는 '영구기계(perpetual machine: Weber)'가 조직개편의 실행을 이어 맡게 된다고 한다. 그런 의미에서 정치와 관료제가 혼합된다는 것(intermingle)이다(Vogelsang-Coombs/Cummins, 1999: 159). 반면, 한국에서 역대 정부가 단행한 정부조직 개편은 외부 환경 변화에 대한 정부조직 수준에서의 합리적 대응이라기보다는 전 정권과의 정치적 차별성을 강조하기 위한 일종의 정치적 정지작업의 성격 등 정치적 이유에 따른 결과인 경우가 많았다고 보는 견해(염재호, 2009: 93)도 정치적 목적을 강조하는 견해와 맥락을 함께 한다.

정부조직 개편의 요체는 새로 취임한 대통령의 정치적 의지나 정책방향을 뒷받침하는 데 있다고 보는 것이 더 현실에 부합하는 관점일 것이다. 실제로 한국에서 추진된 정부조직 개편은 정부조직의 효율성 제고라는 행정적 목적보다는, 정권의 개혁의지 표명 같은 정치적 목적에 따른 것이었다는 것이 중론이다(김광웅, 1999; 이창원, 2001; 조성한, 2008; 박천오, 2011a). 특히 정권교체와 함께 이루어진 조직개편은 새 정부의 수장(대통령)이 자신의 국정운영 철학을 원활히 수행하기 위해 정부조직을 자신의 주요 정책을 구현하기 위한 도구로 재편성한다는 의미가 강한 것도 부정할 수 없는 사실이다(박치성·오재록·남주현, 2011: 51~82).

한국에서의 정부조직 개편은 특히 대통령 단임제가 채택된 이후에는 주기적 반복이라는 특징을 띤다. 선거를 통해 선출된 대통령의 5년 임기에 맞춰 주기적으로 정부조직 개편이 반복되어왔다. 각 정권별로 가지고 있는 이념과 사상이 다르기 때문에 매번 정권이 들어설 때마다 새 대통령의 국정철학을 담은 조직개편이 단행되었다. '새 술은 새 부대에 담는다'는 상징성 및 이전 정권과의 차별성을 보여주는 데 효과적이라는 점에서 정권이 바뀔 때마다 정부조직 개편이 관행으로 굳어지게 된 것이다. 물론 정권교체기 외에

표 2-1 **정부조직 개편의 목적과 동기**

행정적 측면	정치적 측면	근거
- 행정/조직의 효율성 제고 - 정책의 효과성 제고	- 행정수반의 통제력 강화 - 정책우선순위의 재조정 - 전략적 편의의 효과실현(상징정치)	박천오(2011) 김근세·최도림(1996)
- 효율성과 생산성 증대 - 정부의 자율성과 책임성 증대 - 정부의 투명성 제고	- 국정철학의 상징성 확보 - 정치적 정당성 확보와 관료의 통제 - 정치적 위기돌파 기회의 추구 - 정부와 시장의 역할 분담	최병선(1993) 문명재(2009)
- 환경과 조직 간 적합성을 통한 효율성과 효과성 제고	- 정치적 의도와 상징적 목적 달성 - 선진제도의 모방을 통한 조직 개선	박대식(2008) 이창원·임영제(2009)

자료: 최성욱(2012: 131).

도 집권 중후반기 국정운영의 국면전환의 일환으로 정부조직 개편이 활용된 경우도 적지 않았다(박천오, 2011). 정부조직 가운데 설립 이후 명칭이 바뀌지 않은 부처는 국방부, 법무부, 통일부, 환경부 4곳뿐일 만큼,[11] 정부조직 개편이 일상화되었고, 중앙부처 공직자 314명 중 75%가 소속부처 개편을 경험한 것으로 나타났다.[12]

과거 정부조직 개편의 결과는 대부분 집권 초기에는 부처 수가 줄지만, 임기 중반 이후 다시 늘어나는 경향을 보였다. 문명재에 따르면 원·부·처 단위를 기준으로 전두환 정부 이후 평균적으로 집권 초기에 0.86개가 줄었지만, 집권 중반기에 0.86개 그리고 후반기에 0.33개가 늘어났고, 원·부·처 단위의 정부조직이 집행기관인 청 단위의 조직보다 큰 폭의 변화를 겪은 것으로 나타났다.[13] 또 정권이 승계(재창출)된 경우보다 정권 변동이 있은 경우에 조직개편의 폭이 더 컸다(문명재, 2009). 즉, 조직개편은 여야 정권교체와 같이 정권의 성격이 다른 경우에 대규모로 이루어진 반면 정권의 성격이 유사한 경우에는 조직개편의 범위가 크지 않았다(염재호, 2009: 93).

한편, 조직개편은 표면적으로 정부조직의 생산성 제고와 같은 개혁목적을 내세우지만, 조직개편이 정부조직 구조와 환경에 대한 체계적인 진단을 토대로 추진되는 경우는 드물었다. 대부분의 조직개편이 청와대 중심으로 권력재분배와 개혁의지 표현이라는 정치적 목적을 위해 급하게 추진되었고, 그 과정에서 정치적 영향을 받거나 정치적으로 타협·절충되어 기형적 모습으로 변질되는 경우가 많았기 때문이다(박천오, 2011: 1~30). 가령 재정개혁이 뒷받침되지 않아 구체적 성과를 도출하지 못하고 대민서비스 개선에 치우친 행정개혁이 이루어진 경우도 있었다(김정완, 1999: 41~50).

정부조직 개편에는 적지 않은 부작용이 따르기 마련이다(박치성·오재록·남주현, 2011: 51~82). 사실 정부조직 개편으로 능률성이 향상된다거나 비용이 절감된다는 주장은 허구일 수 있다. 미국의 경우 1945~2002년 정부조직 개편의 효과와 관련하여 개혁의 범람이 정부 업무수행을 실제로 개선한 것은 거의 없고 오히려 의회와 대통령이 무엇을 원하는지에 대한 정부 내 혼선만 초래하며, 정작 조직의 임무와 자원에 대한 필요한 토론은 차단하고 개혁을 더 하면 어쨌든 정부가 더 나아지리라는 환상만 불러일으킨다는 비판(Light, 2006: 17)을 받기도 했다. 우리나라의 경우도 사정은 크게 다르지 않다. 2016년 한국행정연구원이 실시한 역대 정부조직 개편에 관한 공무원 및 전문가 인식 조사 결과에 따르면, 조직개편이 국정수행 및 관리의 합리성 제고보다 의도하지 않은 혼란과 부작용을 초래한다는 의견이 두드러지게 나타났다(박중훈, 2016: 372~419).

그릇된 인식에 의한 정부조직 개편은 아니함만 못하다는 비판이 제기되는 것도 그러한 문제의식과 무관하지 않다. 정부조직 개편에는 통상 일시적 업무정지, 업무권한의 조정, 구성원들의 저항과 혼란 및 재적응 과정을 거치면서 재정적·비재정적 비용이 수반되기 마련인데 정부조직 개편이 이러한 비용을 능가할 만큼 편익을 가져오는지에 대해서는 많은 의문이 제기되고 있다(조성한·최정화, 2018: 105). 다른 한편, 우리나라 정부조직 개편에 대해서는 법학 진영에의 비판도 경청할 만하다. 비판은 형식적으로는 법적 절차

그림 2-1 **한국행정연구원의 공직자 대상 설문조사 결과**

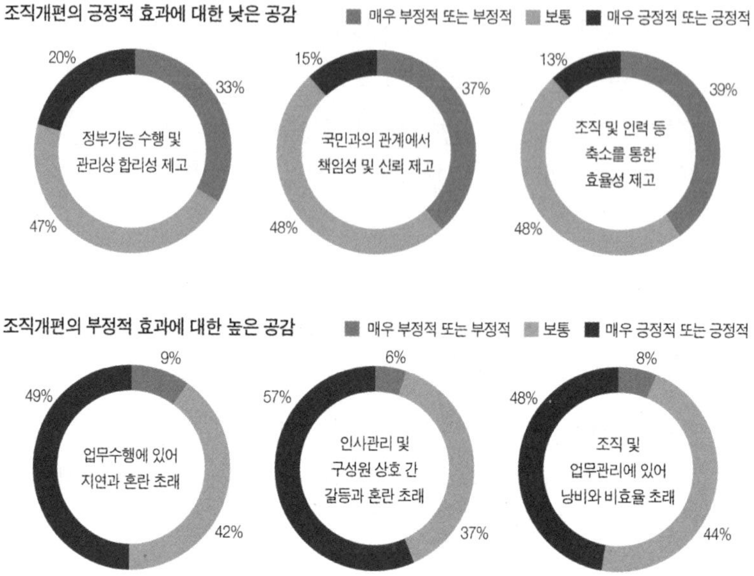

자료: 박중훈·김윤권·조세현(2017).

를 따른 것으로 보이지만 구체적인 과정에서는 법치주의에 부합하지 못했다는 것으로 집약된다(오준근, 2013; 이재삼, 2013; 김원중·양철호, 2017). 헌법은 정부조직은 법률로 정하도록 하고 있는데(행정조직법정주의), 정부조직법은 각 부처의 개괄적 임무와 권한만을 정하고 개별 부처의 조직에 관해서는 법률이 아니라 대통령령인 직제에 맡기고 있어, 국회에서 심도 있는 논의를 생략하고 정치적 타협 과정만 거치게 되는 폐단이 지속된다는 점에서 위헌의 소지가 있다는 비판도 있다.[14]

3) 상징정치로서 정부조직 개편

앞서 본 많은 문제점과 부작용, 그리고 이를 규명한 많은 연구결과에도 불구하고 정부조직 개편론이 완강히 버티고, 대통령과 정부, 의회에서 여전히 정부조직 개편을 시도하는 이유는 무엇일까?(Vogelsang-Coombs/Cummins, 1999: 149)

Kettle은 조직개편의 아이디어가 떨어지는 일은 없다며 그 이유는 항상 정부의 능률을 향상시킬 방법들이 존재하고 동시에 과거의 정부조직 개편이 새로운 조직개편의 씨앗을 만들어주기 때문이라고 한다(Kettle, 2018: 161). 정치지도자들이 정부조직 개편을 선호하는 이유는 일을 많이 하지 않고도 큰일을 한 것처럼 보이게 하는 상징적 효과 때문이라는 견해(March, Olson & Olsen, 1983)에도 일리가 있다.

물론 정부가 제대로 작동하고 있지 않다는 지적은 하나의 주장에 지나지 않는다. 정부가 추구해야 할 일반적 목표에 대한 명확한 기준이나 정부업무 성과를 측정할 척도가 존재하지 않는 이상 자명한(self-evident) 것도 아니다. 정부조직 개편은 관료제의 능률성에 대한 어떤 절대적 기준들을 극대화하는 문제에 대한 해결책 그 이상의 것으로 정치적 진단에 대한 해법이라고 볼 수 있다. Edelman(1964)과 Kaufman(1978)의 연구에 터 잡아 정부조직 개편을 집행부의 상징정치과정(executive symbolization process), 즉 정부를 운영하는 정치인과 직업공무원들 사이에서 그들의 상이한 가치, 인식, 이해관계 및 행태를 반영하는 공유된 강력한 정치적 상징이라고 파악하는 견해도 설득력을 가진다. 정부조직 개편은 대통령정치(presidential politics)의 보편적 의례이며 행정서비스개혁은 그러한 의례에 기반한 신화라는 것이다. 이렇듯 정부조직 개편은 명시적이고 상징적인 정치적 용도로 활용될 수 있다(Vogelsang-Coombs/Cummins, 1999: 149). 문제는 이러한 정부조직 개편이 상징성 때문에 실체적인 성과를 달성하기 어렵거나 적어도 그러한 성과를 실측하기가 곤란하다는 데 있다. 정부조직을 재편하면서 다양한 이익집단들의 이해관계와 당시의 사회적 가치관이나 문화를 반영하는 점진적인 정치적 과정이 있다면 어느 정도 성과를 올릴 수 있겠지만 정치지도자들이 그러한 상징성에만 비중을 두기 때문에 결과적으로 성공적이기 어렵다는 것이다(조성한·최정화, 2018: 105).

정부조직 개편의 역사는 곧 정치적 상징의 역사로 불린다(March & Olson, 1983). 새로운 정권이 자신의 정치적 방향성을 부각시키기 위해 정부조직을 개편해왔기 때문이다.

앞에서 본 바와 같이 한국에서 중앙정부의 조직개편이 매우 자주 단행되었다면 이는 한편으로는 그동안 그다지 성공적인 또는 효과적인 조직개편이 없었다는 사실을 의미하는 것은 아닐까. 사실 동일하거나 유사한 조직이 분리되었다가 다시 통(폐)합되고 또 다시 분리되는 등 반복되는 개편도 많았고, 그 와중에 이전의 작업과 다르다는 것을 나타내려고 명칭만 바뀐 경우도 있었다(조성한·최정화, 2018). 그렇다면 정부조직 개편 과정에서 정부가 표방한 공식적인 목적이나 명분과는 달리 조직개편이 다분히 상징적인 수준에 머물렀다는 이야기가 되는 것은 아닐까. 외국의 경우 못지않게 한국에서의 정부조직 개편이 다분히 상징적인 것이었다는 비판이 나오는 것도 그와 무관하지 않다(이창원, 2009; 박천오, 2011; 조재현, 2013). 같은 맥락에서 정치적 상징을 위한 정부조직 개편이 전두환 정부로부터 시작되었다는 견해도 나온다(조성한·최정화, 2018: 122). 작은 정부는 세계적인 시대적 조류였고 뒤를 이어 이명박 정부에 이르기까지 조직개편에 중요한 명분이 되었으나, 작은 정부를 내세운 정권들은 겉으로 보이는 부처의 수를 줄여서 정무직의 수를 몇 명 줄이는 데 그쳤고 공무원의 수나 예산은 특히 정권 말기에 계속 늘어났다는 것이다.

사실 위에서 살펴본 한국에서의 정부조직 개편(그리고 그에 따른 정부조직법 개정)은 Newig의 공식에 따른 상징입법의 요소들을 충족한다고 볼 여지가 충분하다. 주로 새로 들어선 정부가 '새 술은 새 부대에' 또는 '정부조직과 기능이 개선될 것'이라는 공언을 통해 여론의 동조와 기대를 유도했거나 국민 스스로가 그러한 사회적 기만을 묵시적으로 용인한 것으로 볼 수 있기 때문이다. 물론 정부조직 개편, 그것도 그간 단행된 모든 정부조직법 개정들을 통틀어 상징입법으로 볼 것인지에 대해서는 어쩌면 당연히 논란의 여지가 있을 뿐만 아니라 그와 같이 일반화할 수도 없을 것이다. 그러나 많은 경우 정부조직 개편이 대중에게 '새 술은 새 부대에'라는 모토 아래 정부조직과 기능, 공공서비스가 개선되리라는 기대를 불러일으킨 것과는 달리 그와 같은 성과가 달성되었는지 여부는 극히 불분명하고 또 객관적으로 측정, 평가되거나 그 결과가 공개되지도 않았다는 점을 감안한다면, 넓은 의미의 기만과 함께 Newig가 말하는 상징입법의 조건들, 즉 예상된 정치적-전략적 효과가 예상된 법적-사실적 효과를 압도하는 경우에 해당한다고 볼 여지가 충분하다고 볼 수 있다.

4) 악순환의 고리를 끊으려면

헌법상 대통령 단임제가 유지되는 한 정권교체는 피할 수 없고 새 정권이 들어서면 다시 또 정부조직 개편을 단행할 가능성이 크다. 그러나 정부조직 개편이 위에서 본 바와 같은 상징입법으로 귀결되고 만다면 국민은 결국 정부조직 개편을 통해 국민과의 관계에서 이루어진 상징적 의사소통, 즉 '새 술은 새 부대에' 또는 '정부조직과 기능이 개선될 것'이라는 약속이 결국 지켜지지 않았다는 사실, 더욱이 그것이 지켜졌는지 여부를 검증하거나 그 불이행책임을 추궁할 수 있는 방법이 없다는 사실에 실망하게 되는 상징정치와 상징입법의 악순환이 반복될 것이고 이는 국가와 정부에 대한 신뢰를 더욱 악화시키는 요인으로 작용할 것이다.

이러한 악순환의 고리를 끊으려면 정부가 추구하는 방향과 목표, 정부기능의 혁신에 대한 충분한 논의를 통해 우리가 필요로 하는 정부의 모습이 어떤 것인지에 대한 사회적 합의를 이루어내야 한다. 세부적인 정부조직 개편안은 새 정권의 몫으로 남기더라도 정부의 방향과 목표, 정부기능의 재정립에 대한 논의는 이를수록 좋다. 가급적이면 이른 시기에, 시간적 절박성이나 정치적 이해관계, 관료기구의 이익충돌 문제 등에 영향을 최소화할 수 있는 상황에서 논의를 시작할 필요가 있다. 정권에 도전하는 대권주자들은 자신이 맡고자 하는 정부가 어떤 목표를 세우고 어떤 역할을 어떻게 수행할지를 구상하여 유권자들에게 제시하여 사회적 숙의와 합의형성을 주도해 나갈 필요가 있다.

3. 적폐청산의 상징정치: 국정농단과 법제개혁의 이율배반

1) 적폐청산, 반복된 역사

'적폐(積弊)'란 오랫동안 쌓이고 쌓인 폐단을 말한다. 적폐를 청산한다는 것은 이전 정권의 그것을 포함한 과거의 잘못을 고치거나 지금까지의 잘못된 관행 등을 없애고 바르게 하겠다는 뜻이다. '적폐'라는 용어와 '적폐청산'이란 구호는 새로운 것이 아니다. 과거에도 적폐청산 캠페인이 있었다. 일례로 김영삼 정부는 과거 군사정권의 악행을 뿌리 뽑는다는 명분으로 적폐청산 드라이브를 걸었고 전두환, 노태우 전 대통령 두 사람을 군부쿠데타 혐의로 법정에 세웠다. 그러나 적폐청산 문제가 본격적으로 상징정치의 표어로서 사람들 입에 오르내리기 시작한 계기는 2014년 세월호 참사로 주어졌다.

(1) 박근혜 정부와 적폐청산

적폐와 적폐청산을 다시 소환한 사람은 아이러니하게도 그 적폐의 근원이라고 비난을 받는 박근혜 전 대통령이었다. 박근혜 전 대통령은 2014년 세월호 참사가 있고 난 뒤에 국무회의에서 처음 적폐를 언급했다.[15] 그는 적폐라는 가상의 대상을 만들어 자신에게 쏠리는 모든 비난과 책임을 회피하고자 했다. 처음에는 정치적 의도로 적폐를 거론했지만, 청산의 창끝을 사회로 지향하면서 적폐청산을 사실상 사회정화사업처럼 밀어붙였다. 사실 집권세력의 입장에서 본다면 적폐청산이란 담론은 매우 전략적이고 효율적인 통치 프로파간다(propaganda)였다. 당시 집권세력은 적폐청산 구호를 통해 자신을 향한 정치적 혐의를 모면하고 그 책임을 사회에 전가하려고 시도했다. 적폐청산 담론은 정권에게 사회통제를 강화시켜 나갈 정당성의 근거를 제공해주었다. 그 과정에서 정부·여당은 자신의 의사를 거스르는 모든 도전들을 적폐라는 낙인을 찍어 단죄하거나 처단할 수 있었다(김연식, 2018: 1~43).

박근혜 대통령은 세월호 참사 이후 정치적 난국을 타개해 나가기 위하여 일종의 정치적 알리바이가 필요했던 것이다. 세월호 참사의 주범으로 지목된 유병언 일가의 탐욕과 비리, 이른바 '관피아' 문제 등 사회 곳곳에 쌓여온 적폐 해소를 '국가개조'라는 거창한 명분을 내세워 국가적 과제로 격상시켰다. 사실 세월호 참사로 드러난 총체적인 모순과 비리, 문제점들은 '적폐'라는 이름을 붙여도 무방하리만큼 전례 없이 심각하고 중대한 것이기도 했다. 그러나 적폐청산을 제기한 박근혜 전 대통령이 바로 적폐청산의 대상이 되는 계기가 발생한다. 이른바 '국정농단' 사건이다. 국정농단 사건은 다양한 갈래로 발생했지만 본질은 대통령이 국민주권의 원칙과 법치주의를 위반했다는 데에 있었다.

국정농단은 박근혜 전 대통령과 최태민 일가 관계를 둘러싼 의혹, 미르재단과 K스포츠 재단, 이화여자대학교 평생교육 단과대학 설립 등과 관련된 사태 등을 통해 드러나기 시작했다. 이후 JTBC의 문건 확보, 태블릿 입수 등으로 수사가 진전되었고, 2016년 11월 1일에 야3당이 국정조사와 특별검사 도입에 합의했다.[16] 그 와중에 박근혜 정권 퇴진을 위한 대규모 촛불집회가 10월 29일 1차를 시작으로 광화문 일대에서 진행되었다.[17]

여야는 사안의 심각성을 인지하여 2016년 12월 3일 박근혜 대통령에 대한 탄핵소추안을 발의했고, 탄핵소추안은 국회의원 재적 수 300인 가운데 234인의 찬성으로 가결되었으며, 2017년 3월 10일 헌법재판소는 탄핵심판을 인용하여 박근혜 대통령을 대통령의 직에서 파면하는 결정을 내렸다.

박근혜 정권의 적폐청산 캠페인과 이를 실행하기 위한 입법조치들은 이러한 과정을 통해 그 핵심적 목표를 달성하지 못하고 상징정치와 상징입법으로 끝나고 말았고 정권몰락이라는 파국으로 이어졌다.

(2) 문재인 정부와 적폐청산: 적폐청산의 재소환

헌정사상 최초로 대통령이 탄핵으로 중도하차하고 촛불 덕분에 새 정권이 들어섰다. 새로운 사회를 위한 과제가 무엇인지를 고민해야 할 시점에, 새 정권은 적폐청산을 외치며 개혁이란 명분을 내세워 다양한 과제와 정책들을 내놓았다. 정부는 입법, 행정, 사법의 영역과 일상의 영역을 불문하고 다양한 문제제기를 통하여 적폐를 규정했고, 이를 개선하기 위한 다양한 시도와 노력을 국민들에게 보여주고자 행동했다. 그 과정에서 적폐청산의 내용과 범위, 강도, 실행 등을 둘러싼 다양한 논란이 이어졌다(김철식, 2018: 349~353). 임기 4년차에 접어든 지금, 정부와 집권세력이 내건 약속들이 과연 각 영역에서 제대로 이행되었는지 점검해볼 필요가 있다.

박근혜-최순실 비리 의혹사건이 전대미문의 사회적 파문을 일으키면서, 적폐는 박근혜 전 대통령과 그 측근에 대한 사회적 비난의 의미를 지닌 낙인이 되었다. 박근혜 대통령이 애용했던 적폐청산이 그의 퇴진을 요구하는 촛불시위의 핵심 구호 중 하나로 떠올랐다. 19대 대선에서 문재인 당시 대통령 후보가 적폐청산을 핵심 공약으로 내세운 것은 어쩌면 당연한 수순이었다(김연식, 2018: 1~43). 다만 문재인 후보의 적폐청산 공약은 박근혜 전 대통령의 국정농단뿐 아니라, 이명박 정권의 비리까지 겨냥한 것이었다.

당시 더불어민주당은 대선공약으로 4대 비전과 12대 공약을 내세웠다. 4대 비전 중 첫 번째 비전은 '촛불혁명의 완성으로 국민이 주인인 대한민국'이었으며, 12대 약속 중 첫 번째 약속인 '부정부패 없는 대한민국'의 세 가지 내용 중 가장 우선순위인 것은 '적폐청산'이었다. 그야말로 문재인 대선캠프의 최우선순위가 적폐청산이었던 것이다.

문재인 캠프의 적폐청산 공약을 구체적으로 살펴보면 다음과 같다.

이명박·박근혜 9년 집권 적폐청산[18]

1. 박근혜·최순실 국정농단 적폐를 청산하겠습니다.
2. 반부패 개혁으로 국가 경쟁력을 선진국 수준으로 높이겠습니다.
3. 이명박·박근혜 정권 9년의 적폐, 문화계 블랙리스트를 청산하겠습니다.
4. 국정역사교과서를 폐지하고 교육의 민주주의를 회복하겠습니다.
5. 방위사업 비리를 척결하겠습니다.
6. 적재적소의 인사로 신뢰받는 공직사회를 만들겠습니다.
7. K스포츠·미르재단 정경유착 비리가 발생하지 않도록 시민공익위원회가 감시하겠습니다.
8. '기능을 다한 1987년 헌법' 개정으로, 새 시대의 헌법을 열겠습니다.

※ 위의 8개 메인약속에 대한 세부약속은 총 38개에 이른다.

문재인 대통령은 적폐청산을 공약으로 내걸어, 적폐청산에 대한 국민적 열망을 딛고 대통령에 당선되었다. 2017년 10월 19일 발표된 문재인 정부 국정운영 5개년 계획에도 적폐청산의 청사진을 담았다(문화체육관광부, 2017). 이후에도 문 대통령은 기회가 있을 때마다 적폐청산의 의지를 재확인해오고 있다. 촛불정국에서 주로 정치권에 국한되었던 적폐청산 담론이 문재인 정부 집권 이후에 사회 전반으로 확산하기 시작했다(김연식, 2018).

적폐청산은 우선 박근혜 전 대통령의 개인 비리와 이른바 '블랙리스트' 작성 등 실정(失政)에 관련된 고위 공직자들에 대한 수사와 재판에 집중되었고, 이어 이명박 대통령에 대한 수사로 이어졌다. 이명박 대통령에 대한 수사는 이 대통령 재임 시절 노무현 대통령 수사와 죽음에 대한 정치적 보복이라는 비판이 제기되기는 했지만, 오래전부터 제기되었던 의혹과 개인 부패에 초점이 맞춰졌기 때문에 전반적으로 여론의 지지를 받았다. 또한 법조계에도 상당한 변화가 일어났다. 대법원장 인사가 기수와 서열을 무시한 파격적인 형태로 이뤄졌고, 위계적이고 관료주의적 법원 문화의 변화에 대한 요구가 높아졌다. 검찰 고위직 인사 역시 이전 정부와 뚜렷이 차별화되는 형태로 이뤄졌다. KBS와 MBC 방송사에서 파업이 이뤄졌고 이후 사장 등 임원이나 이사회 구조에도 변화가 나타났다. 이외에도 여러 기관, 단체의 인적 교체가 적폐청산의 이름으로 이뤄졌다. 그런데 사실 이러한 일은, 정도의 차이는 있지만, 정권이 교체될 때마다 비슷하게 나타났던 일이다(강원택, 2018: 6~29).

2) 적폐청산에 대한 논란

문재인 정부가 추진해온 적폐청산 역시 다음에 보는 바와 같은 다양한 논란에 부딪혔다.

(1) 인적 청산에 대한 우려

인적 적폐청산에 대해 내·외부로부터 우려의 목소리가 나왔다. 첫째, 적폐청산을 청산대상 1호인 '정치'검찰의 칼을 빌려 행하는 것이 온당한가 하는 것이다. 둘째, 정권교체 때마다 늘 그러했듯이 집권 초기 소리만 요란한 텅 빈 구호에 그칠 수 있다는 것이다. 끝으로, 적폐청산은 인적 청산에 머물지 않고 법제도를 통한 근원적 방지 시스템 구축으로 이어지지 않으면 성공을 기대할 수 없다는 것이다. 적폐를 척결하고 촛불민심이 염원하는 '나라다운 나라'로 나아가기 위해서는 촛불정신에 입각한 새로운 국가시스템 구축을 위한 법제개혁이 필수불가결하다는 것이다. 역대 정부와 정치지도자들이 표방했으나 결국 실패하고 만 적폐청산의 역사가 그 점을 분명히 드러내주고 있다(오유석, 2019: 37~60).

공무원 사회의 회의감도 무시할 수 없는 문제이다. 문재인 대통령이 대선공약 1호인 '적폐청산'을 추진하는 과정에서 일선 공직사회의 혼선을 감지할 때마다 재차 적폐청산 방침을 강조하는 것도 바로 그러한 문제의식에 기인한다. 적폐청산이 자칫 '인적 청산'으로 흘러 공직사회 전체가 위축되는 복지부동 현상을 우려하면서 동시에 적폐청산의 최종 목표는 제대로 된 시스템을 마련하는 데 있음을 다시금 천명한 것이다.

문 대통령은 "적폐청산의 목적은 공정하지 않고 정의롭지 못한 정책과 제도와 관행을 바로잡는 데 있는 것이지, 공직자 개개인을 처벌하는 데 목적을 두지 않는다"며 "정책상 오류만으로는 처벌 대상이 될 수 없다"고 강조했다.[19]

적폐청산은 그 기간이 길어질수록 대중의 피로감이 커지기 마련이다. 적폐청산 작업은 초기에는 불행한 역사가 되풀이되지 않도록 반면교사로 삼아 정부가 투명한 정국 운영을 하도록 발판을 다지는 의미에서 국민의 공감과 호응을 얻을 수 있었다. 하지만 전 정부에 대한 수사가 장기화하면서 피로감과 우려를 나타내는 목소리가 나오기 시작했고, 권력층 사정에 몰두한 나머지 민생 문제에 역량을 집중하지 못하지 않느냐는 불만어린 지적이 제기되기도 했다. 반면, 적폐사건 수사가 어느 정도 마무리 수순을 밟는 가운데 사법부의 공정한 판단이 향후 여론의 중심을 잡아가는 데 중요하리라는 의견도 나온다.[20]

(2) 적폐청산의 지체

적폐청산에 대해서는 당초 기대보다 지체되고 있다는 비판적 평가가 끊이지 않았다. 정부의 적폐청산 의지나 능력의 부족, 그리고 앞서 본 여러 가지 논란으로 인하여 성과가 지지부진했다는 지적이 쏟아졌다.

적폐청산은 과거부터 누적되어온 고질적인 부패와 비리를 척결할 뿐만 아니라 그 재발을 근원적으로 막을 수 있는 제도적 구조를 구축하는 데 초점을 맞추어야 성공할 수 있다. 이러한 관점에서 단순한 일회적 조치로서 인적 청산을 넘어서 지속가능한 제도적 기반을 구축하기 위한 법제개혁이 필수적이다. 또 법제개혁은 국회를 통하지 않고서는 불가능하므로 여야 및 사회적 협의를 통한 협치가 필수적이다. 그런 의미에서 적폐청산은 정치적 반대 세력에 대한 압박만으로는 본연의 목표를 달성할 수 없다(강원택, 2018: 6~29).

사실 적폐청산과 관련하여 이전 대통령과 관련 인사들에 대한 인적 쇄신이나 사법처리에 비해 제도개혁은 그다지 주목할 만한 성과를 거두지 못했다.[21] 과거 정부에서 주요 직위를 맡았던 인물들의 교체나 책임 추궁은 상당한 성과를 냈지만, 부정부패나 비리를 원천적으로 봉쇄, 방지할 제도개혁은 제대로 성사되지 못했다. 청와대는 외교·안보 분야에서 야권의 협조를 구한 경우를 제외하고는 야당의 말에 귀를 기울이지 않았고 야당은 정부·여당의 정책에 극렬히 반대하는 악순환이 반복되었다. 결과는 입법의 교착(膠着)과 폐색(閉塞)으로 나타났다.

그 대표적인 예가 문재인 정부의 최우선 공약이었던 권력기관 개혁의 핵심으로서 난항을 겪었던 검찰개혁 입법이었다. 촛불광장에서 '나라다운 나라'를 외치며 지도층 비리 척결 등 적폐청산을 요구했던 촛불민심을 받들기 위해 문재인 정부가 권력기관의 개혁을 추진했던 것은 어쩌면 자연스러운 귀결이었다. 권력기관의 개혁은 주로 검찰과 경찰의 권력을 민주적으로 통제하는 데 초점을 맞췄다. 고위공직자범죄수사처 설치법안(공수처법안)과 검경 수사권 조정 관련 법안(형사소송법·검찰청법 개정안)으로 이루어진 검찰개혁법안들은 당초 2018년까지 통과되어 시행될 예정이었지만 야당의 장외투쟁과 국회에서의 극렬한 저항에 막혀 오랫동안 지체되었고, 2019년 4월 29일 국회 사법개혁특별위원회에서 '패스트트랙(신속처리안건)'으로 지정된 후에도 입법 수준에서 거의 논의되지 못했다. 이후에도 야당인 자유한국당의 당대표 단식, 무더기 필리버스터 등 극한저항으로 검찰개혁입법은 좀처럼 진전을 보지 못했다.

노동개혁은 노동계의 반발로 한 걸음도 나아가지 못했고, 여러 민생법안도 사회적 갈등 속에 진척을 보지 못하고 적체되었다. 정부는 사회적 합의가 필요했던 최저임금 인상과 주 52시간 근로제를 밀어붙이는 데는 성공했으나 이를 뒷받침하기 위한 노·사·정 사회적 대화와 합의형성에는 성과를 내지 못했다. 전국민주노동조합총연맹(민주노총)이 경제사회노동위원회 참여를 거부하면서 국제노동기구(ILO) 핵심 협약 비준 논의도 진전되지 못했다. 정부가 당초 무리하게 추진하다 '에너지 전환'으로 구호를 바꾼 탈원전 정책 역시 여전히 갈등과 논란의 대상으로 남아 있고, 구체적인 입법과 정책을 둘러싸고도 많은 난관이 기다리고 있는 실정이다. 총수일가 전횡을 견제할 전자·집중투표제 의무화 등을 담은 상법 개정, 공정거래법 개정 등 재벌개혁입법 역시 제대로 추진되지 못했다.[22]

검찰개혁입법은 2019년 말에 이르러서야 비로소 여야 간 극한대치와 이

전투구를 겪으며 국회를 통과할 수 있었다. 2019년 말 고위공직자범죄수사처(공수처)법이 준연동형비례대표제 선거법개정안과 함께 국회를 통과한 데 이어서 2020년 1월 13일 검찰·경찰 수사권 조정법안인 형사소송법개정안과 검찰청법개정안이 국회 본회의를 통과함으로써 검찰개혁을 위한 제도개혁의 틀이 갖춰졌다. 하지만 그 후유증이 만만치 않고, 청와대 지방선거 개입 관련 수사와 검찰인사 등을 둘러싼 불협화음이 끊이지 않고 있다. 검찰개혁 입법과 후속조치 과정의 연착륙을 요구하는 목소리가 나오는 것도 이러한 문제와 무관하지 않다.[23] 또한 검찰개혁법안의 내용을 둘러싼 논란 역시 쉽사리 가시지 않고 있다. 특히 고위공직자비리수사처장과 국가수사본부장에 대한 지명권한을 대통령에게 부여한 데 대하여 정치적 남용에 대한 효과적인 보호장치가 없어 공정하고 적절한 수사를 방해할 가능성이 있다는 우려가 상존하고 있고, 다른 한편 검경수사권 조정법안에 따라 경찰은 1차 수사권과 종결권 확보로 수사 재량권이 대폭 늘어나고 검찰은 수사지휘권 폐지로 권한이 축소되어 검경은 기존 '수직적 관계'에서 '상호협력 관계'로 바뀌게 되었으나,[24] 경찰 또는 특별수사기관에 의해 공정한 수사가 보장될 수 없고, 신설되는 특별수사기관은 기존의 기관들 이외에 단순히 또 다른 사법기관으로 전락할 것이라는 우려가 불식되지 못하고 있다.[25] 아울러 당·정·청이 합의한 바에 따라 행정경찰과 수사경찰 분리, 이를 위한 '국가수사본부' 신설 및 자치경찰제 전국적 확대 실시를 내용으로 한 '경찰개혁'법안 역시 국회에 도달하지는 못했지만, 여러 경찰기관들의 모호하고 중첩되는 관할권으로 인하여 일반시민들의 일상에 불편함과 혼란을 야기할 수 있다는 지적을 받고 있다. 같은 날 국회 본회의에서 이른바 '유치원 3법'으로 불리는 유아교육법·사립학교법·학교급식법이 통과된 것도 '생활개혁' 입법의 성과로 주목된다. 지난해 2019년 12월 27일 '국회선진화법' 도입 이후 첫 번째 신속처리안건(패스트트랙)으로 지정됐고, 숙려기간을 꽉 채운 뒤 지난달 본회의에 자동 상정된 유치원 3법이 통과됨으로써 사립 유치원에 국가회계관리 시스템 '에듀파인' 사용이 의무화되고, 누리과정 지원금을 국고보조금으로 전환하여 교비 목적 외 부당사용을 형사처벌(횡령죄)하는 사립유치원 적폐 청산의 틀이 법제화되었다.

3) 적폐청산의 상징정치

전반적으로 적폐청산을 위한 법제개혁은 한동안 지체와 부진을 면치 못했다. 그것은 2020년 집권 4년차를 맞이한 문재인 대통령의 국정 수행에 대한 국민 지지율이 등락을 거듭하며 정체되는 현상과도 무관하지 않다. 적폐청산의 지체와 부진이 오히려 국민에게 피로감을 주고 있다는 우려의 목소리도 나온다. 적폐청산이 '인적 청산'에 그치고 미래를 향한 제도개혁을 결여한 역대 정부에서의 적폐정치를 그대로 닮고 있다는 비판도 거세지고 있다(오유석, 2019: 37~60).

적폐청산을 위한 개혁입법을 둘러싼 여야 간 극한대립은 문재인 정부가 표방한 협치의 실패를 상징한다. 협치 실패의 원인을 자유한국당 등 야당의 극렬한 반대와 비협조에서 찾는 것도 일리가 없지 않지만, 집권세력과 적폐세력, 즉 적폐 잔당으로 지목당한 세력(이명박, 박근혜 정권과 자유한국당) 간의 극단적 대립구조에서 비롯된 결과라는 것은 분명하고 협치를 표방한 문재인 정부가 그러한 대립구조를 뚫지 못한 결과책임을 질 수밖에 없다는 점도 부인하기 어렵다. 여야 협치는 적폐청산의 제도적 완성을 위한 필요조건인데, 적폐청산으로 인해 여야 대치가 더욱 가팔라졌다는 지적이 나오는 이유이다.[26]

반면, 적폐청산 담론은 이를 추진한 문재인 정부의 진의가 무엇이든 상관없이 여전히 정치적 성격을 벗어날 수 없다. 그 의도가 아무리 순수하다 하더라도 결국 정치권을 넘어 사회 전 영역을 정치화할 잠재적 위험을 수반할 수밖에 없기 때문이다. 그런 의미에서 '적폐청산'의 역사는 '적폐'란 정치적 상징과 '청산'이란 정책적·행정적 기동이 결합된 상징정치의 역사라 할 수 있다. 적폐청산의 상징정치는 때로는 법제개혁의 상징입법으로, 때로는 기존 법제도의 상징정치적 적용과 집행으로 자신의 의도를 구체화한다. 문제는 적폐청산이란 명분은 그 의도의 순수성 여부와는 무관하게 정치적 우적(友敵) 관념을 내포할 수밖에 없고 결국 협치의 가능성과 기회를 줄이는 방향으로 작용한다는 데 있다.[27] 문재인 정부가 정치보복이라는 혐의를 탈피하여 진정한 의미의 적폐청산을 이루어 내려면 그 정치성을 직시하고 이를 극복할 수 있는 실천의지를 발휘해 나가야 한다. 문재인 대통령은 대선 직후 노무현 전 대통령 추도식에 참석해 "다시는 실패하지 않겠다"고 다짐한 바 있다. 노무현 정부의 실패원인에 대한 성찰과 그 시행착오를 반복하지 않겠다는 결의도 중요하지만, 문제는 극렬하게 저항하는 정치적 반대세력을 설득하고 대화와 협상의 장으로 들어오게 만들 수 있는 정치력을 가지고 있는가 하는 데 있다. 오히려 노무현 정부의 실패가 아니라 그때에는 있었고 지금은 없는, 실용적이고 유연한 현실인식과 정치력을 발휘하는 것이 관건이다. 그런 배경에서 배전의 용기와 의지를 가지고 국회에서의 논의를 활성화시키는 데 역량을 집중할 필요가 있다. 문재인 정부가 윤석열 검찰총장 후보자 지명,[28] 사학법 개정[29] 등으로 침체되었던 적폐청산 드라이브에 다시 시동을 걸었던 것은 적절한 것이었지만, 더 넓고 다양한 분야에서 더욱 더 유연하게 적폐청산을 추진해 나갈 필요가 있다. 같은 맥락에서 국회에서 정체되어 있는 정개특위, 사개특위와 같은 기구들이 조속히 정상화시켜 개혁입법을 위한 소임을 다하도록 되살려 나가야 한다.

2020년 4월 15일 미증유의 위기를 불러온 코로나바이러스 팬데믹 와중에 치러진 21대 국회의원 총선거 결과는 이러한 흐름에 반전의 계기가 되었다. 코로나19로 인한 위기감과 국난극복을 위해 정부에 힘을 보태주어야 한다는 안정선호에 힘입어 집권 더불어민주당은 전체 의석 60%에 육박하는 의석수로 압승을 거두었고 그 결과 향후 문재인 정부의 개혁과 적폐청산 드라이브가 크게 힘을 받으리라는 전망이 나왔다. 그럼에도 불구하고 개혁과 적폐청산 추진 과정에서 '승자의 저주'에 따른 위험은 여전히 상존하고 있다.

4) 직권남용죄: 적폐청산의 상징정치적 도구?

'박근혜 정부의 적폐를 일소하는 데 전가의 보도처럼 활용된' 형법 제123조의 직권남용죄는 그 입법연혁과 상관없이 기존 법제도의 적용·집행 수준에서 상징정치의 실재성을 드러내 주는 좋은 사례이다. 형법상 직권남용죄가 적폐청산이라는 상징정치의 집행도구로 용도를 재발견하는 현장을 사람들은 최근 들어 부쩍 더 자주 목격하게 되었다. '공무원이 직권을 남용하여 사람으로 하여금 의무 없는 일을 하게 하거나 사람의 권리행사를 방해'한 혐의로 김기춘 전 대통령비서실장과 조윤선 전 문화체육부 장관('국정농단' 사건), 양승태 전 대법원장을 비롯한 법원행정처 관련 일부 법관('사법농단' 사건) 등 이 죄명으로 많은 사람들이 재판을 받았다. 그러나 문재인 정부의 적폐청산 작업에 활용되었던 직권남용죄가 정권 핵심 인사들을 찌르는 부메랑으로 돌아오는 아이러니한 결과도 거듭되고 있다.[30]

문재인 정부 들어 직권남용죄를 적용한 수사는 고소고발 폭주에 힘입어 보듯 급증세를 보였다. 직권남용죄의 적용은 '형식·외형으로는 직무집행으로 보이나 실질적으로는 정당한 권한행사 외의 행위를 하는 경우'로 엄격히 제한되어야 하지만, 현실적으로는 정치적 남용의 우려가 크다. 적폐청산에서 전가의 보도였던 직권남용죄가 도리어 정권을 찌르는 부메랑이 된 것을 두고 직권남용죄를 남용했기 때문이라거나 적폐청산 과정의 후유증이라는 지적이 나오는 배경이다.

문제는 검찰이 직권남용 혐의로 기소하는 비율이 극히 낮다는 데 있다. 이는 고소·고발의 남발에 기인한 것일 수도 있지만, 직권남용죄가 법적-사실적 효과보다는 정치적-전략적 효과가 훨씬 크다는 점을 보여주는 증좌라는 점에서 주목할 필요가 있다.

실례로 2018년 직권남용 수사 대상자 1만 3,503명 가운데 약식 기소되거나 실제 재판에 넘겨진 인원은 53명에 불과하여 기소율이 0.3%에 그쳤다. 국정농단이나 사법농단 사건에서 직권남용죄의 위력을 목격했던 기억이 전현직 공직자들을 공격하거나 흠집 내기 위하여 직권남용을 걸어 고소·고발하는 경우가 크게 늘었지만 정작 검찰로부터 기소결정을 받은 사건이 극히 적었다는 이 사실은 직권남용죄가 그 입법취지나 배경과는 상관없이 일정한 정치사회적 맥락에서 상징정치의 도구로 기능할 수 있음을 여실히 보여주고 있다.

최근 대법원 전원합의체는 문화예술계 블랙리스트 사건에서 고위공직자들의 권한 남용을 처벌하는 데 주로 적용되어온 직권남용죄에 관해 단순히 공무원이 직권을 남용하는 행위를 했다는 것뿐만 아니라 '의무 없는 일을 하게 한 때'에 해당하는지를 면밀히 따져 판단해야 한다고 판시하여 그동안 고위공직자들의 권한 남용을 처벌하는 데 주로 적용되어온 직권남용죄에 관해 이전보다 엄격한 기준을 제시했다.

1. 직권남용권리행사방해죄는 공무원이 일반적 직무권한에 속하는 사항에 관하여 직권을 행사하는 모습으로 실질적, 구체적으로 위법·부당한 행위를 한 경우에 성립한다. '직권남용'이란 공무원이 일반적 직무권한에 속하는 사항에 관하여 그 권한을 위법·부당하게 행사하는 것을 뜻한다.

남용에 해당하는가를 판단하는 기준은 구체적인 공무원의 직무행위가 본래 법령에서 그 직권을 부여한 목적에 따라 이루어졌는지, 직무행위가 행해진 상황에서 볼 때 필요성·상당성이 있는 행위인지, 직권행사가 허용되는 법령상의 요건을 충족했는지 등을 종합하여 판단하여야 한다(대법원 2007.2.22. 선고 2006도3339 판결, 대법원 2012.1.27. 선고 2010도11884 판결 등 참조).

2. 직권남용권리행사방해죄는 단순히 공무원이 직권을 남용하는 행위를 했다는 것만으로 곧바로 성립하는 것이 아니다. 직권을 남용하여 현실적으로 다른 사람이 법령상 의무 없는 일을 하게 했거나 다른 사람의 구체적인 권리행사를 방해하는 결과가 발생하여야 하고, 그 결과의 발생은 직권남용 행위로 인한 것이어야 한다(대법원 2005.4.15. 선고 2002도3453 판결, 대법원 2012.10.11. 선고 2010도12754 판결 등 참조).

'사람으로 하여금 의무 없는 일을 하게 한 것'과 '사람의 권리행사를 방해한 것'은 형법 제123조가 규정하고 있는 객관적 구성요건요소인 '결과'로서 둘 중 어느 하나가 충족되면 직권남용권리행사방해죄가 성립한다. 이는 '공무원이 직권을 남용하여'와 구별되는 별개의 범죄성립요건이다. 따라서 공무원이 한 행위가 직권남용에 해당한다고 하여 그러한 이유만으로 상대방이 한 일이 '의무 없는 일'에 해당한다고 인정할 수는 없다. '의무 없는 일'에 해당하는지는 직권을 남용했는지와 별도로 상대방이 그러한 일을 할 법령상 의무가 있는지를 살펴 개별적으로 판단하여야 한다. 직권을 남용한 행위가 위법하다는 이유로 곧바로 그에 따른 행위가 의무 없는 일이 된다고 인정하면 '의무 없는 일을 하게 한 때'라는 범죄성립요건의 독자성을 부정하는 결과가 되고, '권리행사를 방해한 때'의 경우와 비교하여 형평에도 어긋나게 된다.

직권남용 행위의 상대방이 일반 사인인 경우 특별한 사정이 없는 한 직권에 대응하여 따라야 할 의무가 없으므로 그에게 어떠한 행위를 하게 했다면 '의무 없는 일을 하게 한 때'에 해당할 수 있다. 그러나 상대방이 공무원이거나 법령에 따라 일정한 공적 임무를 부여받고 있는 공공기관 등의 임직원인 경우에는 법령에 따라 임무를 수행하는 지위에 있으므로 그가 직권에 대응하여 어떠한 일을 한 것이 의무 없는 일인지 여부는 관계 법령 등의 내용에 따라 개별적으로 판단하여야 한다.

행정조직은 날로 복잡·다양화·전문화되고 있는 현대 행정에 대응하는 한편, 민주주의의 요청을 실현하는 것이어야 한다. 따라서 행정조직은 통일된 계통구조를 갖고 효율적으로 운영될 필요가 있고, 민주적으로 운영되어야 하며, 행정목적을 달성하기 위하여 긴밀한 협동과 합리적인 조정이 필요하다. 그로 인하여 행정기관의 의사결정과 집행은 다양한 준비과정과 검토 및 다른 공무원, 부서 또는 유관기관 등과의 협조를 거쳐 이루어지는 것이 통상적이다. 이런 협조 또는 의견교환 등은 행정의 효율성을 높이기 위하여 필요하고, 동등한 지위 사이뿐만 아니라 상하기관 사이, 감독기관과 피감독기관 사이에서도 이루어질 수 있다. 이러한 관계에서 일방이 상대방의 요청을 청취하고 자신의 의견을 밝히거나 협조하는 등 요청에 응하는 행위를 하는 것은 특별한 사정이 없는 한 법령상 의무 없는 일이라고 단정할 수 없다.

결국 공무원이 직권을 남용하여 사람으로 하여금 어떠한 일을 하게 한 때에 상대방이 공무원 또는 유관기관의 임직원인 경우에는 그가 한 일이 형식과 내용 등에 있어 직무범위 내에 속하는 사항으로서 법령 그 밖의 관련 규정에 따라 직무수행 과정에서 준수하여야 할 원칙이나 기준, 절차 등을 위반하지 않는다면 특별한 사정이 없는 한 법령상 의무 없는 일을 하게 한 때에 해당한다고 보기 어렵다.[31]

김기춘 전 대통령비서실장이 대통령의 뜻에 따라 정무수석비서관실과 교육문화수석비서관실 등 수석비서관실과 문화체육관광부에 문화예술진흥기금 등 정부의 지원을 신청한 개인·단체의 이념적 성향이나 정치적 견해 등을 이유로 한국문화예술위원회·영화진흥위원회·한국출판문화산업진흥원이 수행한 각종 사업에서 좌파 등에 대한 지원 배제, 예술위 책임심의위원 선정과정 개입을 지시한 것은 직권남용권리행사방해죄에서 말하는 직권을 남용한 경우에 해당하며, 조윤선 전 정무수석 등 피고인들이 직권남용에 해당하는 지원 배제 지시로써 예술위·영진위·출판진흥원 직원들로 하여금 지원 배제 방침이 관철될 때까지 사업진행 절차를 중단하는 행위, 지원 배제 대상자에게 불리한 사정을 부각시켜 심의위원에게 전달하는 행위 등을 하게 한 것은 직권남용권리행사방해죄에서 말하는 '의무 없는 일을 하게 한 때'에 해당한다는 원심의 판단을 수긍하면서도, 피고인들이 위 직원들로 하여금 문체부에 각종 명단을 송부하는 행위, 공모사업 진행 중 수시로 심의 진행 상황을 보고하는 행위를 하게 한 부분에 대하여는 예술위·영진위·출판진흥원 직원들이 종전에도 문체부에 업무협조나 의견 교환 등의 차원에서 명단을 송부하고 사업 진행 상황을 보고했는지, 그 근거는 무엇인지, 이 사건 공소사실에서 의무 없는 일로 특정한 각 명단 송부 행위와 심의 진행 상황 보고 행위가 종전에 한 행위와 어떠한 차이가 있는지 등을 살피는 방법으로 법령 등의 위반 여부를 심리하여 의무 없는 일을 하게 한 때에 해당하는지를 판단했어야 하는데도, 이 부분을 유죄로 판단한 원심판결에 직권남용권리행사방해죄의 의무 없는 일에 관한 법리를 오해하고 필요한 심리를 다하지 아니하여 판결에 영향을 미친 잘못이 있다는 이유로 원심판결을 파기한 것이다.

이 판결은 조문상 '직권', '남용', '의무 없는 일' 등의 해석을 둘러싸고 논란이 있었고 하급심에서도 엇갈린 판단이 잇따라 혼선이 빚어졌던 직권남용죄의 적용기준을 엄격히 제시했다는 데 의의가 있다. 위에서 본 바와 같이 직권남용죄는 적용범위가 모호해 법적 명확성이 떨어진다는 지적에도 불구하고 적폐수사에서 전가의 보도처럼 널리 사용되어왔다. 하지만 추상적인 법 조항으로 여론에 따라 수사가 이뤄진 탓에 공직사회 복지부동을 부추긴다는 지적까지 나왔다. 대법원의 판결로 직권남용죄를 둘러싼 불확실성과 혼선이 다소라도 줄어들 수 있다는 긍정적 평가가 나온 배경이다.[32]

4. 담뱃세 인상과 국민건강

1) 담뱃세 인상의 배경

정부는 2015년에 금연효과를 제고하여 국민건강 증진을 달성한다는 명분 아래 담뱃세 인상을 단행했다. 담배 한 갑당 세금은 2014년까지 1,550원에서 2015년 1월 1일부터 3,318원으로 인상되었다. 예산부수법안으로 지정되어 논란 끝에 처리된 담뱃값 인상 관련 법안은 개별소비세법(기획재정위), 국민건강증진법(보건복지위), 지방세법(안전행정위) 등 3개 개정법률안으로 모두 정부발의법안이었다. 개별소비세법안은 담배를 사치품 등에 부과되는 개별소비세 과세 대상에 추가하는 내용을, 국민건강증진법안은 담배에 부과하는 국민건강증진부담금을 갑당 354원에서 841원으로 인상하는 내용을, 그리고 지방세법안은 담배소비세를 갑당 641원에서 1,007원으로 인상하도록 하는 내용을 각각 담고 있었다.

정부는 당시 담뱃세 인상을 앞두고 '담배소비량이 34% 감소할 것'이라며 담뱃세 인상이 흡연율을 낮추고 국민의 건강 증진에 크게 기여할 것이라는 점을 강조했다.

2) 담뱃세 인상법의 상징과 효과

정부의 공언과는 달리 담뱃세 인상의 효과는 기대대로 달성되지 못했다. 무엇보다도 담뱃세 인상에 따른 흡연 감소 효과가 기대에 못 미쳤다. 반면, 세수는 예상을 초과, 크게 증대된 것으로 나타났기 때문이다. 정부는 2014년 판매량(43억 5,000만 갑)과 비교해 판매량이 약 34%씩 줄어들 것으로 관측했는데 실제로는 23.4%, 15.9% 감소하는 데 그친 반면, 담배 세수는 예상을 뛰어넘었다. 정부는 2015년과 2016년 담배 세수가 2014년(약 6조 9,905억 원)보다 약 2조 7,800억 원씩 증가할 것으로 전망했으나, 판매량이 예상만큼 줄지 않아 담배 세수는 각각 3조 5,276억 원, 5조 3,856억 원 증가해 10조 5,181억 원, 12조 3,761억 원에 달했다.[33]

담뱃세 인상의 목표는 국민의 건강 증진이고 단기적으로는 금연효과, 즉 흡연(율) 감소에 초점을 맞춘다. 그런 맥락에서 담뱃세 인상이 '서민들의 부담을 가중'시킨다거나 '서민들의 유일한 즐거움을 뺏는' 행위라는 반발은 적실성이 떨어진다고 볼 수 있겠지만, 담뱃세 인상이 사실은 건강 증진이 아니라 세수 증대를 목적으로 한 정책이라는 비판에 대해서는 생각해볼 점이 있다. 정부가 과연 그런 목적으로 담뱃값을 인상했는지, 적어도 국민건강 증진보다 세수 증대를 더 또는 그와 동등한 정도로 의도하여 담뱃값을 인상했는지는 불분명하다. 정부의 속내가 무엇이었는지 확인할 길이 없는 이상, 의도적인 기만을 확인하기 어렵다. 그러나 이러한 의도적 기만은 확인되지 않는다 해도 사실상 국민건강 증진이라는 예상된 정책적 효과보다 세수 증대라는 예상된 (또는 확인된) '부수' 효과가 더 확실하게 나타났다면 이를 어떻게 해석해야 할까? 더욱이 담뱃값 인상의 목표나 당위성을 국민건강 증진으로 내세웠으나 그 목표 달성 여부는 불분명했다. 어떤 측면에서 '통상적으로 가격 인상은 수요를 줄이는 좋은 정책이 될 수 없다'는 널리 알려진 정책지식[34]에 비추어 담뱃값 인상으로 흡연수요를 줄이기 어려운 것도 사실이다. 그렇다면 담뱃세 인상 정책의 실질적 의도를 의심할 만한 충분한 이유가 있다고 보아야 하지 않을까?[35]

3) 상징입법으로서 담뱃세 인상법

담뱃세 인상 정책을 담은 일련의 법 개정 역시 상징입법의 전형적인 예이다. 특히 그것을 실행한 관련 입법과 관련하여 주목해야 할 것은 당시 담뱃세를 인상하면 담배소비(흡연율)를 줄일 수 있고 그 결과 국민건강을 증진시킬 수 있다는 사회적 기만과정이 진행되었고 이러한 사회적 기만 과정을 당시 정부와 여당이 이끌었다는 사실이다. 세수 증대라는 부수효과는 집권블럭이 챙긴 달콤한 정책의 부산물이었고, '서민부담 가중' 등의 불만을 무릅쓸 만큼 충분히 가치 있는 실익이었을 것이다. 설사 정부가 담뱃세 인상으로 증가된 세입의 일부 또는 상당 부분을 금연홍보물 제작이나 금연교육 같은 비가격정책의 재원으로 투입했다 하더라도 사정이 달라지지는 않는다. 담뱃세 인상 또는 그와 결합된 금연지원 정책으로 흡연율 감소가 있었다는 사실을 확인하기 어렵기 때문이다. 결국 담뱃세 인상 관련 입법은 국민건강 증진이라는 예상된, 그러나 확인하기 어려운 정치적-전략적 효과가 흡연감소라는 예상된, 그러나 실제 달성되기 어려운 정책효과(법적-사실적 효과)를 압도한 사례라고 할 수 있다. 그리고 이를 추진하는 과정에서 당시 정부와 여당이 담뱃세 인상으로 담배소비(흡연율)를 줄여 국민건강을 증진시킬 것이라는 기대를 확산시키는 사회적 기만을 주도했다고 볼 수 있다.

4) 증거 기반 정책이 필요하다

담뱃세 인상은 애초에 국민의 건강증진, 보건 향상이라는 정당성 명분이 공론장을 압도하면서 시작되었다. 그렇기에 정부의 정책은 정작 담뱃세 인상이라는 정책수단이 애초의 목적한 흡연율 감소라는 결과를 가져올 것인지, 새로이 흡연을 시작하는 진입장벽을 높여서 장기적으로 흡연율을 감소시킬 것인지, 소득계층별로 미치는 영향이 차등화될 것인지, 이것이 보건 전반에 미치는 영향은 어떨 것인지 등에 관한 연구나 논의 결과에 바탕을 둔 것은 아니었다.

담뱃세 인상 입법에서 드러나듯이 정책은 정부의 주장만으로는 정당화될 수 없고, 시민은 정부의 주장만을 믿고 넘어가서도 안 된다. 국민건강의 증진이란 중요한 이슈지만, 그 중요성에 비해 효율적이고 효과적인 정책수단, 최적의 정책수단을 찾으려는 노력이 미비했던 것이 사실이다. 시민을 기만하는 정책대안이 채택되는 일을 막기 위해서라도 과학적인 정책연구와 이에 기반을 둔 공론의 장에서 정책의 필요성과 방향, 실현수단 등에 대한 활발한 논의가 필요하다.

5. 강사법 파동

1) 전례 없는 시행연기

2018년 8월부터 시행된 일명 '강사법'이라 알려진 고등교육법개정법률 역시 상징입법의 전형적 사례이다. 강사법 입법은 2010년 조선대 시간강사였던 고(故) 서정민 박사가 열악한 처우를 호소하며 자살한 사건을 계기로 추진되었다.[36]

대학 시간강사들의 열악한 법적 지위와 처우 등을 개선하기 위해 오랜 진통 끝에 성사된 강사법의 핵심 내용은 강사의 법적 지위 강화, 1년 이상 최대 3년까지 근무 보장, 4대 보험 가입, 그리고 방학 중 임금 보장과 퇴직금 보장 등이었다. 그러나 이 개정법률은 시행도 되기 전에 '1년 이하 비정규직 강사를 양산하는 악법'이라는 비난을 불러일으켰고, 강사 대량 해고 사태를 낳을 것이라거나 학문생태계를 무너뜨릴 것이라는 등 역효과와 부작용에 대한 우려를 낳았다. 대학은 대학대로 시간강사 고용에 따른 부담 증가를 우려하며 반대했다. 대학들은 시간강사를 줄이는 대신 초빙·겸임 교원을 늘리는 쪽으로 움직였고, 각계각층의 시행연기 요구가 빗발침에 따라 2011년 개정된 이후 8년간 네 차례나 시행이 미뤄지는 진기록을 세웠다.[37]

2) 역효과

위와 같은 우여곡절 끝에 2018년 8월 시행된 강사법은 결국 우려한 대로 입법취지가 무색할 만큼 심각한 역효과를 가져왔다.

첫째, 개정법 시행에 앞서 대학들이 시간강사를 대거 줄이는 결과를 낳았다. 2011년 개정 이래 8년간 네 차례 시행을 연기할 때마다 시간강사 숫자는 줄어들었다. 2012년 10만 9,743명에서 2018년 7만 5,329명으로 31% 줄었는데, 법 시행이 임박할 때마다 대학들이 강사들을 대거 해고했기 때문이다.[38] 강사법이 본격적으로 시행된 이후에도 이러한 감소현상은 더욱 뚜렷이 나타났다. 2019년 8월 29일 교육부가 발표한 2019년 1학기(4월 1일 기준) 대학 강사 고용현황 분석 결과에 따르면 강사법이 적용되는 399개 대학의 강사 재직 인원은 4만 6,925명으로 지난해 1학기 5만 8,546명과 비교해 1만 1,621명(19.8%) 줄었다. 이 중 전임교원이 되거나 초빙·겸임교원 등 다른 교원 직위로 강의를 유지한 3,787명을 빼면 실질적인 고용규모 감소는 7,834명(13.4%)으로 나타났다. 전업강사는 전년도 1학기 대비 6,681명(22.1%) 줄었고 이 중 전임교원이나 초빙·겸업교원 재직자를 제외하면 4,704명이, 비전업 강사까지 포함할 경우 전체 강사수의 13%인 7,830여 명이 각각 강의 기회를 상실한 것으로 나타났다. 대학들이 강사법 시행에 앞서 강사들을 대거 줄일 것이라는 우려가 현실화한 것이다.[39] 개정 강사법에 따른 대학 강사 일자리 감소는 이후에도 더욱 악화된 것으로 나타났다. 국내 일반 대학의 총 강사 수는 2018년 2학기 5만 1,448명에서 2019년 1학기 4만 923명, 2019년 2학기 3만 5,565명으로 급감했다. 개정 강사법 시행 첫 학기인 2019년 2학

기 강사 수가 1년 전에 비해 1만 5,883명이나 줄어든 것으로 확인되었다.[40]

둘째, 개정법은 대학의 강좌수를 큰 폭으로 감소시키는 결과를 가져왔다. 교육부와 한국대학교육협의회(대교협)이 공시 대상 총 417개 대학 중 일반대학·교육대학 196개 대학을 대상으로 실시한 2019년 10월 31일 '2019년 10월 대학정보공시 분석 결과'에 따르면 2019년 8월 시행 이후 첫 학기인 2019년 2학기 대학 강좌 수가 전년도 2학기에 비해 5,800여 개 감소한 것으로 나타났다.[41] 이 역시 당초 우려가 현실화된 결과로 판단된다.

셋째, 강사법이 강사의 지위 향상 등 실질적인 효과를 발휘했는지는 미지수지만, 대학이 법 시행을 앞두고 강사 자리를 줄이거나 시행 후 강좌 수를 줄였다면, 그것은 강사 처우 개선에 따른 재정부담이나 신분보장 강화로 인한 부담을 회피하기 위한 대응책으로 해석할 수 있고 결국 강사법이 효과(impact)가 있다는 사실을 뒷받침하는 간접적인 증좌로 볼 수 있을 것이다.

그러나 강사법이 강사의 지위나 신분보장, 처우개선에 얼마나 실질적으로 기여했는지는 여전히 의심스럽다. 교육부가 새로운 강사제도의 안정적 시행에 필요한 예산을 확보하지 못했다든지, 강사수와 강좌 수 축소를 통해 부담을 줄이려는 대학의 대응으로 인하여 강사법에 따른 혜택이 양적으로나 질적으로 제한되었을 뿐만 아니라, 강사의 신분보장 및 처우개선이란 명분에도 불구하고 실질적인 내용이 법적으로 제약을 받았기 때문이다. 실례로 고등교육법 제14조의2 제2항은 "강사는 「교육공무원법」, 「사립학교법」 및 「사립학교교직원 연금법」을 적용할 때에는 교원으로 보지 아니한다"라고 규정했고, 같은 조 제4항은 "강사에게는 방학 기간 중에도 임금을 지급한다. 그 경우 임금수준 등 구체적인 사항은 임용계약으로 정한다"라고 규정함으로써 강사의 신분보장과 처우개선을 실질적으로 제한했다. 이는 2018년 강사법의 핵심 내용을 구체화하는 작업을 사실상 주도했던 교육부, 대학, 노조 3자 TF팀에서 만든 '강사제도 운영 매뉴얼 시안'의 내용을 거의 그대로 반영한 결과인데, 강사의 사회적 지위와 법적 신분을 보장한다고 하면서도 "「교육공무원법」, 「사립학교법」 및 「사립학교교직원 연금법」을 적용할 때에는 교원으로 보지 아니한다"는 단서를 붙인 것이나, 방학 중 임금 지급을 명시하면서도 "임금수준이나 산정 방법 등 구체적 사항은 강의 및 수행 업무 등을 고려하여 개별 대학의 임용계약으로 정하도록" 위임한 것은 모두 이 TF팀의 매뉴얼 내용을 반영한 것이었다.[42] 그리고 이와 같은 강사법의 실상은 언론을 통해서도 거의 알려지지 않았다. 그리하여 '아름답고 완벽한' 개혁으로 비쳐졌던 강사법은 '누구의 행복도 보장하지 못하며' 2018년 여름 전국 대학에서 동시다발적으로 진행되었던 '강사공채'는 그 자체 하나의 거대한 블랙코미디였다는 자조 섞인 한탄이 나왔던 것이다.[43]

3) 상징입법으로서 강사법

강사법은 예상된 법적-사실적 효과는 낮은 반면, 예상된 정치적-전략적 효과는 높은 입법이었고 그 점에서 앞서 본 Newig가 정리한 상징입법의 속성을 비교적 충실히 드러내준다. 다만 기만의 계기는 당초의 입법경위나 2018년 교육부, 대학, 노조 3자 TF팀에서의 논의를 볼 때 그다지 분명히 드러나지는 않는다. 하지만 기만이라는 요소가 입법자나 입법참여자의 의도에 따른 의도적인 것으로 나타나지는 않았지만, 결과적으로 특히 수혜자 집단의 기대나 일반 국민의 인식이라는 차원에서 본다면, 의도하지 않은, 어떤 의미에서는 묵시적인 맥락에서 Newig가 말하는 사회적 자기기만이 이루어진 사례로 볼 여지가 충분하다. 이와 같이 강사법은 사회적 자기기만의 메커니즘을 통해 상징입법의 요소를 충족시킨 또 하나의 사례로 기록될 것이다.

4) 정책목표와 법적 산출의 불일치

대학이나 재단 등 교육 분야 사회적 권력과의 관계에서 약자의 처지에 있는 강사의 지위와 권익을 법에서 강화하여 보장한 것은 진일보한 성과임에 틀림이 없다. 그러나 법에서의 권익 보장이 현실에서의 취약한 입지 해소로 이어지지 못하는 경우가 허다하다. 사회적 약자를 법으로 보호하려는 다양한 시도에서 종종 나타나는 규범과 현실, 당위와 존재의 불일치 현상이다. 퇴직금을 보장하는 강행규정을 만들면, 그 규정의 적용을 피하기 위해 11개월 단위로 계약하는 관행이 생기기 마련이듯, 강사법의 경우에도 이미 4대 보험 가입자 우대 등 여러 가지 꼼수가 존재한다. 장애인을 고용하는 것보다 장애인고용부담금을 내는 편을 택하거나, 직장어린이집을 설치하는 대신 이행강제금을 납부하는 쪽을 선호하는 기업도 적지 않은 현실이다. 이러한 상황에서 법으로 보장된 권리가 허울 좋은, 누군가의 업적이나 자기만족에 그치지 않으려면 어떻게 해야 할까. 적어도 강사법처럼 미리 충분히 그 부작용과 한계가 명확하게 지적된 경우라면, 유예기간 동안 단순히 시행 시기를 미루는 것이 아니라 논란이 본질이 무엇인지를 살폈어야 했다.

정부는 강사법 시행에 따른 폐단을 해소하기 위하여 시간강사연구지원사업 등 지원책을 마련하고, 강사 고용 안정을 위한 대학의 노력을 끌어내기 위해 2021년 대학 기본역량 진단이나 대학혁신지원사업 연차 평가에 강사 관련 실적을 반영하는 등 대책을 강구하고 있으나, 그 성과는 미지수이며 앞으로 그 추이를 예의 주시해보아야 할 것이다.

제3장

상징입법의 겉과 속, 무엇이 문제인가

1. 상징입법이 만들어지는 정치사회적 배경

상징입법은 급속도로 달려온 한국사회에서 국가, 정부, 국회와 대중이 주고받은 정치적 기대와 요구가 낳은 산물이자 정치적 지배블럭이 대중과 만나고 관계를 맺는 교통방식이다.

상징입법이 배태되는 정치사회적 배경의 한 축은 분명히 입법부에 있다. 입법권을 행사하는 국회와 국회의원, 원내정당들뿐만 아니라, 입법과정에 참여하는 다양한 정치세력과 이익집단들이 상징입법 현상을 조장하는 장본인들이 될 수 있다. 나아가 "국회의원과 정부는 법률안을 제출할 수 있다"고 규정한 헌법 제52조에 따라 정부 역시 상징입법의 산모나 산파가 될 수 있는 후보자에 해당한다.

또 다른 한 축은 의당 정부와 국회에게 끊임없이 압력을 가하고 요구하고 또 기대하는 국민 대중이 맡고 있다. 사람들은 늘 정부를 소환한다. '대통령은 어디 있었나', '정부는 뭘 하고 있었는가', '국회는 무얼 하고 있는가'를 물으며 '나라다운 나라'가 나서 자신들의 문제를 해결해주기를 요구한다. 심지어 '작은 정부' 또는 '작고 일 잘하는 정부'라는 상징이 지배하던 시절에도 정부는 늘 모든 재난현장에, 끔찍한 참사 광경에, 또는 적폐나 정책난제 해결을 위한 현장에 불려나갔다. 한국에서는 더욱 더 자주 그랬다. 한국은 지난 30여 년 민주화과정을 지나면서 성난 군중이 들끓는 '통치하기 어려운 나라'(오석홍, 2019)가 되었다. 그 과정에서 한국의 정치적 지배블록은 늘 불만으로 가득 찬 성난 민심과 마주해왔다. 2016년에 시작되어 2017년 대통령 탄핵이라는 합법적인 결말과 정권교체로 완성된 '촛불혁명'을 이끌어냈던 민심, '분노한 신(wrathful God)'은 여전히 광장을 어슬렁거리며 국가와 정부, 행정과 법에 끊임없이 압력을 가하고 영향을 미치고 있다. 정부와 국회는 이들의 압력과 요구를 외면할 수는 없으므로 어떻게 해서라도 그때그때 정책과 입법으로 응답을 하지 않을 수 없는 상황으로 몰린다. 시간은 쪼들리고 여건은 여의치 않더라도 유권자들에게 자신들이 상황을 잘 장악하고 문제를 해결해가고 있다는 확신을 심어주어야 계속 신임을 받을 수 있다고 믿어 의심치 않는다. 그렇게 상징입법이 탄생하기 위한 조건이 무르익는다.

2. 상징입법은 항상 악인가?

상징입법에는 통상 기만이라는 요소가 들어 있기 마련이므로 의당 입법의 병리 현상으로 배격해야 마땅할 것이다. 이러한 맥락에서 상징입법은 주로 부정적인, 사회적으로 바람직하지 못한 현상으로 다루어지고 있고 또 그렇게 다루어야 하겠지만, 상징정치와 상징입법이 항상 악인 것은 아니다. 또 절대악이라고 볼 수도 없다.

사실 모든 입법은 그 배경 또는 토대가 된 정책과 마찬가지로 어느 정도는 불확실하고 또 어느 정도는 정치적으로나 전략적으로 과장되거나 왜곡

될 수 있는 여지가 있을 수밖에 없다(김학태, 2000: 175). 입법에는 많든 적든 어느 정도 상징적 요소가 있을 수 있다.

'법의 홍수(Gesetzesflut)', 법의 인플레(Gesetzesinflation)라는 말이 나올 정도로 법이 과잉 팽창해왔고, 날로 복잡다양화하는 과제와 임무를 수행해야 하는 현대국가는 이미 오래전부터 '입법(과잉)국가'가 되어 있다. 이미 법이 너무 많지만 급변하는 시대와 사회의 요구에 부응하기 위해서는 다시 또 새로 법을 만들어야 하기 때문이다. 핀란드의 어느 입법학자는 "핀란드에는 법이 너무 너무 많다. 하지만 충분하지는 않다"[1]고 말한다. 이러한 과잉입법 현상도 법의 기능부전을 가져 오는 원인이다. 워낙 법이 많기 때문에 지켜지지 않거나 실효성이 떨어지는 법들도 늘 생기기 마련이다.

어떤 법규범이 고도로 준수되고 있다면 그런 법규범이 실효성을 가진다고 할 수 있는데,[2] 이처럼 준수(Befolgung)를 실효성(Wirksamkeit, Effektivität)의 기준으로 삼는, 주로 형법에 맞춰 만들어진 '표준모델'이 항상 옳지는 않다. 그 이유 중 하나는 바로 법규범이 상징적 기능을 가지기 때문이다. 이 점은 현대법사회학에서 법효력론의 선구자인 Theodor Geiger의 이론이 비판을 받는 이유이기도 하다(Rottleuthner/Rottleuthner-Lutter, 2010: 13, 14~15, 특히 21 이하).

법은 적든 많든 법은 어느 정도는 불완전하고, 어느 정도는 지켜지지 않기 마련이다. 완벽한 또는 그 이상의 효과를 발휘하는 '완전한 법률'은 상상하기조차 쉽지 않다. 그러나 법을 만드는 입법 역시 적든 많든 어느 정도는 불완전하고, 또 어느 정도는 (예상하든 예상치 못하든) 지켜지지 않을 수 있다. 그런 부류의 하나로 상징입법이 등장한다. 입법은 적든 많든 어느 정도는 실제 목표나 효과를 달성하지 못할 것을 알면서 때로는 지켜지지 않더라도 어쩔 수 없다는 전망을 가지고 때로는 현출된 목적과는 다른 (숨은) 의도로 만들어질 수 있다.

또 상징입법은 필요하거나 유용한 경우도 적지 않다. 법정책적 관점에서 어느 정도 상징의 사용이 필요하고 또 유용한 경우가 적지 않다. 경우에 따라서는 규제의 대안으로 상징을 통한 소통(symbolic communication)이 유용할 수도 있다. 제한된 범위와 방식에 한하지만 너지(nudge)가 정규적인 규제방식에 비해 상대적 효율성을 가지는 수단으로 추천되고 있는 것처럼 법규범의 상징적 기능을 의식적으로 적극 활용할 필요가 있는 경우도 충분히 생각해볼 수 있다. 또 어떤 경우에는 상징입법이 비-상징입법의 경우보다 더 비용효과적(cost effective)이거나 효율적일 수도 있다.

안보불안이나 미세먼지, 원전사고 등 대형재난에 대한 우려 등 민심불안 요인들에 대한 상징정치적 처방이 불가피하게 요구되는 경우라든가 최근 우리가 겪었던 신종플루, 메르스바이러스, 코로나 19(COVID-19) 등 감염병 방역대책이나 감염병예방입법의 경우 불안심리 증폭에 따른 패닉(panic)으로 더 큰 혼란을 초래할 우려가 있는 경우 입법을 통한 문제해결에 대하여 사회심리적 접근이 필요한 경우도 있다.

3. 상징입법의 폐해

앞에서 본 바와 같이 상징입법이 항상 악은 아니고 경우에 따라 필요하거나 유용한 경우도 있는 것은 사실이지만, 상징입법의 폐해는 아무리 강조해도 지나치지 않는다. 상징입법의 폐해는 입법의 허구성, 허위성, 숨은 의도가 통상 용인되는 수준을 넘어 국민을 심각하게 기만하거나 오도한다는 데 있다. 특히 상징입법의 가장 큰 폐해는 그 기만과 현혹의 결과로 사회문제의 해결을 좌절시키는 결과를 가져온다는 것이다(Siehr, 2016: 324)

입법자는 도대체 어떤 이유, 어떤 동기로 그리고 어떤 방법으로 상징입법을 만들어내고 언제 그랬냐는 표정으로 무책임의 영역(zone)으로 숨어버리는가? 책임정치, 책임행정을 이야기하지만 정작 입법에 대한 책임을 말하지는 않는다. 한국에서 특히 1980년대 이래 일상화된 정부조직 개편은 '새 술은 새 부대에'라는 '인상조작(Eindrucksmanipulation)'에는 효과적이었지만 실제로는 정부 주요 요직의 인적 교체를 통해 정치적 진용 재편의 목적에 충실했을 뿐, 한 번도 제대로 된 평가나 책임추궁을 받아본 적이 없었다.

입법책임을 추궁하는 방법도 마땅치 않다. 입법자는 적폐청산을 위한 개혁입법 사례에서 논란되듯, 겉으로는 국가와 공익을 내세우면서 속으로는 당파나 진영의 이해관계를 대변하거나 개개인의 영달을 추구하기 위한 상징입법을 만들고 이를 통해 국민과 여론을 웃픈 연극무대에서 농단하고 오도하고 경우에 따라서는 나라를 구렁텅이로 이끌 수도 있다. 때로는 입법이 잘못되더라도, 강사법 파동에서 보았듯이 수차례나 법 시행이 연기되는 사태를 겪어도, 아무도 책임지지 않는다.

상징입법은 책임정치의 허구성을 드러내주는 증거사례들이다. 그것은 종종 기만이나 위장을 통해 국민을 우롱하고 문제가 제대로 잘 해결되고 있다는 허상을 만들어내는 '인상조작'을 통해 위장된 책임정치를 연출한다. 때때로 국민들 자신이 이 거시적인 사회적 기만과정에 암묵적으로 동참하기도 한다. 대중이 상징정치와 함께 호흡하며 책임정치의 허상을 완성해 나가는 이 과정은, 담뱃세 인상 입법의 사례나 탈원전의 공포마케팅 사례에서 잘 나타나듯이, 신기하고 때로는 신비스럽기까지 하다.

상징입법이 그 현출된 목적과 상반되는 결과를 초래한다면 이는 장기적으로, 상징형법의 여러 사례들을 통해 확인할 수 있는 바와 같이, 법의 규범성 훼손으로 이어질 수 있다. 더욱이 상징입법에 내재하는 기만의 요소들은 현대민주주의 국가에서 입법이 표상하는 가치, 즉 주권자의 자치 규율이라는 원리를 왜곡시킨다(Siehr, 2016: 339).

또 다른 상징입법의 폐해는, 세월호 참사와 컨트롤타워 논란, 그리고 뒤이은 해경 해체와 국민안전처 창설이라는 입법조치에서 볼 수 있었듯이, 책임의 실종 또는 방기를 넘어서 (이따금 모처럼 찾아오곤 하는) 진정한, 보다 근본적인 문제해결의 기회를 박탈 또는 상실시키는 결과를 가져온다는 데 있다. 세월호 참사 이후 컨트롤타워 재건을 모토로 한 일련의 입법조치들은, 많은 사람들이 의심한 바와 같이, 정부의 책임, 엄밀히는 정부책임을 이유로 한 정치공세의 잠재적 위험을 모면하려는 의도에 충실하게, 대중들의 눈길을 정부책임론으로부터 유리시키는 데 적어도 단기적으로는 성공할 수 있었다. 가습기살균제피해구제법은 정부의 의도 여부와는 상관없이 결과적으로 볼 때, 피해자 구제 문제를 내세워 들끓기 시작한 잠재적 위험, 즉 정부책임론을 무대에서 내리는 데 성공했다. 정부의 책임은 장래를 향해서만 수용되었고 피해자 구제 역시 사적 자치, 즉 가해기업과 피해자들 간에 해결한다는 원칙을 전제로 하여 설계되었다.

그러나 뭐니 뭐니 해도 상징입법의 가장 심각한 폐해는 정치에 대한 뿌리 깊은 불신을 더욱 가중시키고 다시금 확인, 공고화시킨다는 데 있다. 겉과 속이 다른 정도가 상대적으로 더 심각한 상징입법들이 많아질수록, '알리바이 정치(politics of alibi)'에 동원되는 입법들이 빈번해질수록, 정부와 정치, 국가에 대한 불신도 그만큼 커질 수밖에 없기 때문이다. 정부는 미세먼지 문제해결을 위해 투입된 입법조치들의 성과를 강조하지만 대중들이 느끼는 체감효과는 다른 경우가 많다. 천신만고 끝에 성사된 가습기살균제피해구제법은 정작 피해자들에게서조차 평가를 받기는커녕 원성을 사고 시행된 후 2년도 못 되어 벌써 두 번이나 개정 압박에 시달려야 했다. 상징입법으로 인상조작조차 달성하기 어려운 이러한 규범과 현실의 괴리가 잦을수록 정부 신뢰의 점수는 떨어질 수밖에 없다.

제4장

상징입법을 어떻게 해야 하나: 법정책적 과제

1. 상징입법, 국민주권의 사각지대?

국민을 기만하거나 국민이 스스로 기만되도록 만드는 입법을 용납할 수는 없다. 만일 그런 뜻에서 국민을 기만하거나 우롱하는 상징입법의 폐단을 용납할 수 없다면, 그런 폐단을 막을 수 있는 실효적인 대책은 무엇일까? 상징입법에서 상징이라는 허상이나 위선을 드러내 걷어내는 방법은 없을까?

상징입법의 폐해는 앞에서 살펴보았듯이 결코 간과할 수 없지만, 상징입법을 절대악으로 보아 죄악시하거나 소용도 없을 '상징입법방지법' 같은 반-상징입법을 주장하는 발상은 온당하지 못하다.

상징입법이라는 현상을 막을 수 있을지, 또 어떻게 막을 수 있는지는 사실 그리 쉬운 일이 아니다. 상징입법은 종종 국민주권의 손이 닿지 않는 곳에서 출몰하기 때문이다. 특히 입법의 성과를 파악하기가 쉽지 않을 뿐만 아니라 입법에 관여한 국회의원이나 정부 관계공무원들 누구도 책임을 지지 않는다는 점에서 상징입법을 막아내기란 결코 용이하지 않다.

한편, 이론적으로도 상징입법의 개념 정의나 판단기준이 보편적으로 확립되어 있는 것도 아니어서 도대체 어디부터 상징입법이고 그중에서도 어떤 기준으로 저지 또는 퇴치 대상을 정할 것인지에 대해서도 논란의 여지가 있는 것이 사실이다. 그러나 상징입법의 개념 정의나 판단기준이 완벽하지 않다거나 정교하지 못하다고 해서 상징입법에 대한 우리의 관심이 무용해지는 것은 아니다. 상징입법은 입법자가 입법을 통해 표방하는 허위나 숨은 의도를 심층적으로 분석하여 드러내기 위한 이론적 틀이자 개념범주를 제공해주기 때문이다.

이와 관련, Siehr(2016: 316)는 상징입법을 입법의 합리성 기준에 대한 리트머스시험(Litmus Test for Rational Standards of Law-Making)으로 본다. 그는 '법의 합리성 명제(claim of law to rationality)'를 서구법의 전통의 소산으로 설명한 후, 입법자가 규범을 만들면서도 그 효과에 대한 책임을 질 용의가 없거나 책임을 질 수 없는 상황을 말하는 Blankenburg와 Noll의 상징적 입법행위 개념을 원용하면서 이러한 의미의 상징입법은 '법의 합리성 명제'에 가장 강력한 도전이 된다고 지적한다. 법의 실효성 결여에도 불구하고 입법자는 법 너머에 존재하는 동기들 때문에 입법을 계속하고 되고 이로써 이들 입법은 표명된 입법취지와 비교하면 '최적영향(Wirkungsoptimalität)'이라는 측면에서 비합리적인 것으로 보이게 된다는 것이다(Siehr, 2016: 316~317; Voß, 1989: 25). 실례로 2005년 독일 연방의회는 일정한 장소에서 네오나치들이 극우정치 메시지 전파 목적으로 집결하는 것을 금지하는 집회법개정법률을 통과시켰으나 기본법 제8조에 보장된 집회의 자유에 의하여 개정법에 따른 새로운 규제의 적용이 일반적인 기대보다 훨씬 제한되었기 때문에 결국 상징적 의미를 가지는 데 그치고 말았던 사례를 든다(Siehr, 2016: 317; Enders and Lange, 2006: 105 이하).

상징입법의 정도나 양상은 다양할 수 있지만, 특히 상대적으로 겉과 속이 크게 다른 상징입법 사례들을 비판적으로 분별해내고 그 괴리의 폐해와 파급효과를 규명할 수 있다면 그와 같은 '악질적'인 상징입법들을 만들어내는 세력들의 의도와 책임도 밝힐 수 있지 않을까.

상징입법이 마치 신기루 같아서 또는 미꾸라지 같아서 국민주권과 민주적 통제의 눈과 손을 쉽게 빠져나가기 때문에 추적도 단죄도 모두 어려운 것은 사실이지만, 바로 그런 이유에서 상징입법을 통제할 수 있는 길을 찾아내야 한다는 과제가 더욱 더 절박해진다. 허울 좋은, 그러나 겉 다르고 속 다른 상징입법들로 국민이 더 이상 우롱당하지 않도록 하는 것이 무엇보다도 중요하다.

그렇다면 해결책은 있는가?

2. 상징입법, 누가 어떻게 무엇을 해야 하나 ?

제도보다 사람이 더 중요하다는 말은 모든 개혁논의에서 늘 접할 수 있는 일종의 환원론이다. 사람이 중요하지만 사람만 믿을 수 없기 때문에 제도를 만들어 최악보다는 차선을 기대하는 것이 필요하다는 이야기도 흘려들을 것은 아니다.

사법부가 이 문제를 해결할 수 있을까? 예를 들어 범죄방지와 안전제고를 추구하는 형법은 종종 실제로는 안전하다는 느낌을 강화할 뿐 실제 안전(factual safety situation) 수준에 대해서는 미미한 영향을 미치는 경우가 많다(Siehr, 2016: 317). 이러한 형법들은 안전(security) 상태를 주관화하는 새로운 경향을 반영하고 있지만 합헌성 논란을 비켜갈 수 없다. 헌법재판소와 대법원을 정점으로 하는 법원들은 아마도 이러한 상징형법에 대한 가장 직접적인 통제 메커니즘으로 작용할 수 있을 것이다. 그러나 여기에는 한계가 있다. 사법은 능동적 해결사가 아니라 어디까지나 피동적으로만 작동할 수 있을 뿐 아니라 이들 법률이 위헌의 한계를 넘는 경우에만 통제할 수 있기 때문이다. 법률을 제정하거나 개정함에 있어 국회가 가지는 광대한 입법재량을 사법 수준에서 통제하는 데에는 근본적인 제약이 따른다. 그런 까닭에 Siehr는 연방헌법재판소가 입법자가 누려온 입법재량의 내적 한계를 그동안 그 외적 한계(Normenwahrheit)를 통제해온 것과 동일한 방식으로 통제할 수는 없다면서, 결국 개개인의 의회의원뿐만 아니라 입법기구 전체가 그 직분에 요구되는 시대정신과 헌법정신에 따라야 할 책임을 져야 하며, 궁극적으로는 의원들이 기본법 제38조 제1항 제2문에서 보장된 양심의 자유를 행사하여 '가짜입법(fake legislation: Schein-Gesetzgebung)'으로 귀결되는 상징입법에 참여하기를 거부해야 한다고 주장한다(Siehr, 2016: 339).

입법권자 국회의원의 책임을 강화하는 것은 어쩌면 당연한 일이지만, 그것을 어떻게 관철할 수 있을까? 법을 만드는 일은 신성한 일임을 강조하면서 국회의원 자질향상을 위한 교육을 강화해야 할까? 국회의원들 개개인은 대다수가 자질이나 학력 등 모든 면에서 뛰어나지만 종종 사람들의 기대와는 달리 당리당략의 노예가 되어 정당정치의 실패에 기여하고 있다는 비판을 받기도 한다. 그리고 자율적인 자기혁신은 역사적으로도 늘 그러했듯이 답이 아니다.

국민의 대표를 표방하며 입법자가 자행하는 일종의 입법농단의 실상을 국민은 더 소상히, 객관적으로 보고받을 자격이 있다. 이와 같이 입법의 기만적 실상을 폭로한다는 실천적 가치 외에도 법정책적인 맥락에서 상징입법에 대한 문제의식은 입법평가의 개선을 위한 출발점이 된다.

입법평가란 일반적으로 그 개념에 관한 보편적 합의는 존재하지 않지만, 그 의미가 점점 확장되어 '어떤 정책을 사전단계(기획입안단계)부터 사후단계에 걸쳐 성과를 분석하는 활동 일반'을 포함하는 개념이다. 즉, 목적, 목표, 개입이론, 실시과정, 결과, 성과 및 효율성을 명확히 하기 위한 체계적인

사회조사활동을 말한다(Grimm, 2000: 88; 박영도, 2002: 20).[1]

법률을 제정하거나 개정할 때 입법자는 국민에게 그 입법이 추구하는 목표가 언제, 어떤 양상으로 달성될 수 있고 또 그 결과 어떤 결과가 나올 것이라는 약속을 하는 셈이다. 독일 슈파이어대학의 공법학자인 Rainer Pitschas는 이를 의약품의 효능표기(Wirkungsanmerkung)에 비유한 바 있다. 입법자로 하여금 입법안의 작성과 함께 그 목표와 기대효과, 성과측정 지표나 방법 등을 미리 밝히도록 하고, 사후에 일정한 시점에 그 성과를 측정, 평가함으로써 법 개정이나 후속입법이 가능하도록 하는 것이 필요하다. 특히 국민에게 입법의 성과를 직접 확인하고 불량품 상징입법을 걸러낼 수 있는 기회를 부여하기 위해서는 단순히 통과의례로서 사후적 입법평가가 아니라 입법평가 절차를 투명화·개방화함으로써 입법평가가 공공참여(public involvement: Öffentlichkeitsbeteiligung)를 통해 이루어지도록 하는 것이 무엇보다도 중요하다. 이를테면 '모든 법률은 20년만 넘으면 모두 폐지 또는 재검토한다'는 각오로 입법평가를 내실화하고 정책분석 및 평가 결과의 공개와 피드백, 공론화를 통해 자의식 있는 입법(selbstbewußte Gesetzgebung), '증거 기반 입법(evidence based legislation)', '과학·지식 기반 입법(science and knowledge based legislation)'을 구현해가야 한다.

입법의 취지, 목적, 집행, 입법결과의 해석 등 입법평가의 모든 요소와 기준들에 대한 다양한 견해들을 자유롭게 표출될 수 있도록 공론프로세스를 만드는 것이 무엇보다도 필수불가결하다. 입법과정이 본질상 대의과정이지만 그 대의구조가 주인-대리인 문제나 주권자인 국민이 입법과정으로부터 소외되고 있다는 모순 등으로 말미암아 충실하게 작동하지 못하고 있다는 현실을 고려한다면, 입법평가에 있어서는 더욱 더 공공참여의 문제를 중시할 필요가 있다. 입법평가에 대한 공공참여는 오히려 대의민주주의의 근본문제의 하나인 주인-대리인 문제를 해결할 수 있는 경로가 될 수도 있다. 현행법상 입법에 대한 공공참여 제도·절차는 어느 정도는 갖춰져 있지만, 그 운영 실태는 대단히 미흡한 수준에 머무르고 있다. 현행 입법예고시스템은 정부입법에 한해서만 작동되고 있으며, 행정절차법 개정을 통해 전자입법예고까지 하고 있지만 그 참여율 저조를 면치 못하고 있는 실정이다. 따라서 사후평가중심의 입법평가 과정은 이를 통해 국민들이 입법의 환류(feedback) 과정에 참여·개입할 수 있는 통로가 될 수 있고 시민들이 활발하게 입법의 집행이나 성과 등에 대한 의견을 개진할 수 있게 되므로, 넓은 의미의 입법과정을 개방화하고 이를 통한 입법참여의 기회를 넓히기 위한 시발점이 될 수도 있다. 나아가 입법의 성과에 대한 우리 사회 전체적인 평가를 파악할 수 있게 해 줄 중요한 정보와 자료들을 얻을 수도 있을 것이다.

구체적으로는 입법평가절차에 국민 일반 또는 이해관계를 지닌 국민들이 참여하여 의견을 개진할 수 있도록 하되, 대체로 행정절차법상 공청회절차에 준하여 구체화할 수 있을 것이다. 또한 일정 수 이상의 국민들의 요구가 있을 경우 입법평가를 반드시 실시하도록 하는 방안, 또는 입법평가의 대상 법률의 범주를 한정할 경우에는 그 대상법률에 대하여 이해관계를 가지는 자들에게 우선적으로 입법평가에 참여할 수 있도록 하는 방안 등을 다양하게 검토해볼 필요가 있다. 전자의 경우 일종의 입법평가 국민발안제(initiative) 방식이라고 할 수 있는데, 대의민주주의의 보완수단이 될 수도 있지만, 이익집단들의 입법평가청원이 봇물을 이루어 통제하기 어려운 수준에 이를 수도 있다는 점에서 부작용 방지장치가 필요하다. 입법평가는 입법을 증거와 지식에 기반하여 평가하고 그 결과를 널리 공유시킴으로써 입법에 대한 국민의 접근과 이해, 그리고 참여를 획기적으로 제고할 수 있는 입법개방의 길이 된다. 단지 법률이라는 이름만으로 합리성이 없거나 변화된 환경에 맞지 않은 부당한 결과를 강요당할 여지를 근본적으로 줄여 나감으로써 법이 주권자의 요구에 맞는 국민친화적이고 현실에 적합한 규범으로 변모할 수 있도록 해주는 입법혁신의 수단으로서 입법평가의 법제화방안을 전향적으로 모색해야 할 시점이다.

그동안 입법평가는 의원입법의 경우에는 그나마 제대로 실행되지 못하고 있지만, 입법의 전 과정을 다양한 평가항목과 평가기준을 가지고 평가함으로써 이른바 '잘된 입법'과 그렇지 못한 입법을 가리는 데 급급했던 것이 사실이다. 상징입법의 범주를 토대로 삼아 입법의 실제 효과를 실증적으로 분석할 수 있다면 국민은 더욱 더 소상하게 입법의 실제 효과와 불완전성, 허위나 숨은 의도를 알 수 있게 될 것이고 그 원인이나 책임이 누구에게 있는지를 물을 수 있게 될 것이다. 그런 뜻에서 상징입법의 개념과 이론은 입법평가제도의 심층 성숙화를 가져올 수 있는 이론적 경합의 장을 제공할 것이다.

그러나 이 모든 방법이나 노력에도 불구하고 상징입법이라는 현상을 저지할 수 없다면 결국 다시 '제도보다 사람'이란 명제를 소환할 수밖에 없다. 그 경우 때로는 최후의 수단(ultima ratio)으로 때로는 일상의 감시자로서 '깨어있는 시민'의 관심과 열정, 책임 있는 행동에 기댈 수밖에 없을 것이다. 국민을 우롱하고 폐를 끼치는 상징입법에 가담한 국회의원들과 정부관료들을 소환할 권원은 결국 국민주권에서 나오는 것이기에.

| 제2부 |

상징입법의 빅이슈들

:

제5장

‘공포마케팅’?: 탈원전의 상징정치

1. 탈원전, 쟁점의 탄생

한국 원자력발전의 역사는 1958년으로 거슬러 올라간다. 1958년 원자력법이 제정되고, 정부는 같은 해 10월 원자력원과 원자력연구소를 세웠다. 원자력 전문인력 양성을 위해 1958년 한양대, 1959년 서울대에 원자력공학과가 문을 열었다.[1] 원자력발전은 이때부터 갖은 논란과 도전, 우여곡절을 겪으며 지속되어왔다. 그러다가 2014년 일본 후쿠시마 원전사고, 2017년 경북 포항 지진 등을 계기로 원전의 위험성에 대한 공포가 확산됨에 따라 탈핵·탈원전 이슈가 과학기술계를 넘어 정치권 전반에 걸쳐 현안으로 대두되기 시작했다. 급기야 탈원전은 문재인 대통령의 공약으로 이어졌다. 그는 대통령에 취임한 후 2017년 6월 19일 탈원전을 선언하고 신고리 5·6호기의 건설 중단 여부를 사회적 합의를 통해 결정하겠다고 공언했다. 문 대통령은 부산 기장군 한국수력원자력 고리원자력본부에서 열린 ‘고리 1호기 영구정지 선포식’ 기념사에서 “새 정부는 원전 안전성 확보를 나라의 존망이 걸린 국가 안보 문제로 인식하고 대처하겠다”며, “준비 중인 신규 원전 건설계획은 전면 백지화하고 원전의 설계 수명을 연장하지 않겠다"고 함으로써 원전 정책 전면 재검토를 천명했고, "탈원전, 탈석탄 로드맵과 함께 친환경 에너지 정책을 수립하겠다"고 밝혔다. 이후 열린 국무회의에서는 신고리 5·6호기 문제 공론화 방안과 더불어 공론화 기간 동안 원전 건설의 잠정적 중단을 결정했다. 문 대통령의 탈원전 선언은 원자력 산업계나 학계로부터 강력한 반발을 불러일으켰고, 언론, 특히 보수언론으로부터 집중 공격을 받았다.[2]

문재인 정부는 국민 소통 강화 차원에서 탈원전 정책과 신고리 원자력발전소 5·6호기 건설 재개 여부를 참여적 의사결정 방식의 일종인 공론조사[3]를 통해 결정하는 선례를 남겼다.[4]

정부의 탈원전 정책은 장기적으로 탈원전 로드맵 수립을 통하여 단계적으로 원전제로 시대로 이행하는 것을 목표로 한다. 이런 정책에 따라 신고리 5·6호기의 건설 중단 여부를 결정하기 위하여 공론화위원회가 설치되었고, 이 위원회는 시민참여단을 구성하여 약 1개월 정도의 숙의(熟議)과정을 통하여 최종적으로 건설 재개라는 결론에 도달하여 이를 권고안의 형태로 정부에 제출했다. 정부는 이런 숙의과정 끝에 도달한 결과를 존중하여 신고리 5·6호기의 건설공사를 재개하는 결정을 내렸다(김남철, 2018: 167~197).

그러나 문재인 대통령의 탈원전 정책은 첫 단추를 잘못 끼웠다는 비난으로부터 자유로울 수 없었다. 탈핵의 기치를 내세우며 정권 초기의 높은 지지율을 배경으로 야심차고 결기 있게 수순을 밟았지만 어쩐지 앞뒤가 맞지 않고 허둥대는 모습을 보였던 것이 사실이다. 한수원 이사회를 통해 이미 적법한 허가를 받아 진행되던 건설을 중단시킴으로써 법적·정치적 논란과 사회갈등을 불러일으킨 것도 문제였지만, 정부가 공론화 대상을 탈원전이 아니라 신고리 5·6호기 건설로 잡은 자체부터가 석연치 않았다. 공론화위원회의 임무는 그 설치근거인 국무총리훈령 제690호에 분명히 설정되어 있다. 즉, 신고리 5·6호기 원자력발전소 건설 중단 여부에 관하여 공론화를 통해 결과를 도출하는 것이다. 그러나 탈원전 여부나 실천방안에 대한 논의 없이 신고리 5·6호기 건설 중단 여부를 결정할 수 있을까. 탈원전 이슈를 다루지 않는다면 오히려 신고리 5·6호기 건설 중단 이슈는 공론화 대상으로 삼기조차 적합하지 않을 수도 있다. 그리고 신고리 5·6호기 자체의 안전성은 국내 원전 중 가장 우수하다고 알려져 있는데, 그 건설 중단 여부만을 공론화한다는 것도 설득력이 없다. 반면, 탈원전을 기정사실화하여 이를 전제로 신고리 5·6호기 건설 중단 여부를 공론화하는 것이라면 소위 '기울어진 운동장'이라는 비판을 면키 어려울 것이다. 그렇다면 정부는 왜 탈원전 자체를 공론화에 붙이지 않은 것일까. 대통령의 공약이라서? 아무리 공약이라도 탈원전은 그대로 놔두고 신고리 5·6호기 건설 중단 여부만 공론화하겠다는 발상이라면 곤란하다. 신고리 5·6호기 건설 중단 또한 대선 공약 아니었던가!

탈원전 이슈야말로 가장 공론화가 필요한, 공론화 대상으로 삼아야 할 문제임을 부정할 사람은 없다. 원전 안전 문제뿐만 아니라 안정적 에너지 수급과 에너지 경제, 에너지 안보, 원자력과학기술과 의료, 원전 건설과 해체 산업, 원전 수출 등 대내외 경쟁력 확보, 인력 양성, 전기료 인상 등 다중복합적 파급효과를 가지는, 문재인 정부 임기 5년을 넘는 장기 비전과 전략이 필요한 국가정책 문제이기 때문이다. 후쿠시마 이후 탈원전이 대세고 탈원전 찬반만을 묻는다면 찬성하는 여론이 다소라도 우세할지 모른다. 그러나 탈원전으로의 전환, 실행가능성 있는 이행방안에 대한 사회적 합의형성이 관건이다. 정작 공론화가 필요한 것은 바로 이 지점이다. 문 대통령은 이 점을 직시해야 한다. 탈원전 이슈는 탈원전을 할 것인지도 중요하지만 그 실천방안, 즉 '언제와 어떻게'에 관한 실행가능성 있는 이행방안을 찾아내는 게 핵심이다. 그리고 전문가 배제 여부로 논란 속에 출범한 공론화위원회에 과중한 부담을 지우기보다는 정부가 온전히 책임을 지겠다는 자세를 가다듬어야 한다. 그런 점에서 위원회의 결론이 무엇이든 100% 따르겠다는 것은 정부가 책임을 전가하는 인상을 준다. 정부가 염두에 둔 독일의 선례를 보더라도 탈원전은 공론화 과정을 거쳤으되 결국 '원자력에너지 사용 종료와 에너지 전환 촉진'을 담은 의회의 원자력법 개정으로 결정되었다.

반면, 독일의 탈원전 정책결정 역시 매우 정치적으로 이루어졌다는 비판을 받고 있다. Siehr는 2011년 3월 일본 후쿠시마 원전사고에 대한 독일 정부의 대응에서 나타나듯 정부의 행동역량에 대한 잠재적 메시지가 실체적인 정책변경과 결합될 수 있었다고 지적한다. Siehr는 독일 원전의 안전성 문제가 고도로 복잡하면서도 동시에 근본적인 문제에 대한 그처럼 전례 없이 가속화된 의사결정을 불가피하게 강요하지 않았음에도 불구하고, 기록적인 속도로 탈원전을 결정했고 의회 역시 신속하게 관계법을 통과시켰다고 지적한다. 혹자는 그 결정 자체를 환영했을 수도 있지만 '올바른 입법(good law-making)'이란 관점에서 본다면 그 정책결정은 더욱 더 시간을 가지고 심의하고 더 지속가능한 정책을 탐구한 뒤 이루어졌어야 했다는 것이다. 그러나 의회는 탈원전에 관한 법을 2011년 7월 31일 성급하게 통과시켰다(Siehr, 2016: 323). 그럼에도 불구하고 독일의 탈원전 정책결정이 행정부 주도로 결정되지 않았고 의회를 통해 단행되었다는 사실은 변함이 없다.

우리도 탈원전에 대한 사회적 합의가 형성되면 결국 이를 뒷받침할 입법조치가 필요하다. 녹색성장기본법, 에너지법, 전원개발촉진법, 원자력안전법 등 기존 법령에 따른 절차도 이행해야겠지만, '탈원전특별법'이 필요할 수도 있다. 국회의 역할이 중요한 까닭이다. 공론화를 대의제의 대체재로 보든 보완재로 보든 부정적으로만 볼 것은 아니다. 야당도 더 진지한 자세로 탈원전에 관한 국가정책 논의과정에 동참할 필요가 있다.

반면, 중단된 신고리 원전 5·6호기의 건설을 재개할지에 대한 공론조사 과정에서[5] 응답자들은 경제적인 이유에서 건설 지속이 필요하다는 결론을 내리면서도, 장기적으로는 안전상 이유에서 원전 건설을 줄여나가 '에너지 전환(Energiewende)'이 필요하다는 의견을 제시했다.[6] 이와 같은 결론은 원자력산업과 환경운동 양쪽으로부터 비판을 받았다. 산업계에서는 공론화위원회가 신고리 5·6호기 원자력발전소 건설 중단 여부에 관한 결론 도출이라는 그 임무 범위를 넘어 한국의 에너지믹스의 미래방향에 대한 질문을 추가하는 데 대해 반대했고, 환경운동가들은 원자력업계가 그들에게 우호적 결정이 내려지게 하고자 정부기관과 한국원자력연구원 등 연구기관들과의 강력한 네트워크를 포함한 더 많은 자원을 동원했다고 불만을 표시했다. 그 밖에도 숙의시간이 너무 짧았고 주제선정 과정도 선명하지 않았다는 비판이 제기되었다.

공론화위원회의 결정에도 불구하고 정부의 탈원전 정책은 치열한 논란을 불러일으켰다. 야당에서는 탈원전 여부는 공론화위원회가 아닌 국회가 결정해야 할 사안이라고 주장했고, 공론화 과정에서의 절차적·법적 문제를 제기했다. 탈원전 자체가 현실을 무시한 정책이라는 비판이 다양하게 전개되었다. 그리하여 지금까지도 탈원전 문제는 국민적 합의를 달성하지 못한 채 여전히 정치적·사회적 쟁점으로 재연되고 있다.

물론 공론화위원회를 통한 공공참여로 한국이 직면한 에너지정책문제의 해결방향을 결정한 이러한 시도는 기후변화, 난민 이슈, 신기술 이슈(유전자 조작, AI 등) 같은 난제들(Wicked Problems)을 해결하는 하나의 실험으로 주목을 받았다. 또한 민주주의의 원칙에 따라 시민들과의 숙의를 통한 결정이 혼란스럽고 불확실한 미래에 희망적인 대안이 될 수 있는지에 대해서도 많은 시사점을 제공해준 것이 사실이다(Chung, 2018 참조).

그러나 탈원전-에너지 전환에 대한 이러한 정책결정 과정은 공론화라는 숙의과정을 통한 합의형성이라는 순기능적 측면 못지않게 원전위험성에 대한 일종의 '공포마케팅'을 통한 사회적 기만으로서 탈원전의 상징정치라는 측면이 두드러진 사례이기도 하다.

먼저, 과연 문재인 정부의 탈원전 논의가 어떻게 이루어졌고 그 가운데 다소라도 정치적인 요소가 지배적으로 작동하지는 않았는지, 그리고 탈원전 공론화의 허와 실이 무엇인지를 짚어볼 필요가 있다.

2. 탈원전 전말기: 원자력 입국에서 에너지 전환까지

1) 탈원전 공약

문재인 대통령은 18대 대통령 선거와 19대 대통령 선거에 출마하여 두 선거 모두에서 탈원전을 산업 및 안전 관련 공약으로 내세웠다.

"원전 정책을 전면 재검토하겠습니다"[7]

- 원전 중심의 발전 정책 폐기
  - 신규 원전 전면 중단 및 건설계획 백지화
  - 설계수명이 다한 원전 즉각 폐쇄
  - 신고리 5·6호기의 공사 중단, 월성 1호기 폐쇄
- 단계적으로 원자력발전을 감축해서 원전 제로시대로 이행
  - 국내 원자력발전 진흥정책 폐지
  - 탈핵에너지 전환 로드맵 수립
- 신재생에너지 공급 의무화 의무공급비율 목표 상향조정, 신재생에너지에 대한 민간투자 활성화 등을 통해 신재생에너지 보급 확대

먼저 18대 대통령 선거에서 내세웠던 공약은 다음과 같았다. 첫째, 신고

리 5·6·7·8호기와 신울진 3·4호기 추진을 중단한다. 둘째, 고리 1호기와 월성 1호기 수명연장을 중단한다. 셋째, 건설 중인 원전은 진행한다. 특히 탈원전은 에너지 수요관리와 신재생에너지 보급 확대를 통해 충분히 달성할 수 있다고 강조했다. 또한 2030년까지 전력 수요를 전망치 대비 20% 줄이는 한편, 전력 공급에서 신재생에너지 비중을 현재 2%에서 20%로 높이겠다고 밝히고, 에너지다소비형 제조업을 에너지절약형으로 바꾸면 원전 증설 필요가 없어진다고 공언했다.[8] 19대 대통령 선거에서 내건 공약은 한 걸음 더 나아간 내용을 담고 있었다.

2) 국정과제로서 탈원전

제19대 대통령 선거에서 당선된 문재인 후보가 공약으로 내세웠던 탈원전은 100대 국정과제에 포함되었다. 국정과제의 내용은 다음과 같다.

"탈원전 정책으로 안전하고 깨끗한 에너지로 전환"[9]

○ 과제목표

• 탈원전 로드맵 수립을 통해 단계적으로 원전제로 시대로 이행

• 에너지 가격체계의 합리적 개편 및 분산형 전원 보급 확대

○ 주요내용

· (탈원전 로드맵 수립) 원전 신규 건설계획(추가 6기) 백지화, 노후 원전 수명 연장 금지 등 단계적 원전 감축계획을 전력수급 기본계획 등에 반영

- 공론화를 통해 사용후핵연료정책을 재검토하고, 고리 1호기 영구정지를 원전해체 산업을 육성하는 계기로 활용

· (원자력 안전규제 강화) 원안위 위상 및 독립성 강화* 와 안전관리체제를 정비하고 원전의 내진설계기준 상향 조정 검토

* 원안위를 대통령 직속으로 변경하고 위원 구성의 다양성·대표성 확보

• (에너지가격체계 개편) 사회적 비용을 반영해 발전용 연료 세율체계를 조정하고, 산업용 전기요금체계 개편*을 통해 전력 다소비형 산업구조 개선

* 산업용 경부하 요금 차등 조정(2018년), 단계적 요금 현실화를 위한 '전기요금 체계 개편 로드맵' 마련(2019년)

• (분산형 전원 확대) 분산형 전원(신재생, 집단에너지, 자가발전)의 인허가, 연료 구매, 요금 설정 등 전 과정에 대한 체계적인 지원 강화

- 원전 및 석탄의 지속적 축소를 통해 LNG를 포함한 분산전원의 활용 확대

○ 기대효과

• 안전하고 깨끗한 에너지로의 에너지 패러다임 전환

• 원전 안전규제 체계의 혁신으로 원전사고 걱정 없는 나라 실현

3) '탈핵국가' 선언

문재인 대통령은 2017년 6월 19일 부산 기장군에 위치한 고리원전 1호기 영구정지 선포식에 참석하여 '탈핵국가'를 선포했다. 문 대통령은 이날 부산시 기장군 고리원전에서 열리는 1호기 퇴역식에 참석해 "원전 중심의 발전 정책을 폐기하고 탈핵 시대로 가겠다"면서 '원전의 설계 수명을 연장하지 않겠고', '현재 수명을 연장해 가동 중인 월성 1호기는 전력 수급 상황을 고려해 가급적 빨리 폐쇄하겠다'고 역설했다. 문 대통령은 이어서 "지금 건설 중인 신고리 5·6호기는 안전성과 함께 공정률과 투입 비용, 보상 비용, 전력 설비 예비율 등을 종합 고려해 빠른 시일 내 사회적 합의를 도출하겠다"고 말했다.

문 대통령은 "고리 1호기의 가동 영구정지는 탈핵국가로 가는 출발"이라며 "안전한 대한민국으로 가는 대전환"이라고 했다. 또 "탈원전을 둘러싸고

전력수급과 전기료를 걱정하는 산업계의 우려가 있고, 막대한 폐쇄 비용을 걱정하는 의견도 있다"면서 "그러나 탈원전은 거스를 수 없는 시대의 흐름"이라고 했다.

문 대통령은 "저의 탈핵, 탈원전 정책은 핵발전소를 긴 세월에 걸쳐 서서히 줄여가는 것이어서 우리 사회가 충분히 감당할 수 있다"며 "국민께서 안심할 수 있는 탈핵 로드맵을 빠른 시일 내 마련하겠다"고 했다.[10]

4) 신고리 5·6호기 공론화

탈핵국가 선포 후 약 일주일 후, 그리고 문재인 대통령이 취임한 지 약 1.5개월이 지나지 않아 정부는 본격적으로 신고리 5·6호기 공사재개에 대한 공론화를 추진했다. 2017년 6월 19일 고리 1호기 영구 폐쇄에 이어 문재인 정부의 '탈원전' 정책이 본격화되었다는 시그널을 울린 셈이었다. 정부는 울산 신고리 5·6호기 건설 공사를 일시 중단하고, 그 최종 건설 중단 여부를 공론조사를 거쳐 결정하기로 했다. 공론화 방식과 절차는 독일의 '핵폐기장 부지 선정 시민소통 위원회' 방식을 참조하여 설계되었다.[11]

공론화위원회의 논의대상은 표면적으로는 신고리 5·6호기의 '건설 재개'냐 '영구 중단'이냐의 문제였지만, 논의과정을 관통하는 핵심 주제는 '원자력 정책의 유지 및 발전'인가 '탈원전 정책으로의 전환'인가였다. 공론화위원회를 통해 탈원전의 향방이 결정되는 것이었다.

2017년 7월 15일 정부 결정에 따라 한국수력원자력은 신고리 5·6호기 공사를 일시 중단했다. 한국수력원자력은 7월 14일 경북 경주 스위트호텔에서 이사회를 열고 신고리 5·6호기 공사 일시 중단을 결정했다고 밝혔다. 중단 기간은 신고리 5·6호기 공론화위원회 발족 시점부터 3개월이며, 이 기간 동안 공론화가 이뤄지지 않을 경우 다시 이사회를 열어 추후 방침을 결정키로

했다고 설명했다. 그리고 정부는 2017년 6월 27일 국무회의에서 신고리 5·6호기 공사를 일시중단하고 공론화위원회를 구성해 시민 배심원단이 완전 중단 여부를 판단하도록 결정했다.[12]

정부의 공론화 결정에 따라 '신고리 5·6호기 공론화위원회'가 출범하여 약 3달에 걸쳐 공론화 및 시임참여 조사 등이 진행되었다(2017년 7월 24일~2017년 10월 20일). 위원회 구성과 운영, 그리고 공론화 과정의 내용은 다음과 같다.

공론화 방법으로 '시민참여형 의사결정방법의 하나인 공론조사' 방식이 채택되었는데, 공론조사(deliberative polling)란 확률 추출을 통해 선정된 시민이 첨예한 갈등이 있는 중요한 공적 사안에 대해 전문가가 제공하는 지식과 정보를 바탕으로 충분한 학습과 토론, 숙의과정을 거쳐 결과를 도출하는 조사방식으로, '피상적 태도조사'인 여론조사의 약점을 보완한 것이다.

공론화의 구체적인 절차로 ① 1차 조사(지역·성별·연령을 고려한 확률추출로 2만여 명의 시민 참여), ② 시민참여단 구성(참여의사가 있는 시민 중 확률 추출로 약 500명 선정), ③ 시민참여단 숙의과정(토론자료집 숙지, 전문가와 이해관계자의 주장 청취, 토론회 참여 등), ④ 최종 조사, ⑤ 결과 공표(결과는 최종보고서로 작성되어 권고형식으로 정부에 전달되고, 이는 정부의 신고리 5·6호기 건설 중단 여부의 판단자료로 활용)가 제시되었다. 국무회의의 공론화 추진 결정에 따라 정부는 '신고리 5·6호기 공론화 준비단'을 설치하여 7월 17일 '신고리 5·6호기 공론화위원회 구성 및 운영에 관한 규정(국무총리 훈령 제690호, 이하 '훈령')'을 제정했다. 이로써 공론화위원회는 그 '법적 근거'를 마련했다고 설명하고 있으나 (물론 시간적인 한계는 있었지만) 국가적 차원에서 중요한 기능을 수행하는 위원회의 설치 근거를 국무총리 훈령이라는 행정규칙으로 뒷받침한 것이 바람직한지에 대해서 의문이 제기되기도 했다.

공론화위원회는 위원장 1인을 포함하여 총 9명으로 구성되었다. 위원의 자격과 위촉에 관하여 훈령 제3조는 위원장과 위원은 '국민적 신뢰가 높은 덕망 있고 중립적인 인사 중에서 국무총리가 위촉한다'고 규정하고 있다. 구성된 위원들의 직역을 보면, '위원장(변호사), 위원 8명(법·행정학 교수, 화공학 교수, 통계학 교수, 사회학 교수, 물리학 교수, 도시사회학 교수, 한국교육개발연구원 소속, 한국갈등 해결센터 소속)'으로, 공론화위원회에서는 직접 이해관계자가 아닌 인문사회, 과학기술, 조사통계, 갈등관리 분야의 전문가 9인으로 구성했다고 설명하고 있다.

공론화위원회의 기능과 관련하여 훈령 제2조는 공론화위원회는 ① 신고리 5·6호기 건설 중단 여부 공론화에 관한 주요 사항, ② 신고리 5·6호기 건설 중단 여부 공론화 관련 조사·연구에 관한 사항, ③ 국민 이해도 제고 및 이해관계자 의견수렴 활동에 관한 사항 등을 심의·의결한다고 규정하고 있다.

공론화위원회는 2017년 7월 24일 출범한 이래 10월 20일 공론화위원회 권고안을 정부에 제출할 때까지 89일 동안 총 67번의 회의와 간담회를 개최했고, 지역·성별·연령대를 종합적으로 고려하여 국민을 대표하는 시민참여단을 선정했다. 471명의 시민참여단은 9월 16일부터 10월 15일까지 33일간 숙의과정을 진행했고, 특히 2박 3일간 진행한 종합토론회와 최종 조사에 시민참여단의 98.5%가 참여하여 매우 높은 참여율을 보였다(김남철, 2018; 윤순진, 2018).

신고리 5·6호기 공론화위원회는 2017년 10월 20일 공론화의 결론으로 다음과 같은 정책권고를 발표했다.

신고리 5·6호기 공론화위원회 정책권고[13]

1. 현재 일시중단 중인 신고리 5·6호기의 건설 재개

최종 조사결과에서 건설 재개를 선택한 비율이 59.5%로 건설 중단을 선택한

40.5%보다 19.0%p 더 높았다. 이 결과는 95% 신뢰수준에서 오차범위인 ±3.6%p를 넘는다. 더구나 1차 조사에서부터 건설 중단에 비해 건설 재개의 비율이 유의미한 차이로 높았고, 회차를 거듭할수록 그 차이는 더 커졌다.

2. 원자력발전 비중을 축소하는 방향으로 에너지정책 추진

최종 조사결과에서 원자력발전의 축소를 선택한 비율이 53.2%로 원자력발전의 유지(35.5%)나 확대(9.7%)에 비해 훨씬 높았다.

3. 시민참여단이 건설 재개에 따른 보완조치로 제안한 사항들에 대해 세부실행계획을 조속히 마련하여 추진

최종 조사결과에서 시민참여단은 건설 재개에 따른 보완조치로 다음과 같은 정책을 제안했다.

첫째, '원전의 안전기준을 강화해야 한다'(33.1%)

둘째, '신재생에너지 비중을 늘리기 위한 투자를 확대해야 한다'(27.6%)

셋째 '사용후핵연료 해결방안을 가급적 빨리 마련해야 한다'(25.3%)

그 외 서술형 답변을 통해 '원전비리 척결 및 관리에 대한 투명성을 강화해야 한다'(총 74명), '원전 주변의 부산·울산·경남 등 지역주민들의 생명·건강·안전·보상 등의 대책 마련이 필요하다'(총 59명)는 의견을 모았다.

공론화에 대해서는 대체로 긍정적인 평가가 우세하다. 예컨대 진정한 담론과 숙의의 조건을 충족했고, 숙의민주주의의 실현 가능성이 높음을 입증하는 사례로 평가되고 있다(김창수, 2019a: 387~388; 윤순진, 2018 등).

다만 공론화위원회가 신고리 5·6호기의 건설 재개 여부에 머무르지 않고 '원자력발전 비중을 축소하는 방향으로 에너지정책 추진'을 권고한 데 대해서는 논란이 제기되었다. 당초 공론화의 대상은 신고리 5·6호기의 건설 재

표 5-1 **신고리 5·6호기에 대한 평가**

구분		신고리 5·6호기 재개 사례
공동체 속성		정권의 변화와 정부 정책 변화
공론장과 제도와 절차의 설계		○
진정한 담론과 숙의의 조건	상황을 고려하는 의도성과 포괄성이 원칙	○
	능동적 주의와 기회평등성 원칙	○
	실질적 공헌과 이성적 숙의과정 원칙	○
	담론 참여자의 진정성과 공공선 부합의 원칙	○

주: ○ 조건 충족, × 조건 미충족
자료: 김창수(2019a: 388).

개 여부였다. 국무총리 훈령에서 공론화위의 기능을 '신고리 5·6호기 건설 중단 여부 공론화에 관한 사항'으로만 못 박았기 때문이다. 위원회는 에너지 정책 전환을 권고하면서 최종 조사결과에서 원자력발전의 축소를 선택한 비율이 53.2%로 원자력발전의 유지(35.5%)나 확대(9.7%)에 비해 훨씬 높았다는 사실을 근거로 내세웠으나, 그렇다고 신고리 5·6호기의 건설 재개 여부에 대한 공론화가 탈원전 자체에 대한 공론화로 바뀌는 것은 아니었고, 공론화 과정에서 탈원전 자체에 대한 숙의가 병행적으로 진행되었다고 볼 수도 없었다. 그런 배경에서 신고리 공론화위원회가 건설 재개를 결정하면서 "원전 축소가 필요하다"고 정부에 권고한 것을 두고 월권 논란이 불거진 것은 어쩌면 당연한 결과였다.[14] 그리하여 최종 조사 결과만으로 탈원전 의견을 제시하는 것은 마치 공론화를 거친 것처럼 위장한 것이라거나 공론화프로세스를 우회하여 탈원전 이슈에 대한 권고를 결정한 것이라는 비판을 면키 어려웠다.[15]

공론화위에서는 "훈령은 '위원장이 신고리 5·6호기 건설 중단 여부 공론화를 위해 필요하다고 인정하는 사항'도 심의·의결할 수 있게 했다. 원전을 확대·유지할 것인지, 축소할 것인지는 '필요하다고 인정되는 사항'이다"라고 해명했다. 그러나 공론화위 소통 분과에 참여했던 전문가 등 관련자들의 얘기는 엇갈린다. "소통 분과에서는 공론화위원과 탈원전 찬성·반대 양쪽 전문가들이 모여 설문 조사를 설계하고 토론 일정과 내용을 논의했다. 여기서는 애초 탈원전 전체를 공론화하자고 했다. 탈원전 찬성·반대 측이 이구동성이었다. 하지만 공론화위원이 반대했다. 규정상 신고리 5·6호기만이 다룰 범위라고 했다. 그러더니 막상 설문을 만들 때는 원전 전체에 대한 것을 묻겠다고 했다. 앞뒤가 맞지 않는다고 했으나 '공론화위에 맡겨 달라'고 하고는 설문에 넣어 진행했다." 한마디로 당시의 원전 축소 권고는 절차적 투명성이 부족했다는 얘기가 나오는 이유이다.[16]

5) 에너지 전환 로드맵

2017년 10월 24일, 정부는 공론화위원회의 정책권고를 받아들여 신고리 5·6호기 건설을 재개하기로 했으며, 원전 안전기준을 강화하겠다고 밝혔다. 이와 함께 에너지 전환(탈원전) 정책 전반에 대한 중장기 목표와 방향을 담은 '에너지 전환(탈원전) 로드맵'을 의결하고 발표했다. 정부의 에너지 전환(탈원전) 로드맵의 주요내용은 다음과 같다.

① 원전의 단계적 감축

- 신고리 5·6호기는 공론화 결과에 따라 공사를 재개하되, 현재 계획된 신규 원전 건설계획은 백지화하겠습니다.
- 노후 원전은 수명연장을 금지하며, 월성 1호기는 전력수급 안정성 등을 고려하여 조기 폐쇄하겠습니다.

그림 5-1 **단계적 감축 대상 원전 현황 및 향후 전망**

구분	호기수	용량	대상
신규 원전	6기	8.8GW	신한울 3·4, 천지 1·2, 신규 1·2
노후 원전	14기	12.5GW	1938년까지 14기 (고리 2~4, 월성 2~4, 한빛 1~4, 한울 1~4)
월성 1	1기	0.7GW	월성 1호기

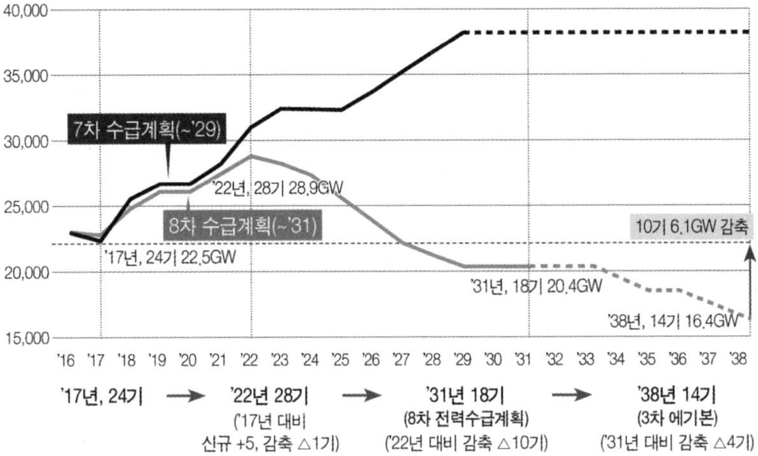

• 에너지 전환(탈원전) 로드맵에 따라 원전은 2017년 24기에서 2022년 28기, 2031년 18기, 2038년 14기 등으로 단계적으로 감축되며, 이러한 원전의 단계적 감축방안을 제8차 전력수급기본계획(~2031년)과 제3차 에너지기본계획(~2038년)에 반영할 것입니다.

• 원전의 단계적 감축과 관련하여, 적법하고 정당하게 지출된 비용에 대해서는 정부가 관계부처 협의 및 국회심의를 거쳐 기금 등 여유재원을 활용하여 보전하되, 필요시 법령상 근거 마련을 추진할 계획입니다.

② 재생에너지 확대

• 현재 7%인 재생에너지 발전량 비중을 2030년 20%로 확대함으로써 원전의

축소로 감소되는 발전량을 태양광, 풍력 등 청정에너지를 확대하여 공급할 계획입니다.

- 세부적으로 i) 폐기물 바이오 중심의 재생에너지를 태양광 풍력 등으로 전환, ii) 협동조합 시민 중심의 소규모 태양광 사업에 대한 지원, iii) 계획입지 제도 도입을 통해 난개발 방지, iv) 관계부처, 공공기관 협업을 통해 사업발굴 확대를 추진할 계획입니다.
- 재생에너지 확대를 위한 구체적 추진방안은 연내 '재생에너지 3020 이행계획'에 반영할 예정입니다.

③ 지역 산업 보완대책

- 에너지 전환에 따라 영향을 받게 되는 지역과 산업이 연착륙할 수 있도록 보완 대책도 강구할 것입니다.
- 고리 1호기 영구정지(2017.6.)를 계기로 58개 상용화기술 중 미확보 17개, 38개 원천기술 중 미확보 11개 기술 개발을 추진하며, 향후 성장이 예상되는 해외 원전해체시장을 선점할 수 있도록 동남권 원전해체연구소 설립 방안을 마련하기 위한 용역을 추진하겠습니다.
- 에너지 전환에 따른 국내산업 보완대책으로 원전수출을 적극 지원하기 위해 사우디, 체코, 영국 등에 대해 정상회담, 장관급 양자 회담 등을 추진하겠습니다.
- 신재생 이익공유, 온배수 활용 사업 등 주민, 지자체가 참여하여 소득을 창출할 수 있는 다양한 사업을 추진하며, 금년 중 정책연구용역을 통해 세부 시행방안을 마련할 계획입니다.
- 원전산업 중소 중견기업의 판로 전환 등을 지원하기 위하여 산업계와 함께 참여형으로 에너지 전환에 따른 보완대책을 수립하겠습니다.
- 한수원은 원전안전운영과 해체산업 중심으로 사업구조를 개편하고, 기타 신규사업 발굴을 추진하는 방향으로 검토하며, 원전산업계의 의견을 적극 수렴

하겠습니다.[17]

6) 제8차 전력수급기본계획

정부에서 발표한 '에너지 전환(탈원전) 로드맵'은 2017년 12월 14일 정부의 전력수급 기본계획에 다음과 같이 반영되었다.

산업통상자원부는 14일 발표한 제8차 전력수급기본계획(2017~2031년)을 통해 한울 1·2호기 등 노후 원전 10기의 수명연장을 금지하고, 추가로 2022년 11월 29일 운전 승인 만료일인 월성 1호기는 일찌감치 2021년부터 발전설비에서 제외된다. 총 11기 노후 원전이 폐로되는 것이다. 월성 1호기는 경제성·지역 수용성 등 계속 가동에 대한 타당성을 종합적으로 평가해 폐쇄시기가 확정된다. 또 천지 1·2호기 등 신규 원전 6기 건설을 백지화한다고 밝혔다. 이에 따라 원전은 2017년 24기(22.5GW)에서 2030년 18기(20.4GW)로 대폭 줄어들게 된다.

또한 석탄발전과 LNG발전의 생산 원가 차이를 줄여 LNG발전을 확대하고, 석탄발전은 봄철 황사 등 미세먼지가 심한 때 가동을 적극 멈추기로 했다.

석탄발전소로 지을 예정이던 당진에코파워 2기는 용량을 1.2GW에서 1.9GW로 확대해 LNG발전으로 전환한다. 태안 1·2호기, 삼천포 3·4호기 등 현재 가동 중인 석탄발전소 4기도 추가로 LNG발전으로 전환된다.[18]

정부는 이후 탈원전 구상을 담은 제3차 에너지기본계획(~2038년)을 발표하고 에너지 전환(탈원전) 로드맵과 제8차 전력수급기본계획 등에 따라 월성 1호기를 조기 폐쇄했다. 그리고 신규 원전 4기 건설에 대해서도 영구 중단을 의결했다. 이후 문재인 정부에서는 지속적으로 탈원전 기조를 유지한 채로 관련 정책을 펼쳐나가고 있다.

3. 상징정치로서 탈원전 정책

1) 탈원전 정책과정의 분석

(1) 탈원전 정책의 행정부 주도

탈원전이야말로 가장 공론화가 필요한 문제였으나 정작 공론화는 이루어지지 않았다고 해도 틀리지 않다. 만일 신고리 원전 5·6호기 건설 중단에 대한 공론화의 부산물로서가 아니라 탈원전 자체에 대한 본격적인 공론화가 이루어졌다면 어땠을까. 사실 후쿠시마 이후 탈원전이 세계적 관심사가 되었기에 단순히 탈원전 찬반만을 묻는다면 찬성 여론이 다소 우세할 수도 있었을 것이다. 하지만 탈원전으로의 전환은 말처럼 간단하지 않다. 탈원전 이슈는 '언제 어떻게' 등 실행 가능성 있는 이행 방안 도출, 그리고 이에 대한 사회적 숙의와 합의 형성이 관건이다. 탈원전 정책 자체에 대한 본격적인 공론화가 필요한 까닭이다.

이와 관련 탈원전을 행정부 차원에서만 결정할 것이 아니라 민의를 대표하는 국회에서 결정해야 한다는 주장 등이 제기되었다. 사실 문재인 정부의 탈원전은 국회에서의 관련 법률 제·개정 등 입법과정을 거치지 않고 행정부 독자적으로 진행되었다. 신고리 5·6호기 건설 중단 여부 공론화를 평가하면서 대개의 경우, 특히 대표성의 엄밀성을 확보하기 어렵다면, 공론화 결과물은 정책권고안으로 활용하도록 하고 최종적인 결정권은 정부와 국회가 가지는 것이 적절하며, 그렇게 할 때 대의민주주의와 숙의민주주의의 조화로운 결합이 가능할 수 있다는 제언(윤순진, 2018: 94)이 나왔다.

반면, 정부가 고려했던 독일의 선례는 오히려 달랐다. 탈원전은 공론화 과정을 거쳤으되 결국 '원자력에너지 사용 종료와 에너지 전환 촉진'을 담은 의회의 원자력법 개정으로 결정되었다. 탈원전에 대한 사회적 합의를 형성한 뒤 입법조치로 마무리하는 수순을 밟은 것이다. 우리나라 역시 달리 볼 하등의 이유도 없다. 녹색성장기본법, 에너지법, 전원개발촉진법, 원자력안전법 등 기존 법령에 따른 절차도 이행해야겠지만, 특별법이 필요할 수도 있다. 국회의 역할이 중요한 까닭이다. 공론화를 대의제의 대체재로 보든, 보완재로 보든 부정적으로만 볼 것은 아니지만, 올바른 의제설정과 수순이 필수적이다. 탈원전을 전격전(Blitzkrieg) 방식으로 추진하면 문제를 더 어렵게 만들 뿐이다. 그런 우려가 현실화되고 있는 셈이다.

탈원전 정책은 헌법재판소가 공영 텔레비전방송 수신료는 입법자가 스스로 결정하여야 할 사항이라고 판시한 TV 수신료[19] 문제와는 비교가 되지 않을 만큼 중요하고 본질적인 사항이므로 당연히 국회가 이를 직접 법률로 정해야 한다. 법률에 규정되지 않은 탈원전 정책을 행정부 소속의 위원회가 의결하고 국무회의가 결정한 에너지기본계획이나 전력수급기본계획 등을 통해 추진하는 것은 헌법원리에 합치되지 않는다는 비판이 제기되는 이유가 바로 여기에 있다.

문재인 정부의 탈원전 정책은 한편으로 원자력 확대 정책에 제동을 걸고 정책적 관성을 벗어났다는 측면에서 의미가 있지만, 다른 한편으로 탈원전의 윤리적 근거가 명확하게 정책 규범으로 정립되지 않아 국내 탈원전 전략과 국외 원전수출 진흥 전략이라는 모순적 상황을 초래했다는 비판을 받았다. 탈원전 시점에 대한 정치적 비전 부재와 탈원전 정책의 입법 부재는 탈원전 정책을 정치적으로 모호하고 무책임하게 만들었다. 이러한 탈원전 정책의 문제는 궁극적으로 의회 정당의 정치적 역할 부재에서 비롯되었고(원자력 정치의 부재), 그 결과는 원자력 행정에 대한 입법부의 통제 실패와 원전 사후 관리 분야에서 무책임한 정치로 나타났다는 것이다.[20]

원자력발전은 경제성장, 생산성, 경쟁력을 강조하는 한국형 발전국가(Developmental State) 모델이 구현된 대표적인 분야였다.[21] 정부는 산업자원부와 과학기술부라는 '쌍두마차'를 내세워 원자력발전 확대와 원자력산업 진흥이라는 목표를 일사분란하게 추진하는 한편, 원자력산업 분야의 공기업과 공공기관을 매개로 원자력발전소 건설, 원자력 기술 연구 개발, 원전의 건설 및 운영 승인, 그리고 안전규제 및 홍보를 주도하면서 원자력산업을 육성해왔다(김수진, 2018: 145~146). 원자력 진흥이라는 '일관되고 응집력 있는(coherent and cohesive)' 원자력 행정과 '계획'에 의한 원전 건설이라는 '구조적 틀(organizational routine)'을 통해 오랫동안 원자력 정책 분야에서 의회정치의 개입을 차단한 결과, 행정 관료에 의한 원자력 정책의 독점이 유지되었다. 이러한 원자력 정치의 실종으로 인해 정당이 원자력 갈등을 대표하고 표현하는 채널로서의 적극적인 정치적 역할을 수행하지 않음으로써 원자력 갈등을 중앙정부와 지역주민 간의 문제로 환원시키고, 결과적으로 원자력 이슈와 에너지 분야에서 사회적 공론화와 민주적 가치를 축소시키는 효과를 가져왔다(김수진, 2018: 147).

원자력 정치의 부재는 무엇보다 원전 사후처리 분야에서 무책임의 정치를 초래했다. 원자력 관련 상임위원회 소속 의원들은 원전의 임시저장소에 보관되어 있는 사용후핵연료 문제의 심각성을 인지하고 있었으나 오랫동안 산자부가 주도한 원자력 행정의 관성으로 인해 이 분야에 책임 있게 개입하지 않았다(김수진, 2018: 151~157).

(2) 탈원전 프레임 전쟁

탈원전 정책의 가장 큰 관건은 탈원전을 어떤 시각에서 보느냐에 있다. 문재인 정부의 탈원전 정책을 두고 여야 간, 찬반집단 간 다양한 프레임으로 치열한 정치·정책 공방이 벌어진 것은 그리 이상한 일은 아니다.

사실 문재인 대통령 스스로가 일종의 프레임 진화과정을 겪었다. 그는 대통령 후보 시절 '탈핵국가'를 주장하다 '탈원전'으로, 그리고 탈원전 정책 논란이 커지자 '에너지 전환'으로 정책 모토 또는 프레임을 바꿨고, 정부와 여당 역시 이를 그대로 추종해왔다. 특히 탈원전 정책 때문에 이명박 정부 이후 추진해온 국내 기업의 원전 수출이 지장을 받고 있다는 압박이 거세지자, 청와대는 '탈원전' 대신 '에너지 전환 정책'이라는 표현을 내세웠다. 탈핵이 '핵으로부터의 결별'이라는 전투적 메시지를, 탈원전이 '원전 폐지'라는 직설적 메시지를 전달해준다면, 에너지 전환은 좀 더 포괄적인 에너지 정책 패러다임을 바꾼다는 메시지를 시사한다.

탈원전을 두고 여야가 격돌하는 '프레임 전쟁'은 당초 신고리 원전 5·6호기 공사 중단 여부를 둘러싸고 전개되었지만, 근본적으로는 문재인 정부 '탈원전' 정책을 좌초시키려는 야당과 이를 지키려는 정부·여당의 충돌이 핵심이다. 야당이 '세금낭비·전력대란' 프레임으로 '공포 키우기'에 나서자 정부·여당은 '안전·원전 고비용' 프레임으로 정면 대응에 나섰다. 원전 건설 중단 여부를 둘러싼 '절차적 불법 vs 참여민주주의' 프레임도 부딪쳤다.

문재인 대통령이 2017년 6월 19일 '탈원전'을 천명한 이후 야당은 '전기요금 폭탄'과 '전력대란' 슬로건을 앞세워 집요한 공격을 벌였다. 야당 측에서는 "문재인 정부 5년 동안 원전 중단이 전기요금이나 전력수급과 관계없다는 말이 그 이후에는 전기요금 대폭 인상이 불가피하고 전력수급이 경제에 악영향을 끼칠 수도 있다는 말처럼 들린다", "자세히 살펴보면 5년 뒤 전기요금 폭탄, 수급대란을 자인한 것"이라는 비판을 가했다. 시민들이 민감하게 여기는 전기료 문제를 원전 프레임 전쟁의 앞 선에 내세운 것이다. 더불어민주당은 원전 고비용, 즉 원전 설비예비율, 폐기물 처리 등에 드는 막대한 비용 문제로 맞불을 놨다. 후쿠시마 원전사고 이후 원전 안전규제 강화로 원전 산업의 경제성이 하락하고 있는 현실도 부각시켰다. 미국이 건설 중인 원전 2기를 중단했다는 사실을 거론하며 '경제적인 이유로 이미 5조 원이 투입된 발전소 건설을 포기한 것'이라고 지적하기도 했다. '시민 안전'은 야당의 '전기료 폭탄'에 대한 맞춤형 프레임이었다. 후쿠시마 원전사고와 경주 지진을 거치며 원전 안전에 대한 국민의 인식도 달라졌기에 '안전성, 친환경성, 경제성 어느 것을 보더라도 탈원전은 당연히 가야 할 길'이라고 강조했다.[22]

탈원전은 문 대통령의 대선 공약이자 국가 에너지 정책 전환의 핵심이다. 그러나 탈원전을 기정사실화하려는 정부·여당의 의지와 노력에도 불구하고 탈원전 프레임 전쟁은 앞으로도 계속될 것이다. 그리고 그 결과는 대한민국의 미래와 국민 생활에 지대한 영향을 미칠 것이다. 정치의 세계에서 민심의 향배보다 중요한 것은 없다. 탈원전이 실제로 나라와 국민의 명운에 어떤 결과를 가져다줄지보다는 정치적 승패가 관건이 된다. 여론의 주도권 장악을 위한 프레임 전쟁이 끝나지 않는 이유이다.

(3) 여론의 향배

현실적으로는 결국 여론의 향배가 중요하다. 반원전 여론은 원전을 운영하거나 도입을 추진하는 국가에서 공통적으로 나타나는 현상이다. 찬반 여론 중 어느 쪽이 우세하느냐에 따라 원전정책이 영향을 받기 때문에 여론은 탈원전 정책 결정을 좌우한다고 보아도 무방하다. 특히 반원전 여론에 힘입어 탈원전을 주장하는 정당의 지지도가 상승하고 이들이 정권을 잡게 되면 탈원전 정책이 채택될 가능성이 높아진다. 이후에도 여론은 입법과정이나 국민투표에서 탈원전 정책의 수립과 집행 모든 면에 큰 영향을 미친다. 탈원전 결정의 지속성을 유지시키는 가장 근원적인 동력이 된다는 점에서 원자력에 대한 대중의 여론은 탈원전 정책결정의 가장 중요한 요인이라고 할 수 있다(노동석·이대연, 2017).

(4) 정책갈등: 탈원전 대 원전수출

문재인 정부가 탈원전을 추진하는 동안에도, 기존에 이명박 정부 이래 추진되어왔던 원전 수출이 지속되어 정부의 원전에 대한 입장이 애매해지는 곤혹스런 사태가 조성되기 시작했다. 실례로 문 대통령은 2018년 11월 28일 체코 총리와의 회담에서 체코가 검토해온 신규 원전 건설사업을 언급하며 한국 기업의 원전기술의 우수성을 역설했다. 정부가 국내적으로는 탈원전 등 에너지 전환 정책을 추진하면서도, 해외 원전 수출은 계속 추진한다는 입장을 분명히 한 것이다. 문 대통령은 "한국은 현재 원전 24기를 운영 중이고, 지난 40년 동안 원전을 운영하면서 단 한 건의 사고도 없었다"며 "아랍에미리트 바라카 원전도 사막이라는 특수한 환경에서 비용 추가 없이 공기를 완벽하게 맞췄다"고 말한 것으로 알려졌다. 문 대통령의 '원전 세일즈'는 2018년 3월 UAE 방문 시에도 이루어졌다. 당시 모하메드 왕세제와 함께 바라카 원전 1호기 건설완료 기념식에 참석해 "우리는 바라카 원전 건설의 성공에 힘입어 사우디아라비아 원전 수주를 위해서도 노력을 할 수 있게 됐다"고 말했다.

보수진영은 탈원전 정책으로 이명박 정부 이래 추진된 국내 기업의 원전 수출이 지장을 받는다는 프레임으로 문재인 정부를 압박해왔다. 이에 청와대는 '탈원전' 대신 '에너지 전환'이라고 프레임을 바꾸며 국내 탈원전과 해외에서의 원전 수출 노력이 서로 배치되는 것이 아니라는 논리로 반박했다. 이와 관련하여 청와대 고위 관계자는 "국내 탈원전 정책은 전 국토에 원전이 밀집되어 있다는 점에서 일종의 안전성 문제도 고려된 측면이 있고, 원전 개발과 원전을 에너지로 이용하는 각국 전략은 그 나라 특성에 맞게 적용되고 있는 것이고, 저희는 그것을 존중한다"며 "에너지 전환 정책과 원전 수출은 별개 문제"라고 강조했다.[23] 정부는 '정책위키' 사이트에서 원전 수출사업이 차질을 빚고 있다는 비판에 대해 다음과 같이 답변하고 있다.

그림 5-2 주요 원전 수출국가의 국내 상황과 최근 10년간 수주 실적

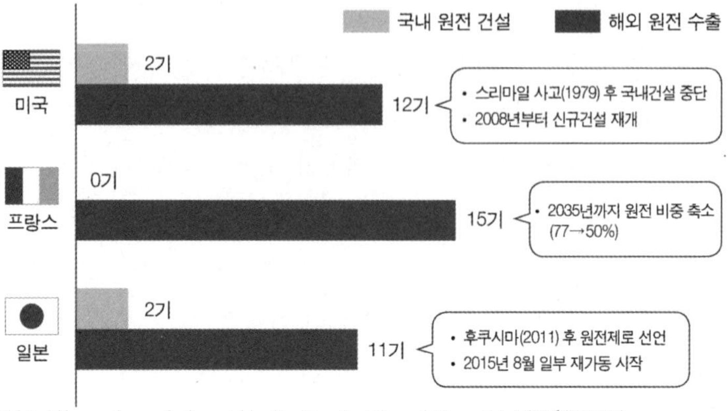

자료: http://www.korea.kr/special/policyCurationView.do?newsId=148864795#L4

"미국, 프랑스, 일본 등 주요 선진국도 자국 내 원전 비중은 줄여나가면서 해외 원전 수출은 적극적으로 확대 중이다. 이들 국가의 최근 10년간 국내 원전 건설과 해외 수출 실적을 살펴보면 미국과 일본은 자국 내 원전을 각각 2기씩 건설 중이고, 프랑스는 신규 원전 건설이 전혀 없지만, 3개 국가 모두 10기 이상의 원전을 해외로 수출하고 있다.

이 같은 추세는 원전 수출이야말로 원전을 도입하려는 국가의 경제·정치적 상황에 더 큰 영향을 받는 것이지, 원전 수출국의 원전 정책과 무관하다는 점을 말해준다. 우리나라가 국내 원전을 축소하면서 해외에 원전을 수출한다고 해서 모순이라고 말하기는 어렵다.

우리나라에서 단독으로 개발한 APR1400이 지난해 미국 원자력규제위원회(NRC)로부터 최종 표준설계인증을 획득하면서 세계적인 원전 기술 보유국임을 인정받았다. 실제로 영국, 사우디아라비아 등 원전을 도입하려는 주요 국가도 한국이 에너지 전환 정책을 추진한다는 점을 알고도 자국 내 원전 사업 참여에 러브콜을 보내고 있다."[24]

(5) '공포마케팅' 대 '역공포마케팅'

탈원전 추진 측은 원자력발전의 안전성을 문제 삼아 여론전을 전개하는 경향이 있다. 그런 이유에서 여론을 움직이기 위한 일종의 '공포마케팅'이라는 힐난을 받는다. 그러나 공포마케팅은 탈원전 추진세력만 시도한 것은 아니다. 탈원전 반대 측에서도 미세먼지 등의 이슈를 제기하여 일종의 '역공포마케팅'을 시도했다.

양측의 공방은 신고리 5·6호기 중단 여부에 대한 공론화 과정에서 극적으로 표면화되었다. 이들은 2017년 10월 15일 신고리 5·6호기 공론조사 최종 결론 도출을 위해 열린 2박 3일 종합토론회에서 시민참여단 471명을 설득하기 위하여 치열한 공방을 벌였다. 찬성과 반대의견의 요지는 다음과 같다.

건설 재개를 주장하는 쪽에서는 '신고리 5·6호기 중단 여부는 전기를 안정적으로 공급받느냐를 결정하는 일상적인 문제'라며 건설 중인 원전을 포기하면 전기요금 인상으로 이어질 수 있다고 주장했다. 탈원전 찬반을 떠나 이미 공사가 30% 가까이 진행되었으므로 신고리 5·6호기 건설은 계속하는 게 바람직하다는 주장도 나왔다.

반면, 건설 중단을 주장하는 쪽에서는 원전 위험성을 부각하는 전략을 썼다. 2011년 일본 후쿠시마 원전 사고 같은 대형재난이 당장 한국에서도 발생할 수 있다는 식의 '공포마케팅' 전략이었다. 건설 중단 측은 심지어 원전을 지으면 북한 미사일의 표적이 된다는 주장도 했다. 강정민 미국 천연자원보호위원회(NRDC) 선임연구위원은 "원전은 자연재해뿐만 아니라 테러가 발생할 수 있고, 또 북한 미사일의 타깃"이라며 "사용후핵연료 저장조에 미사일 공격이 오면 체르노빌·후쿠시마의 수십 배 재앙이 발생할 것"이라고 주장한 것으로 알려졌다. 건설 반대 측 이유진 에너지기후정책연구소 연구위원은 "(신고리 5·6호기 건설은) 위험에 위험을 더하는 것, 사고를 키우는 것"이라며 "지진대에 있는 울산·부산·경남 인근에 400만 명이 살고 있는데 확률이 낮아도 방사능 사고는 치명적"이라고 강조했다.

반면, 건설 재개 측 발표자로 나선 임채영 한국원자력학회 이사는 "원전을 안 지으면 신재생에너지로 대체하는 게 아니라 가스발전소(LNG)로 대체할 수밖에 없다"며 "태양광은 하루 4~5시간 전기를 만들고, 풍력은 바람이 불 때만 전기를 만들 수 있어 대체에 한계가 있다"고 지적했다. 한국 현실에서 신재생에너지 확대가 쉽지 않고, LNG 수입 확대에 따른 에너지 안보 문제가 발생하는 데다 친환경 측면에서도 원전이 유리하다는 것이다.[25]

탈원전 반대 측에서는 이후 연일 고농도 미세먼지가 발생하자 이를 '탈원전 탓'으로 돌리는 전략을 구사했다. 정부의 에너지 전환 선언으로 석탄발전이 늘어 미세먼지가 심해졌다는 주장이었다. 이에 대해서는 최근 몇 년 동안 원자력발전량 변화, 석탄발전소가 내뿜는 미세먼지 총량 등 구체적 통계를 비교해보면, '미세먼지가 탈원전 때문'이란 주장은 명백한 거짓 주장이고 '가짜뉴스'라는 강력한 반박이 제기되었다. 그 이유는 지난 2년간 '실질적인' 탈원전은 시작도 하지 않았기 때문이라는 것이다. 울산 울주에서 건설이 중단되었던 신고리 5·6호기는 2017년 공론화위원회를 거쳐 건설 재개가 결정되었고, 신고리 3호기는 2016년 12월 상업운전을 시작했다. 제8차 전력수급 기본계획에 따르더라도 원전 설비용량은 2017년 36.9GW에서 2030년 39.9GW로 늘어나는데, 노후 원전 수명 연장 금지와 신한울 3·4호기 등 신규 원전 사업 백지화 및 재검토라는 상당히 온건한 에너지 전환 정책에 따라, 실제로 원전 설비용량 규모가 줄어들기 시작하는 시점은 11년 뒤고, 앞으로 60여 년이 지난 뒤에야 '원전 제로'에 도달하게 되는데 벌써 원전이 문을 닫은 것처럼 속이고 있다는 것이다.

이러한 반박은 수긍할 수 있다. 원전이 본격적으로 줄어드는 시점은 2023년 이후이기 때문이다. 마지막 신규 원전이 될 가능성이 높은 신고리 6호기가 2023년 3월 준공된 뒤에는 새로 짓는 원전은 없고 멈추는 원전만 남게 되는 시점이다. 정부는 2030년까지 노후 원전 10기가 수명을 끝내고 발전을 중단할 계획인데, 먼저 2023년부터 2025년까지는 1980년대에 지어진 고리 2·3·4호기와 한빛 1호기의 퇴역이 예정되어 있고, 2026년에는 한빛 2호기와 월성 2호기가 가동을 중단한다. 정부는 2030년 원전 설비용량이 20.4GW까지 줄어들 것으로 예상하고 있다. 다만 원전 정비 등으로 인해 2016년 이후 '원전 발전 비중'이 줄어든 것은 사실이지만, '설비용량'이 아니라 '발전 비중'이 줄어든 것이다.[26]

(6) 에너지 전환, 어디까지 왔나

정부의 '정책위키 – 한눈에 보는 정책'(문화체육관광부 주관)에 따르면, 에너지 전환은 발전믹스(Mix)의 변화를 넘어, 전체 에너지 믹스 최적화와 저효율 소비구조 개선, 에너지산업 육성 등을 포괄하는 에너지 전반의 혁신을 의미하며, 전력생산 과정에서 시민의 참여와 이익을 권장하는 '에너지의 민주화'도 포함한다고 한다.[27]

> 온실가스와 기후변화 등 지구의 환경 문제를 해결해 나가려는 세계적 흐름에 맞춰 에너지 전환을 추진해온 정부는 전통에너지원인 석탄과 원전 비중을 줄이고 친환경에너지원인 재생에너지 비중을 늘리기 위해 노력하고 있다. 재생에너지 발전 비중 목표는 2017년(7.6%) → 2030년(20%) → 2040년(30~35%)로 계속 확대해 나가는 것으로 설정하고, 고효율·저소비 에너지 구조로의 전환을 위해 산업·수송·건물 등 부문별 수요관리를 강화해나가며, 에너지 전환을 기회로 삼아 재생에너지, 수소 산업을 새로운 성장동력으로 키우고 양질의 일자리를 만들어가겠다는 것이다.
>
> 정부는 에너지 전환의 경제성도 긍정적으로 전망한다. 이미 선진국은 재생에너지 발전단가가 원전보다 낮은 수준인데 2018년 기준 태양광발전 단가가 원자력발전보다 영국은 2.7배, 미국은 4.1배 낮다고 한다. 태양광 모듈 가격의 하락과 안전

그림 5-3 **태양광/원전 발전원가 국제비교**

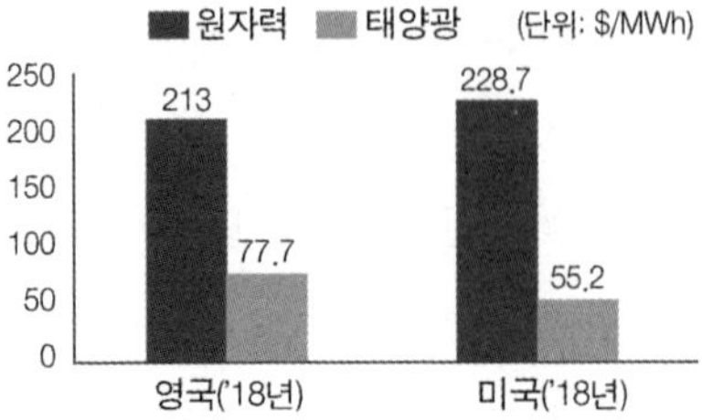

그림 5-4 **태양광패널 가격 하락**

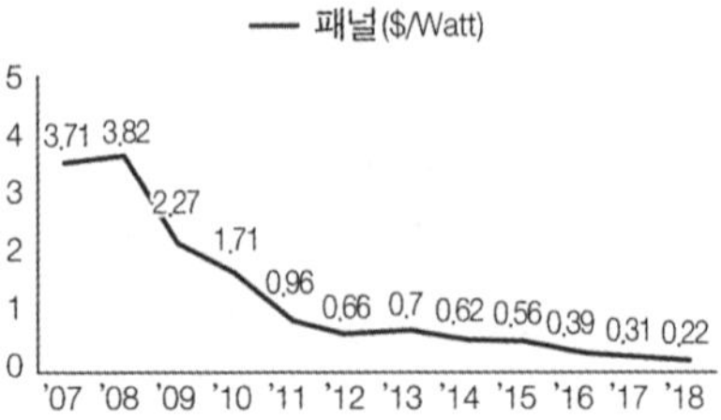

자료: 정책위키(http://www.korea.kr/special/policyCurationView.do?newsId=148864795#L4).

그림 5-5 **국내 균등화 발전단가 전망**

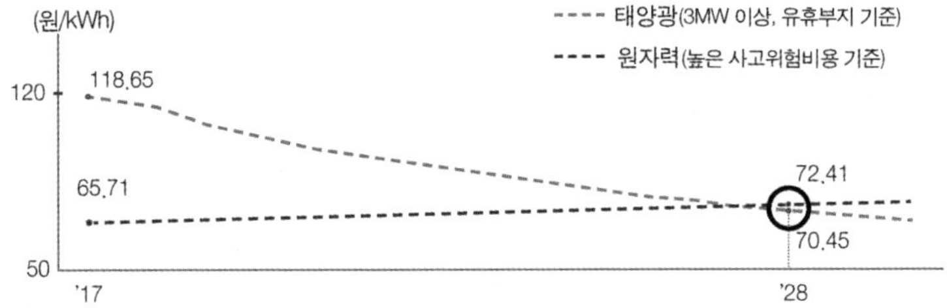

자료: 위 정책위키.

그림 5-6 **발전원별 오염물질 배출계수**

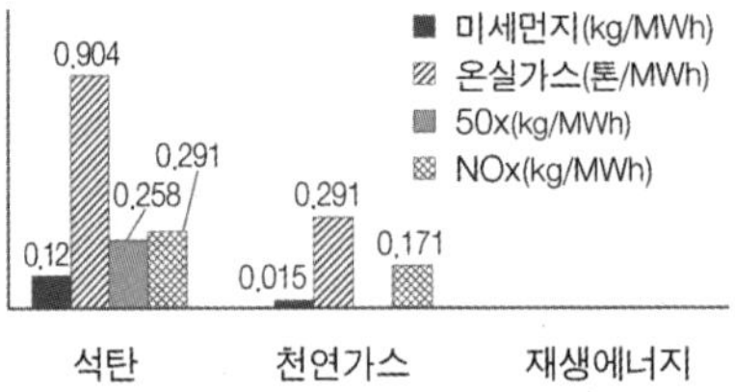

구분	재생에너지	LNG	석탄
PM2.5	0	0.015	0.12 (LNG의 8배)
NOx	0	0.171	0.291 (LNG의 2배)

(단위: kg/MWh)

그림 5-7 **전 세계 재생에너지 일자리 현황 및 전망**

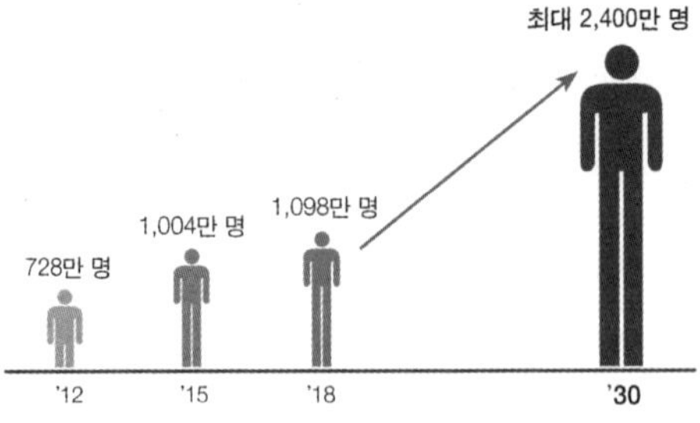

자료: 산업통상자원부·한국에너지정보문화재단 카드뉴스.

규제 강화로 인한 원전 건설비용 증가 추세를 고려할 때 우리나라도 10년 이내에 태양광발전 단가가 원전보다 낮아질 것으로 전망하고 있다.

정부는 에너지 전환이 환경 면에서도 긍정적 효과를 낼 것으로 보고 있다. 미세먼지의 발생은 화석연료와 밀접하게 관련되어 있는데, 국내 미세먼지의 약 14%가 에너지 생산 과정에서 나오며, 그 주요 원인은 석탄 발전이므로, 재생에너지로 석탄발전을 대체하는 것이 미세먼지 문제의 중요한 해법이라는 것이다.

나아가 정부는 에너지 전환이 일자리 창출 효과도 높다고 본다. 국제재생에너지기구(IRENA)의 발표를 인용하여 전 세계 재생에너지 일자리는 2018년 1,098만 명에서 2030년 최대 2,400만 명으로 2.2배 증가할 것이라는 전망을 소개하고 있다.[28]

어떤 국정과제보다 논쟁을 불러 일으켰던 에너지 전환 정책은 전환의 달성은 여전히 멀기만 하지만 몇 가지 의미 있는 성과를 거둔 것으로 평가된다. '재생에너지 3020' 계획의 이행으로 태양광 누적 설치가 2G를 넘어서고 에너지 세제개편을 통해 친환경 에너지 확대에 필요한 제도개선 등이 그 가시적인 성과로 꼽힌다. 정부가 밝힌 추진성과는 다음과 같다.[29]

출범 초부터 신규 석탄 발전허가를 금지하는 등 과감한 석탄발전 축소 노력을 전개한 결과, 석탄발전 미세먼지 배출량이 2016년 30,679톤 → 2017년 26,952톤 → 2018년 22,869톤으로 2016년 대비 25% 이상 감축된 것으로 나

그림 5-8 **신규 석탄발전 인허가 현황**

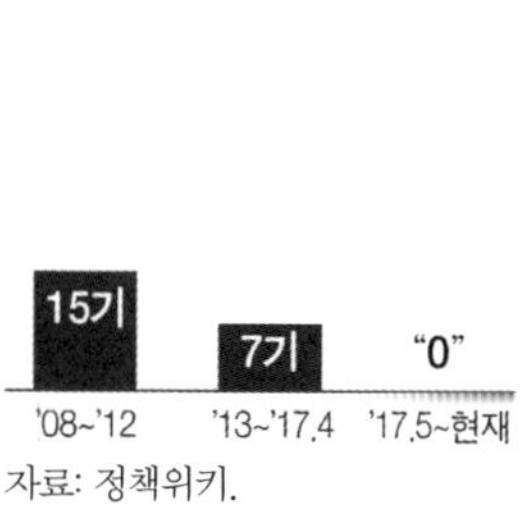

그림 5-9 **석탄발전 미세먼지 배출량**

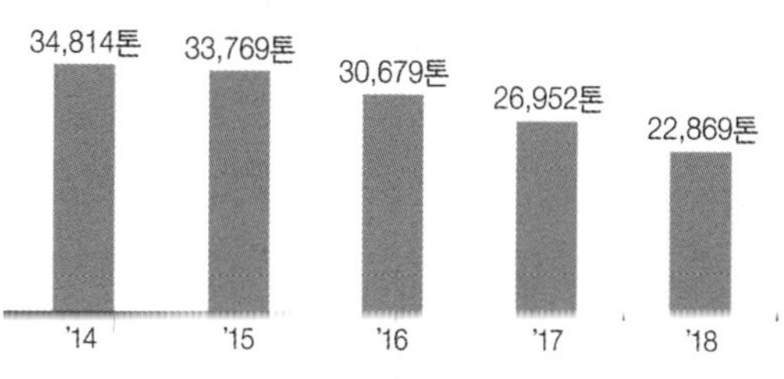

자료: 정책위키.

그림 5-10 **연도별 재생에너지 신규설비 설치 현황**

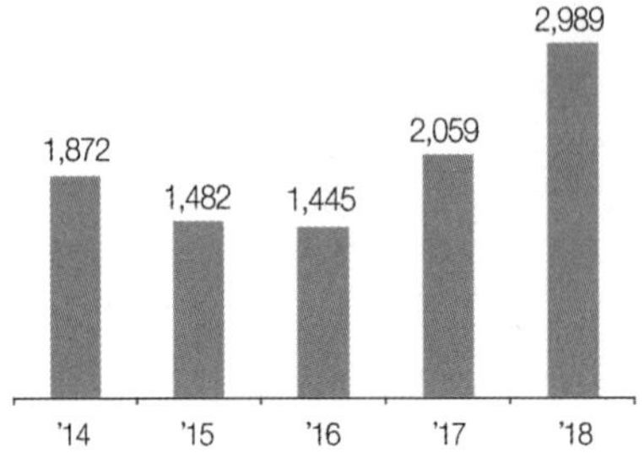

그림 5-11 **태양광 신규설비 설치 현황**

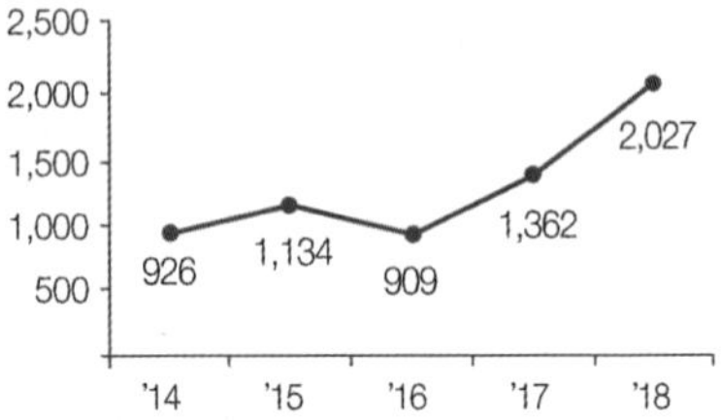

자료: 정책위키.

그림 5-12 **수소차, 수소충전소 보급 현황**

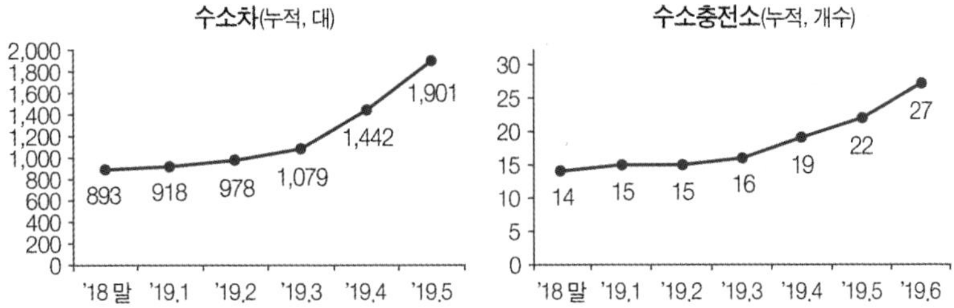

자료: 정책위키.

그림 5-13 **분산전원 비중(%)**

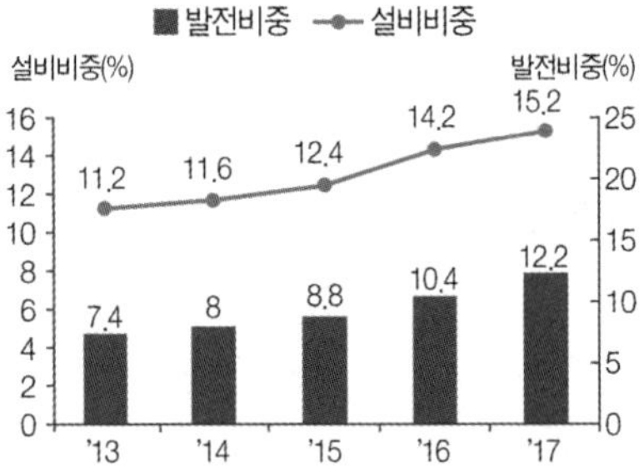

그림 5-14 **열병합 발전소 허가 현황(곳)**

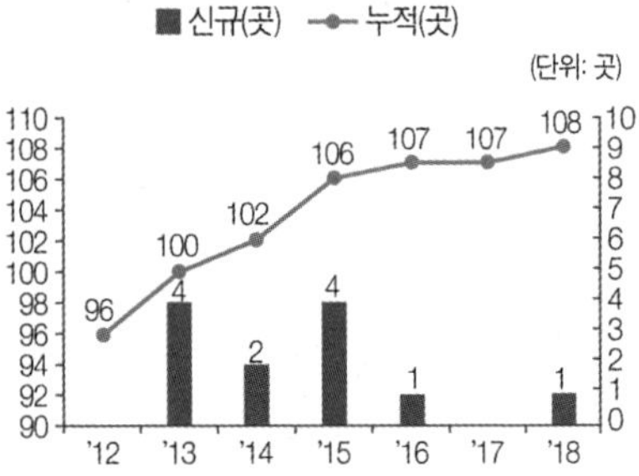

자료: 정책위키.

타났다.

재생에너지 보급도 가속화되었다. 2018년 재생에너지 2,989MW를 보급(전년대비 45% 증가)해 '재생에너지 3020 이행계획'상 해당 연도 보급목표

(1.7GW)를 초과 달성했다고 한다.

정부는 수소경제 활성화를 에너지 전환 정책의 주요 성과로 꼽고 있다. 수소차 2,353대(2019.6. 누적기준, 2019년 1,460대 신규)와 연료전지 362MW (2019.4. 누적기준, 발전용 359MW, 가정·건물용 3.7MW)의 실적을 달성했고, 수소차 보급의 여건 조성을 위한 핵심요소인 수소충전소도 2005년 최초 설치(경기도 용인시) 이후 2019년 27개소를 돌파했다.

또한 2017년도 전체 발전설비 대비 분산형전원[30]의 발전비중을 12.2%, 설비비중은 15.2%로 지속적으로 증가시켰다고 한다.

그러나 위에서 정부가 제시한 여러 성과에도 불구하고 에너지 전환은 여전히 요원한 과제이다. 2017년 12월 정부가 재생에너지의 비중을 20%로 늘린다는 '재생에너지 3020 이행계획'을 발표했지만, 자연 여건에 크게 좌우되는 신재생에너지의 '불안정성'은 여전히 걸림돌로 남아 있다. 정부가 추진 중인 신재생에너지는 보완적인 에너지라면 몰라도 국가 전력공급체계의 기간에너지원으로 삼기에는 불안정한 요소가 많다는 것이 중론이다. 태양광과 풍력을 중심으로 목표를 달성하기 어렵다는 목소리도 나온다.

아울러 태양광 사업의 무분별한 확대로 인한 환경훼손도 결코 간과할 수 없는 문제점이다. '3년간 월드컵경기장 6,000개가 넘는 면적, 여의도(290ha)의 15배에 달하는 면적의 산림이 소실 또는 훼손되었다'는 보고가 나온 것이 그 점을 여실히 보여준다. 2019년 4월 4일 국회 과학기술정보방송통신위원회 소속 윤상직 자유한국당 의원이 산림청을 통해 전국을 대상으로 전수조사한 자료에 따르면, 최근 3년간 산지 태양광 사업으로 232만 7,495그루의 나무가 베어졌고, '미세먼지 필터'인 산지 훼손 면적은 4,407ha로 달해 2년 새 4.6배로 급증한 것으로 나타났다(〈표 5-2〉).[31]

산림청은 작년 12월 4일 산림과 나무 훼손 등을 억제하는 내용의 산지관리법 시행령 개정 이후 태양광발전시설 신청 건수와 면적이 대폭 감소했다

표 5-2 태양광발전시설 목적 산지전용에 따른 산림훼손 현황

(단위: ha, 그루)

연도	합계		산지 소유별					
			국유림		공유림		사유림	
	면적	입목벌채	면적	입목벌채	면적	입목벌채	면적	입목벌채
2016	529	314,528	-	-	-	-	529	314,528
2017	1,435	674,676	-	-	-	-	1,435	674,676
2018	2,443	1,338,291	-	-	1	212	2,442	1,338,079
합계	4,407	2,327,495	-	-	1	212	4,406	2,327,283

고 해명했다. 정부가 태양광 보급으로 인한 지나친 산림훼손을 막기 위해 산지 태양광에 대한 인센티브를 줄이고(산지태양광 REC 1.2 → 0.7, 2018.6.), 경사도 규제 강화와 잡종지 전환 금지 등 산지 입지규제를 강화한 것은 사실이다. 그 결과 산지 태양광 허가건수가 90% 이상 크게 감소(2018.1~4. 1,615건 → 2019.1~4. 108건)한 것으로 나타났다. 또한 사회적 물의를 일으킨 태양광 사기나 비리에 대한 조사·처벌을 강화하기도 했다. 하지만 그러한 노력에도 불구하고 일종의 투기수요와 연관된 태양광 시설 난립을 원천적으로 봉쇄했다고는 보기 어렵고 더욱이 이미 훼손된 산림 복구가 제대로 이루어질지 전망이 밝지는 못하다.

에너지 전환을 둘러싼 쟁점들은 이미 앞에서 살펴본 바와 같이 매우 다양하지만, 그 주종을 이루는 것은 역시 탈원전에 관한 것이고 또 그중 가장 치열한 다툼은 탈원전으로 전기료 인상이 불가피한가 하는 문제이다. 원전의 위험이나 해체 비용 포함여부를 위시한 원자력발전 단가를 둘러싼 논쟁, 전기료의 원가구조나 '환경급전' 문제를 둘러싼 논쟁 그리고 우리보다 먼저 탈원전을 추진해온 다른 나라들의 경험 비교 등 다양한 수준과 관점에서 논쟁이 벌어지고 있고,[32] 어느 입장에 서든지 조만간 전기료 인상 압박이 증가할 것이라는 전망을 배제하기는 어려울 것이다.[33] 하지만 이 문제는 여기서 더 이상 다루지 않는다.[34] 다만 몇 가지 에너지 전환과 관련한 쟁점의 팩트 체크는 필요할 것이다. 먼저 탈원전 탓에 원전 발전량이 감소했다는 주장을 살펴본다. 일각에서는 발전 설비용량은 늘었지만, 문재인 정부 들어 탈원전 정책 탓에 원전 사용이 예전보다 줄었다고 주장한다. '원전 가동률이 떨어졌다'는 것은 사실이지만 이유는 탈원전이나 '에너지 전환' 정책 때문이 아니라 원전 정비 일수가 증가했기 때문이라는 것이 정설이다. 2017년 원전 발전량과 비중이 전년대비 감소한 것은 사실이지만, 이는 에너지 전환 정책 때문이 아니라 격납건물 철판부식(9기), 콘크리트 결함(13기) 등 2016년 6월부터 발견된 과거 부실시공 등에 따른 보정조치로 인해 원전 정비일수가 증가했기 때문이라는 해명이 나왔다. 실제로 원전 정지일수는 2016년 1,769일 → 2017년 2,565일 → 2018년 2,917일로 크게 늘어났다.[35]

원전이용률 감소로 석탄발전 비중이 커졌고 이로 인해 미세먼지가 더 많이 배출되었다는 주장 역시 수긍하기 어렵다. 미세먼지 발생원 중 석탄발전소가 큰 비중을 차지하는 것은 사실이지만, 정작 석탄발전소가 내뿜는 미세먼지 배출량은 계속 줄어들었다. 산업통상자원부·환경부가 집계한 2014~2018년 발전원별 미세먼지 배출량을 보면 석탄발전소 미세먼지 배출량은 2014년 3만 4,814톤, 2016년 3만 679톤, 2018년(잠정) 2만 2,869톤으로 감소한 것으로 나타났다. 이는 석탄발전소 설비용량 증가에도 탈황 설비 등 환경설비 투자가 함께 늘어난 결과라고 한다. 원전 이용률 급락은 대규모 원전 납품비리가 드러난 2013년에도 있었다. 조사와 부품 교체 등으로 원전들이 누적 1,513일 동안 조업을 멈췄다. 당시는 액화천연가스(LNG)나 태양광·풍력발전소가 적었던 시기라 석탄발전소가 더 가동되었지만 미세먼지 논란은 없었다. 미세먼지가 심했던 이날 전체 119.35GW 발전설비 가운데 90.34GW만 가동되었다고 한다. 발전설비 22.8%는 '대기' 상태였던 셈인데, 이런 설비 과잉 상태에서 신규 원전을 짓는 것은 과잉투자라는 지적이 나오

는 것이 당연하다.[36]

반면, 탈원전이 기후변화 대책 측면에서 결코 유리하지 않다는 반론에 대해서는 되새겨볼 부분이 있다. 탈원전 때문에 석탄발전과 LNG 발전이 늘어난 것은 아닐지라도, 어떤 이유에서든 그 비중이 커진다면 온실가스 배출이나 미세먼지 배출도 늘 수밖에 없기 때문이다. 특히 향후 원전의 발전비중이 크게 줄어 불가피하게 석탄발전과 LNG 발전의 비중을 늘려야 하는 상황만은 피해야 한다. 물론 신재생에너지도 온실가스와 미세먼지 모두 줄일 수 있는 발전방법이므로 이를 확충하는 데 우선순위를 두는 것은 당연하다. 하지만 에너지 전환을 향해 가면서도 탈원전이 완성될 때까지, 아니 원전의 발전비중이 크게 줄 때까지는 원전도 돌리면서 신재생도 늘려 가면 온실가스와 미세먼지 모두 확실하게 해결할 수 있다는 생각이 전혀 비현실적인 것은 아닐 것이다.

2) 탈원전 상징정치와 입법

정부의 탈원전, 에너지 전환 정책이나 그것을 반영한 입법, 에너지기본계획 등은 '탈원전 정책으로 안전하고 깨끗한 에너지로 전환'이라는 국정과제 모토에서 드러나듯이 원전의 위험성을 전제로 국민 안전 확보를 표방하는 한편, 에너지 정책의 단계적 전환을 지향하고 있다.

그러나 이러한 국민 안전과 에너지 정책 전환이라는 현출된(manifest) 정책기능이 그 잠재적(latent) 정책기능, 즉 구체적인 안전성 제고 같은 개개의 구체적·단계적 정책·입법 대안들의 기대효과를 압도하지만, 결국 원전의 위험성에 맞서 국민 안전을 위하여 정부가 소임을 다하고 있다는 정치적 메시지를 전달하는 데 주안점을 두고 있다는 점에서, 정부의 탈원전 정책은 상징정치 또는 상징입법의 양상을 여실히 보여준다. Newig의 기준을 적용하자면 국민 안전을 강조하는 예상된 정치적-전략적 효과는 매우 높지만 실제로 국민 안전을 제고하는 예상된 법적-사실적 효과는 상대적으로 매우 낮은, 다시 말해 전자가 후자를 압도하는 양상을 보인다는 점에서 상징입법의 요건을 잘 충족시키고 있다.

무엇보다도 국민 안전 이슈와 관련하여 탈원전이 완료되기까지는 약 60여 년이 걸릴 것으로 전망된다는 사실에 주목할 필요가 있다. '에너지 전환이 완료되는 시기는 앞으로 60년 이후이고, 우리나라는 지금도 원전을 짓고 있는 중이며, 2024년까지는 5기(신고리 4·5·6, 신한울 1·2)의 원전이 추가로 준공되어 원전 설비용량은 오히려 늘어난다'는 것이 정부의 입장이다.[37] 문재인 정부가 선언한 '탈원전'은 엄밀한 의미에서 탈원전이 아니라는 말이 나오는 이유이다. 통상 탈원전이라 하면 현재 운전 중인 수명이 다하지 않은 원전을 조기에 가동 중단한다는 의미일 텐데, 정부는 기존에 가동 중인 원전 24기의 설계수명이 다할 때까지 가동할 계획이라고 하니 탈원전은 사실상 먼 장래의 일인 셈이다. 60년에 걸쳐 탈원전을 하겠다는 나라는 없다.

본래 탈원전 논의의 시작과 문재인 정부의 탈원전 추진은 원자력발전의 안전성에 초점이 맞추어져 있었다. 그런데 원자력발전의 안전성과 관련하여 다양한 의견대립이 있었고, 그 대립이 더욱 심화되고 있다. 앞에서 살펴본 일련의 정책과정을 보면, 문 대통령의 의지는 안전성과 환경성 그리고 경제성이라는 정책판단 기준에서 환경과 안전에 우선순위를 두고 경제 논리는 차순위로 고려하겠다는 것으로 읽힌다. 하지만 그 정책판단의 내용조차 많은 불확실성이 있고, 또 정책 수행과정에서 갖가지 문제를 일으킬 소지가 클 것으로 우려된다.

안전성 문제는 확실히 원자력발전을 둘러싸고 최근 대두된 가장 큰 쟁점이다. 일본 후쿠시마 원전사고처럼 안전이 담보되지 않는 에너지라면 경제성이 아무리 좋아도 지속가능할 수 없을 뿐만 아니라 당장이라도 용납할 수 없기 때문이다. 과거 체르노빌 참사부터 후쿠시마 사고에 이르기까지 원전 사고는 일단 발생하면 너무 강력하고 치명적인 결과를 초래한다는 점에서 많은 나라가 탈핵을 표방해왔다. 심지어 대만에서는 98% 완공한 원전을 중단한 사례도 있다.[38]

반면, 원자력업계는 물론 정부와 학계에서도 우리나라 원전의 안전성, 즉 원전 설계·운용 등의 안전성과 안전관리 기술이 세계 최고 수준이라는 사실에 대해서는 별다른 이론을 달지 않는다. 물론 원전의 위험성은 기술보다는 인간적 과오에 더 취약하다는 사실이 체르노빌에서 후쿠시마에 이르는 원전사고 경험을 통해 확인되고 있고, 원전 설계·운용 등의 안전성과 원전안전관리 기술 수준이 높다는 사실과 원전의 위험성 문제는 전자가 후자에 중대한 영향을 미칠지라도 반드시 상충되는 것은 아니다. 다시 말해 원전이 아무리 안전하고 안전관리의 기술 수준이 높더라도 원전의 위험성을 완전히 배제할 수는 없다는 것이다. 그럼에도 불구하고 원전 찬반논쟁들은 이 문제가 여전히 원전 안전성에 대한 상호 불확실성에 의존한 판단과 불신에 의해 지배되고 있다는 사실을 보여준다. 안전성 문제도 경제성 판단에서 외부비용으로 반영되어야 하지만 상호불신이 만연한 상황에서는 비용 산정이 어려울 뿐만 아니라 공공재 생산의 왜곡만 가져올 뿐이다(송병주, 2018).[39]

국민 60.5%가 공론화 절차에 대해 "행정 신뢰를 높이고 숙의민주주의에 기여한다"라고 답한 반면 "공론화가 책임회피 수단으로 남용되고 있다"고 본 국민도 51.8%나 되었다고 보고한 여론조사 결과는 이와 관련하여 유용한 시사점을 준다.[40] 국민 절반 이상이 정부가 정책결정의 책임을 피하는 수단으로 공론화 방식을 악용할 수 있다고 우려한 것인데, 이는 공론화를 통한 정책결정이 정책과정에 대한 공공참여라는 명분과는 달리 책임전가의 상징정치 도구로 사용될 수 있다는 가능성을 보여준다.

탈원전은 말하자면 '위험의 원천봉쇄 전략'이다. 하지만 탈원전에 60년이 걸린다는 것은 널리 알려진 사실이다. 그 전략의 효과가 나타나려면 60년이 걸린다는 것이다. 탈원전으로 원전 안전성 문제, 즉 원전의 위험성을 근원적으로 해소하기까지는 60년이 걸린다는 것은 현재의 탈원전 정책결정에 따른 미래의 정책효과가 그만큼 미뤄진다는 것을 의미한다. 60년 후 탈원전이 완수되기까지 원전의 위험성은, 물론 원전 확대와는 다를 것이고 시간이 흐름에 따라 감소경향을 보이기는 하겠지만, 여전히 상존할 것이다.

현재의 탈원전 정책결정은 대통령과 정부가 이제 원전 위험문제를 확실히 해소시키는 단호한 결단을 내렸다는 사실을 만들고 이를 통해 원전의 위험을 우려해온 정책대중을 안도시킬 수 있겠지만, 그 실질적 정책효과는 지연되어 60년에 걸쳐 나타날 것이고 그때까지는 원전 안전관리에 만전을 기하거나 부분적으로 개선하는 정도의 성과를 거둘 수 있게 될 뿐이다. 반면, 오히려 탈원전 정책에 따른 신호효과(Signal effect)로 말미암아 원전산업 퇴조 → 종사인력의 감소 및 전문인력 전직·감소 → 연구개발의 위축(연구개발 기반과 연구개발인력) → 원전안전관리 투자의 감소 → 안전관리상 도덕적 해이(moral hazard) 등 원전 안전에 부정적 영향 등으로 이어지는 악순환이 현실화할 가능성도 배제하기 어렵다.

탈원전 정책은 탈원전을 통한 국민 안전의 확보·증진이라는 정치적·전략적 목표가 실질적인 원전 안전성 제고와 탈원전 이행을 위한 법적·구체적 목표를 압도하는 상징정치의 전형적 사례에 해당한다. 그리고 탈원전 정책은 원전 관련 가치관과 정책적 입장을 달리하는 원전 찬반세력들 사이의 극한대립 사이에서 국민을 오도하거나 국민들 스스로가 그러한 사회적 기만에 동참하거나 묵시적 방관을 통해 추인하는 과정을 통해 정치적으로 결정되고 있는 것이다.

탈원전 정책은 정부 주도로 결정되었다. 탈원전을 추진해온 다른 나라들의 사례를 보면 탈원전 정책의 추진은 정부의 결정으로 끝나는 것이 아니라

의회 입법이나 국민투표를 거치는 경우가 많다. 정부는 탈원전 정책을 기정 사실화하려는 입장이지만, 우리보다 먼저 탈원전 정책을 시행한 나라들의 경험을 참고하여 타산지석으로 삼을 필요가 있다(노동석·이대연, 2017).

행정부는 신규 원전 금지와 기존 원전의 폐쇄 일정 등 탈원전의 중요 사항을 담은 법률안을 발의하고 국회의 결정에 따라 정책을 추진해 나가야 할 것이다. 에너지기본계획 등의 행정계획은 국회가 법률로 결정한 탈원전 정책의 틀 안에서 정책 집행수단으로 수립되고 시행되어야 한다. 법률에 탈원전 정책을 뒷받침할 명시적인 근거가 마련되지 않은 상태에서 행정부가 일방적으로 탈원전 정책을 결정하고 추진하는 것은 선후가 바뀐 것으로 적법하지도 않고 원활한 국정운영을 위해 바람직하지도 않다는 의견에 귀를 기울일 필요가 있다.[41]

제6장

안전국가와 상징입법

1. 안전 문제와 상징형법

일반적으로 안전 문제는 법적 대응을 수반한다. 여기서 '안전'이란 적어도 두 가지 뉘앙스를 가진, 'security(보안)'와 'safety(안전)'를 모두 포함하는 넓은 의미의 개념이다. 혹자는 'security'와 'safety'의 차이를 불법 여부에서 찾기도 한다. 'security'가 불법적이고 악의적 위험으로부터 안전을 지키는 것이라면, 'safety'는 불법적이고 악의적인 것과 관련 없는 위험으로부터 안전을 지키는 것을 의미한다고 한다. 가령 살인, 절도, 횡령, 산업스파이, 해킹 등 각종 범죄 위험으로부터 안전한 상태를 지키는 게 'security'이고, 지진, 홍수 등 자연재해나 사고로부터 안전을 지키는 게 'safety'인데, security를 '보안'으로, safety를 '안전'으로 번역하다 보니까 마치 '보안'과 '안전'이 다른 개념처럼 되어버렸다는 것이다. 그러나 안전을 지키는 게 보안이며 보안은 안전이란 목적을 이루는 수단일 뿐이라고 하면서 양자를 불법성 여부로 구별하는 것은 논리적이라고 보기는 어렵다. 예컨대 'security'를 널리 개인과 조직, 자산들을 외부적 위협이나 범죄행위로부터 보호하는 것으로 이해하

표 6-1 **안전과 보안의 차이**

	안전(Safety)	보안(Security)
개념 정의	해를 끼칠 수 있는 요인들로부터 보호되고 있다는 심리적 상태, 리스크 원인들을 통제하면서 안전하다고 느끼는 경우	개인, 조직, 자산에 위해를 가할 수 있는 외부 위협이나 범죄행위로부터 보호하는 것, 외부적 위협이 개인과 조직, 자산에 곤경이나 환영받지 못할 상황을 초래하지 않도록 보장하는 활동
상태(정서적인지 여부)	정서적 상태	물리적 상태
내부적 vs 외부적 측면	내부적	외부적
위협의 의도성 여부	비의도적(unintentional) 위협: aspect of being secure against unintended threats(accidents, disaster etc.)	의도적(deliberate) 위협: protection against deliberate threats
범위의 광협(Coverage)	좁은 범위(집, 회사, 기관)	광범위(광역, 국제영역까지)

자료: http://www.differencebetween.net/language/words-language/difference-between-safety-and-security/#ixzz6BXPQlDPz를 참조하여 작성.

면서 개인과 조직, 자산들에게 해를 입히고자 기획된 의도적 활동에 초점을 맞춘 개념으로 파악하는 반면, 'safety'는 해를 끼칠 수 있는 여러 요인들로부터 보호된 상태로서, 의도하지 않은 리스크로부터 자신을 보호함으로써 리스크 원인요인들을 통제할 수 있는 경우로 파악하는 것을 보더라도 양자를 불법성 여부로 구분하는 것은 온당치 않다.[1]

굳이 양자를 구별한다면 security를 안전을 확보하기 위한 활동으로, safety는 위험이 제거 또는 배제된 상태를 말하는 것으로 이해하되, 양자가 넓은 의미의 '안전'에 포함되는 것으로 보는 것이 타당할 것이다.

이런 의미에서 안전은 전례 없는 전방위적 위험과 위협이 증가함에 따라 어떤 경우에도 국가와 정부가 국민에게 확보해주어야 할 가장 근본적이고 핵심적 목표로 대두되고 있고, 이런 과제를 떠안은 국가, 국민과 사회의 안전을 지켜줄 숙명적 임무를 띤 국가를 '안전국가'라고 부를 수 있을 것이다.

문제는 이러한 '안전국가'에서 상징입법 현상, 특히 안전 위협에 대한 대응수단으로서 상징형법이 상대적으로 더욱 더 두드러지게 출현한다는 데 있다. 안전국가에서의 상징입법 현상은 크게 국가안보를 위한 형사법적 대응으로서 국가보안법, 위험사회에 대한 형사법적 대응으로서 테러방지법과 고강도 형벌정책 기반 형사법으로 나뉜다. 먼저 국가안보 분야에서 상징입법의 대표적 사례로 국가보안법을 살펴보고, 이어서 위험사회의 상징입법으로서 테러방지법, 아동성폭력범죄와 전자발찌 사례를 검토해보기로 한다.

2. 국가안보와 상징형법

1) 안보형사법과 국가보안법의 전개

국가안보를 보호법익으로 하는 형사법규범을 '안보형사법'이라 부르는데, 테러방지법과 국가보안법, 형법상 내란 관련 죄가 그러한 예들이다. 이들 안보형사법은 그 규범 및 적용의 정당성에 대한 찬반양론이 극심하게 대립한다는 점에서 다른 범죄들, 즉 생명, 신체, 명예, 재산 등을 보호법익으로 하는 개인적 법익에 관한 죄와 문서에 관한 죄나 방화죄 등 사회적 법익에 관한 죄와 뚜렷이 구분된다고 한다(주승희, 2016: 218, 223~224).

안보형사법의 경우 앞서 살펴본 바와 같은 '형법상 법익보호의 조기개입(Vorverlagerung des Strafrechtsschutzes)'과 그 실행수단으로서 선제적인 '전단계범죄화(Vorfeldkriminalisierung als Teilbereich der Vorverlagerung)' 경향이 특히 두드러지게 나타난다.[2]

국가안보를 위한 형사법, 즉 안보형사법은 위험범적 성격, 특히 추상적 위험범적 성격을 가지는 경우가 많다. 그런 연유에서 안보형사법은 상징형법의 범주에 들어갈 소지가 비교적 크다. 안보형사법은 '정치형법'으로 불릴 만큼 정치적 신념이나 입장에 따른 편차가 심해 국가안보나 민주적 정치질서의 보호를 위한 형사법에 대한 시각도 극명하게 갈라질 수 있는 반면(주승희, 2016: 218), 국가안전보장이나 민주적 기본질서 보호라는 현출기능이 강조되지만 실은 기성질서 보호에 치중하거나 정치적 반대자에 대한 억압수단으로 정치적 남용의 위험이 상존한다는 점에서 잠재기능이 더 현실화될 소지가 크기 때문이다.

안보형사법의 대표적인 유형으로는 단연 국가보안법과 반공법[3]이 꼽힌다. 국가보안법은 정부수립 4개월도 못 넘긴 1948년 12월 1일 공포·시행되었다. 국가보안법은 제1조에서 입법의 주된 목적으로 '국가안전의 확보'를 들었지만 그 제정의 직접적 계기는 1948년 11월의 여순사건이었다. 당시의 극심한 정치적 혼란의 와중에서 이승만 정권이 해방 후 남한의 단독정부 수립을 정당화하기 위해 일제 식민지 지배 수단이던 치안유지법을 계수하여 국가보안법을 제정한 것이다.

국가보안법은 이후 '반공이데올로기'를 내세워 정권의 반대세력을 제거하는 수단으로 사용되기 시작했다. 1961년 쿠데타로 집권한 박정희 정권이 '혁명공약'으로 반공제일주의를 표방하면서 국가보안법에 더해 반공법을 제정, 시행한 것은 어쩌면 자연스러운 귀결이었다. 국가보안법의 정치적 남용은 전두환 정권과 노태우 정권하에서도 그대로 답습되었다. 일례로 1980년부터 1987년까지 국가보안법 위반 사건 중 찬양·고무죄가 압도적 다수를 차지한 반면, 반국가단체구성·가입죄는 1981년과 전두환 정권의 최대 위기국면이던 1986년에 집중되었다.

1987년 6월 민주항쟁으로 대통령 직선제가 실시되고 1993년 문민정부 이래 평화적 정권교체가 지속됨에 따라, 그리고 남북관계의 변화에 따라 국가보안법은 그 존속여부가 계속 논란의 대상이 되어왔고, 그 집행 측면에서 중요성도 과거에 비해 현저하게 약화되었으나, 여전히 남북 간 이데올로기적 대립의 축으로 존속하고 있다.

2) 국가보안법의 상징입법적 기능

국가안보 관련 형사법, 특히 국가보안법은 가장 대표적인 상징입법의 사례로 손꼽힌다(배종대, 1991: 247~255).[4] 국가보안법을 그 역사적 배경과 전개과정, 적용실적 등을 분석하여 기만적 상징입법으로 규정한 한 연구(조성용, 2003: 211~214)에 따르면, 국가보안법은 주로 정치적 억압, 특히 저항세력 탄압을 위한 방편으로 남용되었다.

앞에서 살펴본 역사적 과정과 적용실태에 비추어볼 때, 국가보안법은 상징입법의 혐의를 벗기는 어려울 것으로 판단된다. 사실 국가보안법을 전형적인 정치적 상징입법으로 보는 데 이론의 여지는 없다. 가령 수차례 국가보안법의 제정 및 개정 그리고 그 운용은 애당초 명시한 목적인 국가안전보장(현출기능)이 아니라, 오히려 반공을 통해 정권을 유지·강화하려는 정치적 목적(잠재기능)에서 비롯된 것임이 명백하며, 따라서 현출기능에 대한 잠재기능의 상대적 우위가 아닌 절대적 우위가 나타났다는 견해(조성용, 2003: 214), 국가보안법은 북한이 사라져야 국가보안법 폐지가 가능하다고 믿는 위정자들에 의해 국가안보의 불가침의 보루로 옹호되었고, 국가안보와는 상관없이 자기목적적으로 정치의 도구로 사용되어왔다는 이유에서 현실의 과제(국가안전보장이라는 현출기능)와 상관없이 정치적 기능으로 상징화된 법률(정권유지라는 잠재기능), 즉 상징형법으로 지목하는 견해(주승희, 2016: 231) 등이 그러한 경향을 대표하고 있다.

아울러 역대 정부에서 거듭된 폐지 압력이 가중되어왔음에도 불구하고[5] 국가보안법이 아직까지도 굳건히 자리를 지켜온 데에는 해방 후 극심한 정

그림 6-1 **국가보안법 위반 입건 및 기소 현황**

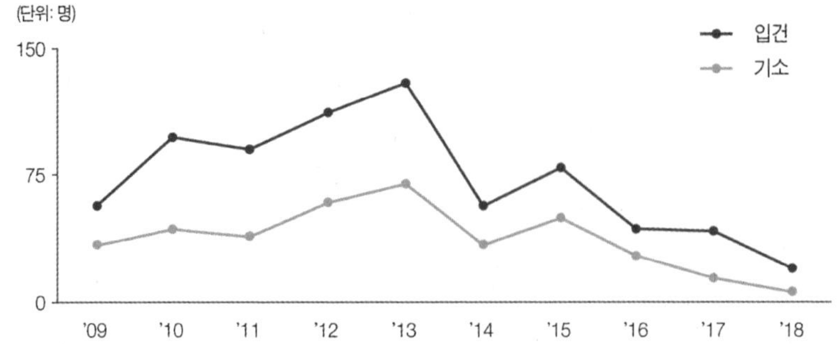

자료: 대검찰청 내부자료(http://www.index.go.kr/potal/main/EachDtlPageDetail.do?idx_cd=1745).

치적 혼란과 6·25전쟁의 참상을 몸소 체험하여 전쟁의 공포를 알고 있고, 정권안보를 위한 반공이데올로기 교육을 받은 사람들, 각계각층에 북한 추종세력이 만연하여 대한민국 안보가 위험하다고 믿는 국민들을 국가보안법 존재만으로도 어느 정도 안심시켜주는 상징적 효과를 발휘하고 있기 때문이며, 그 점에서 국가보안법은 여전히 상징적 성격을 가진다는 설명도 일리가 없지 않다(주승희, 2016: 233).

그동안 국가보안법 폐지 요구가 줄기차게 제기되었음에도 불구하고 국가보안법이 여전히 존속하고 있는 것은 일말의 상징적 존재이유나 안도효과가 있기 때문으로 해석할 수도 있겠지만, 현시점에서 국가보안법의 실상을 보면, 사문화까지는 가지 않을지 몰라도 사실상 적용되는 경우가 매우 근소하므로 그 상징입법적 의미도 크게 감소되었다고 보아야 할 것이다.

특히 1987년 6월 민주항쟁으로 대통령 직선제가 실시되고 1993년 문민정부 이래 평화적 정권교체가 지속되고 있는 상황에서 국가보안법이 과거 군사정부에서처럼 국가안보의 보루라는 상징적 의미를 지닌 정권안보 수단으로 적극 활용되고 있다고 보기는 어려울 것이다. 또한 국가보안법은 1991년 개정(법률 제4373호, 시행 1991.5.31.)으로 그 해석·적용 시 국민의 기본적 인

표 6-2 **범죄유형별 공안사건 처리현황 (국가보안법위반사범)**

단위:(명)

		2000	2001	2002	2003	2004	2005	2006	2007	2008	2009	2010	2011	2012	2013	2014	2015	2016	2017	2018
접수	입건	286	247	231	165	114	64	62	64	46	57	97	90	112	129	57	79	43	42	20
	구속	130	126	131	84	38	18	22	17	16	18	32	19	26	38	7	26	21	7	4
처리	기소	336	228	263	153	122	50	54	33	27	34	43	39	59	70	34	50	27	14	6
	불기소	168	138	167	103	83	40	41	22	7	10	18	10	17	8	10	17	8	13	5
	계	168	90	96	50	39	10	13	55	34	44	61	49	76	78	44	67	35	27	11
미제		45	64	32	44	36	14	8	9	12	13	36	41	36	51	13	12	8	15	9

주: 신수기준(재심사건제외,인지사건기준) / 미제는당해연도말기준 / 불기소=기소유예, 기소중지, 혐의 없음, 각하 등
자료: 대검찰청 내부자료(http://www.index.go.kr/potal/main/EachDtlPageDetail.do?idx_cd=1745).

권을 최대한 보장하여야 한다는 조항을 신설하고, 헌법재판소의 판례에 따라 금품수수행위나 잠입·탈출, 찬양·고무, 회합·통신행위에 대하여 '국가의 존립·안전이나 자유민주적 기본질서를 위태롭게 한다는 정을 알면서' 행한 경우만을 처벌대상이 되도록 명시하여 처벌대상을 축소하는 등 제도개선을 통해 그 유해성이 어느 정도 낮아졌다는 점, 그리고 향후 남북관계의 변화에 따라 국가보안법의 존속여부나 제도개선 등 새로운 입법정책을 모색할 현실적 필요가 생길 수 있다는 점도 감안해야 할 것이다.

아무튼 국가보안법은 〈표 6-2〉의 통계자료들에서 나타나듯이 그 적용효과나 현실적 중요성 감소를 피할 수 없었다. 1990년 이후 법원에서 처리한 국가보안법 관련 사건의 입건 및 기소 인원수는 대체로 하향세를 보였는데, 그만큼 정권안보 수단으로의 활용도 역시 감소되고 있다고 볼 수 있다.

3. 위험사회와 상징형법

1) 안전형법: 위험사회에 대한 형법의 대응

1980년대 독일의 사회학자 Ulrich Beck은 현대사회의 특징을 '위험사회'의 개념으로 특정해 폭넓은 공감을 불러일으켰다.[6] 이러한 위험사회에 대한 형사법적 대응을 '위험형법(Risikostrafrecht)'이라고 부른다면,[7] 이는 아동 대상 성범죄, 성폭력범죄, 조직범죄 등에서 보여준 범죄방지에 대한 국가의 무능력, 무책임에 대한 대중의 불안과 불만을 배경으로 '안전지향형법(das sicherheitorientierte Strafrecht)' 또는 '안전형법(das Sicherheitsstrafrecht)'이 대두하는 계기가 되었다.

위험형법 또는 안전형법[8]에서는 전통적 형사법·형사정책과 대조되는 법익패러다임의 변화가 나타난다. 안전형법은 '전단계 법익 보호(Vorverlagerung des Rechtsgüterschutzes)' 또는 '위험방지의 전치(Vorverlagerung der Gefahrenabwehr)'를 지향하며 이를 위한 구체적인 범죄구성요건의 형식은 결과책임주의 형법의 전통에서 벗어나는 추상적 위험범의 형식이다(이진국, 2013: 38). 위험사회에서는 미래의 위험에 대한 현재의 예방이 관건이 되며, 이러한 상황에서 형법이 취하는 전략은 법익침해가 발생하기 이전 단계에 개입하는 '전단계범죄화(Vorfeldkriminalisierung)'이다. 그런데 구체적인 법익침해가 발생하기 전에 형법이 개입하려면 이를 정당화해주는 법익보호의 근거가 필요하다. 안전형법은 이를 위해 경제나 환경, 의료, 정보통신 관련 분야에서 상대적으로 보편적인 성격을 가지는 법익보호를 명분으로 내세우고(법익의 보편화), 형법적 평가를 범죄의 실행단계가 아니라 그보다 훨씬 앞선 예비단계에서부터 시작하여 범죄유형을 추상적 위험으로까지 확대하는 경향(추상적 위험범의 확대)을 띠게 된다(윤영철, 2018: 137).

위험사회에서는 위험이나 범죄와 같은 사회적 갈등에 대한 일반시민의 불안감이 정치권과 대중매체에 의해 증폭되고 정치권은 여론을 의식하여 합리적인 사회정책적 대응보다는 직접적이고 강력한 효과를 기대하여 형사처벌 수단을 투입하는 형사정책적 대응을 통해 즉각적으로 대중의 심리적 불안을 진정시키는 데 주력하는 형법의 '정치화(Politisierung des Strafrechts)' 경향이 나타난다(윤영철, 2018: 139). 사회안전망을 구축하거나 위험의 사회적 구조나 잠재요인들을 제거하여 위험을 예방하는 정책은 막대한 자원과 시간을 필요로 하는 데 비해 형법의 정치화는 상대적으로 많은 자원과 시간을 들이지 않고서도 즉각적인 진정효과를 나타낸다는 점에서 경제적이고 대중영합적인 전략이라고 할 수 있다(윤영철, 2018: 139).

형법의 정치화는 결국 형법의 상징화, 즉 상징형법화를 수반한다. 시민들이 기후이변이나 경제위기, 환경재해 등 각종 위험으로 불안해할 때, 정부가 관련 행위들을 범죄화하여 형량을 높이는 것은 저비용으로 손쉽게 할 수 있는 정책일 뿐만 아니라 위험예방을 위해 '마치 뭔가 하는 듯한' 인상을 주는 정치적 효과를 거둘 수 있기에(형법의 상징화: 윤영철, 2018: 137) 정부는 위험예방의 도구로 형법을 적극적으로 활용하는 경향이 있고(형법의 기능화), 따라서 위험형법은 예방형법(Präventionsstrafrecht)의 모습을 띠게 된다. 안전에 대한 시민의 관심과 요구, 그리고 이에 부응하기 위한 형법 동원은 자칫 사회의 위협이 되는 세력을 적으로 간주하여 사회로부터 배제시키려는 적대형법(Feindstrafrecht)[9]이 부상할 수 있는 기회를 제공할 수도 있다. 자유주의적 법치국가 원칙에 입각한 전통적인 형법, 즉 시민형법(Bürgerstrafrecht)은 법질서를 지킬 준비가 되어 있는 시민에게만 적용하고, 시민형법을 통해서는 도저히 사회를 보호할 수 없는 경우, 예컨대 조직범죄나 테러범죄의 경우에는 그 위험을 효과적으로 제거할 수 있는 적대형법이 필요하다는 이러한 주장(Jakobs, 2004: 95 이하)은, 비록 강력한 비판을 받아 관철되지는 못했지만, 적어도 현대국가가 직면한 위험 제거의 필요성이 얼마나 심각한지를 보여주는 간접적인 계기가 되었다.

안전형법은 형법의 임무를 법익보호가 아니라 사회체계의 기능보호에 두며, 그 기능보호에 적합한 행위규범을 내면화하고 준수하도록 독려하는 것을 중시한다. 따라서 형벌도 일반인에 대한 위하(威嚇: 소극적 일반예방)를 넘어 적극적 일반예방(규범에 대한 신뢰의 유지와 강화)의 효과에 초점을 맞추게 된다.

그러나 위험형법 또는 안전형법으로 명명된 형사법 및 형사정책적 경향에 대해서는 강력한 경종과 비판이 제기되었다. Hassemer는 2006년 '형법을 통한 안전?(Sicherheit durch Strafrecht?)'이라는 발표에서 다음과 같이 경종을 울린 바 있다.

> "현대 형법은 위험방지법으로 변모하고 있다. 형법 논의에서 주조를 이루는 것은 안전의 회복과 유지에 대한 관심이다. 자유권과 형사법의 보호적 침해 전통(strafrechtliche Traditionen schonender Eingriffe)이 위협 시나리오(Bedrohung-sszenarien) 속으로 분쇄되어가고 있다. 보안을 위한 수단들이 확고한 설득력으로 어려움 없이 형법적 권리보장을 압도하며 스스로를 관철시키고 있다. 형사입법은 점점 더 많은 위험 유형들을 형법상 불법으로 설정하고 있다. 형사소송에서의 협상(Absprachen im Strafprozess)은 불법과 책임의 진지한 규명을 시대착오적인 것으로 만들고 있다. 적대형법(Feindestrafrecht)을 둘러싼 대립이 안전지향형법(ein sicherheitsorientiertes Strafrecht)에 가해지는 엄청난 압력을 증명해준다" (Hassemner, 2006: 23~24).

형사입법에서 보편적 법익들을 확대 수용하는 것은 엄정해야 할 형법영역에 도덕이나 윤리의 요소들이 범람하도록 만들어 법익개념을 관념화·형해화하고 결국 법익보호의 원칙을 위협하게 된다(조성용, 2003: 207). 마찬가지로 형사입법에서 법익에 대한 추상적 위험범을 증가시킬 경우, 인과관계나 침해결과 같은 범죄구성요건을 완화시킬 우려가 있고 이 역시 법익보호의 원칙을 희석, 훼손하는 결과로 이어진다(이진국, 2003: 38; 조성용, 2003: 207). 추상적 위험범은 범죄화된 행위와 법익침해의 연결관계를 끊음으로써 법익보호라는 형법의 작용을 은폐하는 것이다(Hassemer, 1989: 558). 법익의 일반적 위험은 기껏해야 경찰법의 예방적 규율대상이 될 뿐 형법의 불법이 될 수는 없다(배종대, 1991: 238).

아울러 추상적 위험범의 과도한 확대에 대해서도 형법의 과잉투입에 따른 실효성 저하와 그로 인한 형법에 대한 신뢰 감소로 이어질 가능성이 크다는 비판이 제기된다. 가령 환경, 경제, 조세, 마약, 교통, 의료, 제조물, 컴퓨터 분야에서 위험 예방 목적으로 양산된 무수한 특별형법들의 경우 암수(hidden number)가 많고 실질적인 법 집행도 부실하게 이뤄지는 경향을 보인다. 이들 분야의 위험형법들은 전통적 형법영역에 비해 집행결함(Vollzugs-defizite)이 상대적으로 더 두드러진다(주승희, 2016: 238). 가령 환경형법의 경우 기소유예의 빈도가 다른 범죄유형에 비해 압도적으로 높고 처벌되는 범죄인도 전적으로 '피라미'에 불과한 것이 현실이라고 한다(조성용, 2003: 207). 더욱이 형법적 가벌성을 사전단계로 앞당겨 범죄구성요건을 추상적 위험범으로 구성한다고 해서 범죄투쟁이 용이해지는 것도 아니다(이진국, 2003: 38).

무엇보다도 어떤 행위가 실질적으로 법익에 위해를 가하는 행위인지가 과학적으로 입증되기 어려운 상황에서 특정행위를 선별하여 범죄화할 경우, 책임귀속이 불명확한 가운데 행위자를 처벌하게 됨으로써 근대형법의 대원칙인 책임주의에 반하게 된다는 점도 심각한 문제이다(주승희, 2016: 238). 요컨대 위험사회의 상징형법은 귀속의 어려움과 반생산성으로 인하여 전통적인 형법보다 훨씬 더 실효성이 떨어질 뿐만 아니라 암수(暗數)문제도 피하기 어렵다는 사실이 공공연하게 밝혀지고 있다고 한다(최석윤, 2002a: 98; 조성용, 2003: 208).

손쉽고 저렴하면서도 정치적·상징적 효과를 기대할 수 있는 위험형법에 의존하면 할수록, 정작 위험의 실질적 예방수단을 강구할 책임을 회피할 우려도 그만큼 커지게 된다. 상징입법으로서 위험형법은 정부가 급박한 위험들에 잘 대처하고 있다는 심리적 메시지와 대국민 진정효과를 발휘할 수는 있겠지만, 그 효과가 오히려 위험의 원인을 규명하고 효과적인 대책을 강구해야 한다는 정부의 책임 있는 대응을 회피시키거나 약화 또는 형식화하는 알리바이로 작용할 가능성이 크기 때문이다. 위험의 원인이 될 행위들을 강력히 처벌한다는 메시지로 국민을 안심시키는 대신 위험원인을 면밀히 밝히고 그 위험원인을 제거하기 위해서 부담해야 하는 정치적, 사회적, 경제적 때로는 국제적인 측면의 고비용의 수고를 절약할 수 있게 되며, 그만큼 위험의 예방은 더 멀어지는 것이다(주승희, 2016: 238).

2) 테러방지법

2016년 3월 3일 「국민보호와 공공안전을 위한 테러방지법」(테러방지법)이 제정되어 시행되었다. 미국과 유럽에서 9·11 테러 이후 다양한 이름으로 테러방지법이 제정 또는 개정되었지만, 한국은 그로부터 10여 년 이후에야 그에 상응하는 입법조치를 한 셈이다. 국회에서는 야당 의원 38명이 의사진행방해 발언(필리버스터)을 진행했고, 국회의장의 직권상정으로 법안이 통과되는 등 진통을 겪었다. 국가 외부로부터 테러의 위험보다 국가권력의 남용으로 인권침해가 발생할 수 있고 기존의 국가안보법, 형법만으로도 충분히 테러를 방지할 수 있다는 등 논란이 일었기 때문이다.

테러방지법이 시행된 지 3년이 된 지금까지는 국가정보기관의 정보 권력

오남용 사례, 또는 테러를 방지하는 데 큰 도움이 되었다는 자료는 없다. 국정원이 2016년 3월부터 2019년 6월 24일까지 테러방지법 제9조를 활용하여 3,214건의 정보를 수집했다는 언론의 보도가 있었으나[10] 단순히 정보를 수집했다는 것만으로 권력의 남용이 예상된다고 할 수는 없다. 스노든(Snowden) 사건처럼 내부자의 폭로가 있지 않는 한 확인할 수 있는 방법이 거의 없다.

참고로 9·11 테러 이후 제정된 '미국 애국자법(USA Patriot Act: Anti-terrorism legislation)'[11] 제215조는 국가안보국(NSA)이 외국인과 자국민에 대해 무더기로 도·감청하고 통신기록을 수집할 수 있도록 허용했다. 이 법 제505조는 미연방수사국(FBI)이 행정명령인 '국가안보레터'를 발송하여 인터넷 서비스 제공자, 도서관, 은행, 신용카드업체 등에게 가입자의 통신기록 또는 거래기록을 통째로 요구할 수 있도록 했다. 이 법은 2013년 NSA, CIA 직원이었던 에드워드 스노든이 미국 정부 조직의 해킹 사실을 폭로하는 등 논란을 겪다 2015년 6월 폐지되었고 미국자유법(The USA Freedome Act)으로 대체되었다.

이 법률은 제정 여부를 둘러싸고 치열한 의견대립이 있었다.[12] 테러방지법 찬성 측이 제시한 근거는 크게 세 가지로 집약된다(조성제, 2009; 황문규, 2016). 첫째, 사전예방적 대테러활동을 강화하여야 한다는 것이다. 9·11 테러 이후 가능하면 테러공격을 사전에 차단 또는 억제하려는 방향으로 테러대응의 패러다임이 변화했다는 사정변경이 그 근거로 제시되고 있다. 둘째, 테러 정보의 통합관리가 필요하다는 주장이다. 테러 정보의 수집, 분석, 판단을 통합하고 공유하기 위한 테러정보통합센터가 필요하다는 것이다. 셋째, 통합적 테러대응시스템의 구축으로, 분산된 대테러기관들의 협력적 대응을 지휘할 컨트롤타워가 필요하다는 것이다.

테러방지법 반대 측의 근거 역시 크게 세 가지로 모아진다. 첫째, 인권침해 주장이다. 테러방지법은 국가안보를 위해 개인의 자유와 인권을 희생한다는 것이다(이계수, 2002). 확실한 용의자가 아니라 용의자로 의심되는 사람에 대해 적극적으로 법 적용이 가능하도록 되어 있다는 문제점을 지적한다. 미국에서 9·11 테러 이후 제정된 '애국자법'이 결국 폐지되고 말았다는 사실도 논거로 원용되고 있다. 둘째는, 대테러센터를 지휘하게 될 국가정보원의 권한 확대에 대한 우려이다. 과거 권위주의 정부 시절 중앙정보부나 국가안전기획부가 저질렀던 각종 고문과 만행 등에 비추어볼 때, 이에 대한 최소한의 규제나 국민적 감시, 안전장치도 없이 국정원이 대테러센터를 지휘하게 해서는 안 된다는 것이다(참여연대, 2015). 셋째, 입법절차상 직권상정을 둘러싼 논란이다. 당시 정의화 국회의장이 박근혜 대통령의 요청을 받아들여 테러방지법을 직권상정했으나, 과연 이 법을 둘러싼 정황이 국회법상의 직권상정이 필요할 만큼 아주 부득이한 상황이었는지를 둘러싸고 논란이 일었다(김형오·김민정, 2017).

한편, 테러방지법의 필요여부에 대한 논란의 핵심은 국내에서도 테러 발생의 위험이 그 어느 때보다도 커진 상황에서 이 위험을 기존의 형법 시스템으로 막을 수 있는가 하는 것이었다. 권오국·김윤영(2017)에 따르면, 2015년 기준으로 한국은 이미 다문화인구가 전체 1.7%에 달하는 다문화사회이고 만약 유럽처럼 한국사회에 진입한 무슬림들이 사회 불만세력으로 성장한다면 외로운 늑대(Lone Wolf)에 의한 테러 위험을 무시할 수 없다고 한다. 또한 북한이 탈북 인권운동가, 언론방송기관 등을 대상으로 노골적인 테러 의사를 밝힌 바 있고, 실제 20만 명 수준의 테러 부대를 확보하고 있다는 진단에 비추어볼 때 전문화된 테러방지법이 필수불가결하다는 주장을 쉽사리 배척하기는 곤란할 것이다. 2019년 1월 경찰청이 발간한 '대테러연구' 자료에 따르면 장기적인 경제침체가 자생테러리즘을 발생하게 하는 환경적 요인이며 한국도 이와 무관하지 않다고 분석되고 있다. "국가 발전에 따른 국민의 기대와 이를 충족시켜줄 수 있는 현실 사이의 격차가 확대되면서 상대적 박탈감을 느끼는 사람들이 단독 또는 계획적인 테러범죄를 저지를 가능성이 존재한다"는 주장도 나온다(박동균 대구한의대 경찰행정학과 교수). 드론의 상용화·가치창출과 이를 이용한 테러위협의 위험이라는 요소가 서로 첨예하게 대립하고 있어 이를 해소해야 한다는 지적도 있다.[13]

반면, 이러한 일련의 주장에 대해서는 설사 테러 발생 가능성이 있다고 할지라도 현행 테러방지법을 그대로 유지해야 하는지 의문이 제기된다. 시민사회단체는 의견서에서 테러방지법안은 '테러위협'을 해소할 수 있는 근본적인 대책이 될 수 없고 현재의 예방 및 대응 체계에 대한 진단과 평가가 우선되어야 한다고 지적하면서, 이미 국가안보와 공중안전을 이유로 수많은 법과 제도가 제정·시행되고 있는데, 테러방지법안과 사이버테러방지법안은 국정원과 검경에게 지나치게 많은 권한을 불필요하게 이양하고 있어 인권침해와 민주주의 훼손의 우려가 있다는 점을 강조한다. 아울러 '테러'의 법적 개념을 분명하게 하고 테러방지법의 이중목적인 국민의 생명과 안전보호, 대테러수단으로부터의 인권보호를 위하여 현재의 대테러 인권보호관 제도를 개선해야 한다는 주장도 나오고 있다.[14]

테러방지법은 앞서 본 상징입법의 범주에 속하는 또 다른 대표적인 사례이다. 사실 테러방지법은 안보형사법의 일종이라고도 볼 수 있다. 하지만 테러범죄의 위험은 전통적인 안보범죄의 위험과는 다르고 오히려 앞서 본 위험형법의 위험과 상당히 유사한 측면이 있다는 점(주승희, 2016: 241)에서 안보형사법보다는 안전형법의 한 유형으로 다루는 것이 온당하다고 판단된다.

3) 고강도 형벌정책과 상징형법

아동학대나 성폭력범죄의 증가, 음주운전 피해의 증가, 디지털폭력의 범람 등에 대해 엄벌 또는 처벌 강화를 주장하는 대중의 요구에 부응하여 '고강도 형벌정책'을 채택하는 경우가 점점 더 빈번해지고 있다. 법무부와 검찰, 경찰 모두 너나 할 것 없이 현안으로 대두된 범죄 방지대책으로 엄벌주의를 천명하는 일이 잦고, 청와대가 개설한 국민청원에서도 '엄벌'을 요구하는 청원이 가장 많은 추천수를 기록하는 등 엄벌 요구가 봇물을 이루고 있다.[15] '고강도 형벌정책 시대'라는 표현이 전혀 이상하지 않을 정도이다.

소극적 일반예방효과를 강조하는, 법정형 상향을 통한 고강도 형벌정책은 단기적 실효성만 가지고, 종국적으로 상징형법으로 전락한다(박경규, 2019: 214). 대중영합적 엄벌주의(penal populism)에 입각한 고강도 형벌정책은 종종 특별형법의 개정을 통해 반영되는데 이러한 특별형법 역시 그 배경이나 내용, 효과 면에서 상징입법의 조건을 충족시키는 경우가 적지 않다.

최근 한 연구보고(박경규, 2018: 192)에 따르면, 고강도 형벌정책의 경향을 잘 보여주는 근래의 예로 유기징역·금고의 상한을 30년으로 높이고 가중하는 때에는 50년까지 가중할 수 있도록 한 것, 일부 범죄에서 법원이 유기징역을 선고하는 경우에 집행유예를 선고하지 못하도록 유기징역의 하한을 7년 이상으로 상향조정한 것(예컨대 구 성폭력범죄의 처벌 및 피해자보호 등에 관한 법률에서 장애인에 대한 강간·강제추행과 13세 미만의 미성년자에 대한 강간·강제추행에서 유기징역형 하한을 5년에서 7년으로 상향한 것), 이른바 '가짜뉴스'가 문제되면서 이에 대한 대응 방안으로 발의된 50여 개의 법률 제·개정안[16] 등이 있고, 특히 최근에 개정된 '윤창호법'의 경우, 인천 일가족 사망 사건(2016.6.11.), 윤창호 사건[17] 등을 계기로 음주운전 엄벌 여론이 고조되어 2018년 11월 29일 국회를 통과 12월 18일부터 시행된

'제1윤창호법', 즉 특정범죄 가중처벌 등에 관한 개정법률에 따라 위험운전치사상죄의 법정형이 상향되었고,[18] 같은 해 12월 7일 국회를 통과, 2019년 6월 25일부터 시행된 '제2윤창호법', 즉 도로교통법개정법률에 따라 운전금지기준인 혈중 알코올 농도가 0.05%에서 0.03%로 강화되고 음주운전 벌칙 수준이 상향되었다.[19]

고강도 형벌정책의 경우, 성폭력범죄 등 사회적 비난가능성이 높은 범죄나 불법행위에 대한 엄벌을 요구하는 국민적 요구가 빈번하게 대두되지만, 이에 대한 실무계나 전문가들의 견해가 일치하지 않는 경우가 적지 않다. 국민적 호소에 부응하여 엄벌주의 정책이 채택될 경우 전문가들은 형법에 대한 법치국가적 제한원칙을 벗어나는데다가 실행된다 해도 범죄억지 효과는 의문이되 부작용은 확실하다고 비판한다(김한균, 2019: 166). 역설적으로 형벌의 효과에 대해서는 일반 시민이 전문가보다 더 신뢰하고 있는 셈인데, 형벌로써 범죄와 범죄피해를 막을 수 있다는 신뢰 또는 기대가 있기 때문이다. 그러나 정책적으로 입법된 엄벌의 수준과 국민상식에 따른 엄벌수준이 다를 수 있기 때문에, 더 강도 높은 형벌이 마련되지 않아 신뢰가 떨어진다기보다는 정부의 엄벌정책에도 불구하고 입법이 제때 뒷받침되지 못하거나 실제 집행되지 않아서 불신이 생기는 경우가 더 많을 것이다. 국민요구에 따라 입법적으로 형벌 강도를 높여도 적용·집행단계에서 엄벌수준에 미치지 못해 불신이 생기는 경우도 상존한다(김한균, 2019: 166~167).

실례로 유기징역(금고)의 상한을 15년 이하에서 30년 이하로 높이고, 가중할 때 상한도 25년에서 50년까지 두 배로 올린 2010년 형법 개정(법률 제10259호)은 유기징역과 무기징역 간 형벌효과의 차이를 줄이고 중범죄자를 좀 더 강하게 처벌하려는 입법취지 자체는 수긍할 여지가 있다. 그러나 과연 그러한 엄벌주의 정책이 실질적으로 형법적 측면(책임주의원칙 등)과 형사정책적 측면(범죄예방이나 수형인의 교정·교화, 사법비용의 경제적 효율성 고려 등)에서 어느 정도 긍정적 효과를 낼 것인지를 다각도로 심도 깊게 연구하여 내린 결과인지, 아니면 날로 흉포해지는 범죄에 대한 국민의 들끓는 여론을 잠재우고 국회와 정부가 국민을 위해 뭔가 중요한 일을 해냈다는 외관(상징효과)을 만든 것인지 분간하기 어렵다. 후자의 경우라면 위 형법개정법률은 전형적인 상징형법에 해당한다고 볼 수 있을 것이다(주승희, 2016: 230).

고강도 형벌투입에 의지한 정책은 역시 정의실현에도 범죄방지에도 별다른 성과를 거두지 못해 다시 정책실패에 대한 불신을 불러올 수 있다. 최근 현안과 관련하여 성폭력범죄에 대한 고강도 형벌정책을 표방하는 가운데 정작 국민적 관심사인 디지털성범죄(기술매개 젠더기반폭력)에 대해서는 고강도 형벌이 투입되지 않는다면 선택적인 정책부재 내지 무관심에 대한 더욱 악화된 불신을 낳게 된다는 지적(김한균, 2019: 163)이 나오는 이유이다.

한편, 고강도 형벌정책의 실패와 부작용을 덮기 위해 더욱 더 고강도의 형벌을 투입하게 되는 악순환이 벌어질 가능성이 크다. 이러한 정책방향, 즉 형벌의 인플레이션(inflation) 현상을 되돌리기는 현실적으로 매우 어렵다. 형벌 강도를 높이기는 비교적 용이할지 몰라도, 형벌은 하방경직적이어서 강도를 낮추기가 쉽지 않기 때문이다(김한균, 2019: 169). 더욱이 고강도 형벌이 고비용-저효율 정책이라 비판하더라도 이를 설득하기란 결코 쉽지 않은 일이다. 고강도 형벌정책이 사회적 요구나 정책적 압력에 따라 단행된 경우에는 단지 비용-편익 분석 결과만으로는 이를 뒤집기 어렵기 때문이다. 고강도 형벌정책에 소요되는 비용, 즉 형사사법자원은 범죄방지나 감소의 실익 이전에 범죄에 대한 강력한 사회적 의지와 정책적 결단을 과시하기 위해 지출 가능하다고 여기는 것이 여론인 경우가 많다. 여기서 '고강도' 형벌은 강력한 정책의지 표현 내지 절박한 사회적 요구에 대한 대응이지 '고성과' 또는 '고효율' 형벌을 뜻하지도 의도하지도 않을 수 있기 때문이다(김한균, 2019: 169).

법정형에서의 엄벌주의 경향은 특별법 위주의 입법이라는 경향과 결합하여 특별법의 범람, 법정형과 선고형의 괴리 등의 문제를 발생시키고 있다. 법정형 상향을 통한 엄벌주의의 문제점이 계속 지적되어왔고, 개선방안도 제기되어왔음에도 이러한 경향이 지속되고 있는 것은 헌법재판소가 법정형의 비례성을 심사함에 있어서 범죄론에서 인정되는 일반원칙들을 충분히 반영한 구체적 기준을 적용하지 않고 있고, 법정형의 비례성 원칙 위반을 이유로 위헌이라고 선언하는 것에 소극적이라는 데에 기인하는 측면도 있다(박경규, 2019: 214).

이제 고강도 형벌정책의 사례로 아동·청소년성폭력범죄와 전자감시장치 부착법의 경우를 살펴보기로 한다.

(1) 아동·청소년성보호법

「아동·청소년의 성보호에 관한 법률」(청소년성보호법)의 경우 2000년 2월 제정된 청소년성보호법으로부터 2009년 아동·청소년성보호법으로의 전면개정을 거쳐 2019년 1월의 개정에 이르기까지 20년간 총 34회나 개정되었다. 타법개정에 따른 개정을 제외한 12회 개정 중 6회는 처벌 확대강화,[20] 3회는 재범방지제도 확대강화, 3회는 피해자보호제도 개선이 개정사유였다. 근래 청소년성보호법이나 성폭력범죄처벌특례법만큼 빈번한 개정과 형벌강화로 실무상 혼란과 부담을 가중시키고 형사법연구자로부터 강력한 비판을 받으면서도 형벌정책에 대한 불신을 배경으로 강도 높은 입법조치들이 지속된 형사입법[21]은 유례가 없다고 한다(김한균, 2019: 167~168). 이처럼 소극적 일반예방효과를 강조하는 법정형 상향을 통한 고강도 형벌정책은 단기적으로 실효성이 있을지라도, 종국적으로는 상징형법으로 전락하고 만다는 지적이 나오고 있다(박경규, 2019: 214).

청소년성보호법상 형벌을 강화하는 정책변동 과정을 살펴보면 그 형벌강화의 과정이 단기간에 매우 급격하게 진행되었다는 사실을 확인할 수 있다. Birkland(1998)는 대다수 초점사건(focusing event: 관심집중사건)들이 정책영역에서 지배적인 정책문제를 변화시키며 이해집단을 동원하는 계기가 된다고 한다. 급작스럽고 상대적으로 범상치 않은 속성을 지닌 초점사건이 발생하면 이는 정책실패의 증거가 되기 때문에 급속한 관심을 받을 수밖에 없고 정부는 정책학습을 통해 이를 반영하지 않을 수 없다. 초점사건들을 통해

표 6-3 **아동성폭력 초점사건 이후 정책변동 비교**

구분		조두순 사건 (2008.12.11.)	김길태 사건 (2010.02.27.)	김수철 사건 (2010.06.07.)
사건 후 의제 형성 단계	공중 의제화	9개월(2009.09.)	6일(10.03.05.)	3일(10.06.10.)
	정책 의제화	11개월(2009.10.)	22일(10.03.18.)	10일(10.06.17.)
	정책 결정	12개월(2009.12.)	49일(10.04.18.)	22일(10.06.29.)
정책 형성 단계 (논의된 정책 수단들)	정책 채택	1. 범죄자 DNA 보관법률 2. 양형기준상향조정 등 형량 50년까지 공소시효폐지 등	3. 범죄자 신상공개 확대 4. 전자발찌 착용기간 연장 및 소급적용 6. 성범죄자 심리치료 센터 설립 및 관리 강화	7. 성충동약물치료법 제정(화학적 거세) 8. 아동성범죄 권고형량 50% 상향 5. 피해아동 보호방안: - 학교 주변 지킴이 상시배치 - 안전등대 설치
	정책 불채택	3. 범죄자 신상공개 확대 4. 전자발찌 착용기간 연장 5. 피해아동 보호방안: 학교 주변 CCTV 확대 등 범죄 예방 예산 확보	7. 성범죄자 화학적 거세 8. 성범죄자 양형기준 강화 5. 피해아동 보호방안: 학교 주변 CCTV 확대 등 범죄 예방 예산 확보	-
	학습 유형	수단적 학습발생	수단적 학습발생	수단적/사회적 학습

자료: 이동규·양고운·박형준(2011: 109~113)을 토대로 작성.

즉각적으로 드러난 명백한 피해로 인해 정부나 다른 기관들이 대응해야 할 문제들이 분명해지기 때문이다. 〈표 6-3〉을 통해 한국에서 아동성폭력 초점 사건의 영향으로 아동성범죄 사건이 의제로 형성되는 기간이 점차 짧아졌고 더 강경해지는 정책변동이 나타났음을 확인할 수 있다(이동규·박형준·양고운, 2011).[22]

성폭력범죄에 대한 언론의 과장·왜곡된 보도행태[23]는 종종 형사입법자의 입법과정에서 법원칙에 따른 이성적이고 합리적인 논의를 무력화시키는 경향이 있다(김재윤, 2013: 144). 언론보도는 형사입법자에게 정보원이 되고, 형사입법자의 의사결정이나 형사정책 제안은 다시 언론매체를 통해 시민에게 전달되는 일종의 순환과정을 거치는데, 성폭력범죄에 대한 과장·왜곡된 보도가 시민들에게 일시적 응보감정, 사법기관에 대한 불신, 치안에 대한 불안과 중벌에 대한 막연한 기대 등을 불러일으키고 이에 따라 형성된 여론이 형사입법자에게 영향을 미치기 때문이다. 형사입법자는 민심을 받든다는 명분에 따라 이렇게 만들어진 여론을 그대로 입법에 반영시키기 쉽다. 성폭력범죄에 대한 언론매체의 과장·왜곡된 보도, 이로 인한 시민의 성폭력범죄에 대한 두려움의 증폭, 그리고 성폭력범죄자의 강력한 형사처벌 요구를 수용하여 형사입법자가 중형주의 유혹에 빠져 각종 엄벌정책들을 펼치고 있는 것이 최근 우리나라 성폭력범죄 관련 입법의 현실이며(김태명, 2012: 136, 144), 이러한 입법경향에 대해서는 대부분이 범죄억지효과를 증명할 수 없는 상징입법으로 국민의 불안이나 보복감정에 부응하는 인기영합적인 소위 포퓰리즘 입법의 전형이라는 비판이 제기되고 있다(김재윤, 2013: 144~145).

이처럼 청소년성보호법은 앞에서 본 고강도 형벌정책이 반영된 상징입법의 전형적 유형이라 할 수 있다. 청소년성보호법을 통해 아동·청소년에 대한 처벌이 강화되고 위에서 본 바와 같은 다양한 예방대책들이 도입되지만 그 범죄감소 및 방지 효과는 불분명하거나 단기에 그치는 경우가 많다. 반면, 형사입법자는 대중에게 제 역할을 다했다는 메시지를 전달하는 데 만족하고 입법결과에 대한 책임과는 무관하게 입법실적을 챙겨 유권자들의 지지를 재창출하는 데 관심을 기울일 뿐이었다. 따라서 청소년성보호법의 경우는, 아동·청소년범죄 예방이라는 현출기능(manifest function)이 처벌 강화 등과 같은 잠재적 기능(latent function)을 압도하지만, 정작 그 표방된 목표가 실효적으로 달성되고 있지 못한 반면 정책 대상집단과 대중에게 입법자가 문제해결을 위해 효과적인 대책을 강구하고 있다는 메시지를 전달하는 효과가 상대적으로 두드러지고 있다는 점에서, 아동·청소년성범죄 방지라는 현실 문제 해결에 효과적이지 못한 입법(ineffective law-making)으로서 상징입법의 특성을 그대로 보여주고 있다.

(2) 전자감시법(전자장치부착법)

① 전자감시제도의 도입

눈부신 과학기술의 발전은 다양한 분야에서 형사정책의 혁신을 가져왔다. Bentham의 파놉티콘(Panopticon) 구상 이래 범죄자나 전과자, 우범자에 대한 감시·감독 수단을 전자화하여 공백 없는 전방위 감시체계를 구축하려는 시도가 면면히 이어졌고, 그 결과물 중 하나가 범죄를 저지를 가능성이 높은 우범자들을 집중적으로 감시하는 위치추적 전자감시제도이다.

이 제도는 2007년 제정된 「특정 성폭력범죄자에 대한 위치추적 전자장치 부착에 관한 법률」에 따라 2008년부터 성폭력범죄자만을 적용대상으로 국한하여 도입되었으나, 이후 2009년 이래 몇 차례 개정을 통해 적용범위를 성폭력범죄, 미성년자 대상 유괴범죄, 살인범죄 및 강도범죄를 포함한 '특정범죄'로 확대한 「특정 범죄자에 대한 보호관찰 및 전자장치 부착 등에 관한 법률」(법률 제16314호, 2019.4.16., 일부개정, 전자장치부착법)에 의해 규율을 받

표 6-4 **위치추적 전자감시제도 근거 법률의 변화**

법명	개정	시행	대상범죄 등 제·개정내용
특정성폭력범죄자에 대한 위치추적 전자장치 부착에 관한 법률	2007.4.27	2008.10.28	- 성폭력범죄, 최장 5년
특정성폭력범죄자에 대한 위치추적 전자장치 부착에 관한 법률	2008.6.13	2008.9.1	- 시행 2008.10.28. → 2008.9.1.로 앞당김 - 부착기간 최대 10년까지 연장 - 특정지역출입금지등 특별준수사항
특정 범죄자에 대한 위치추적 전자장치 부착 등에 관한 법률	2009.5.8	2009.8.9	- 미성년자 대상 유괴범죄 추가 - 19세미만자 선고 가능
특정 범죄자에 대한 위치추적 전자장치 부착 등에 관한 법률	2010.4.15	2010.7.16	- 성폭력범죄 3년 소급적용 - 부착기간 연장(최장 30년), 하한차등화 - 대상범죄에 살인죄 추가 - 부착기간 동안 보호관찰 의무화
특정 범죄자에 대한 보호관찰 및 전자장치 부착 등에 관한 법률	2012.12.18	2014.6.19	- 특정범죄자 형종료 후 보호관찰제 신설 - 법률 명칭 변경 - 부착대상 특정범죄에 강도범죄 추가 - 미성년·장애인대상 성범죄 부착명령 청구요건 완화
상동	2017.10.31	2017.10.31	- 성폭력범죄에 장애인아동·청소년 간음죄 등 추가 - 피부착명령자 출소 후 전자장치부착절차
상동	2018.3.20	2018.3.20	- 출국허가기간 후 미귀국시 부착기간 연장사유 명시 - 재부착 소환불응 등 부착의무불이행시 부착기간 불산입사유 추가
상동	2017.12.12	2018.6.13	- 전자발찌손상등 미수범처벌조항 신설
상동	2018.9.18	2018.9.18	- 전자장치 소급부착명령 시효정지 도입
상동	2019.4.16	2019.4.16	- 19세미만 부착명령등 선고시 특정인에의 접근금지 포함 의무화
전자장치 부착 등에 관한 법률	2020.2.4	2020.8.5	- 법률 명칭 변경 - 특정범죄 이외 범죄 가석방자에게 적용 확대 - 보석조건으로 전자장치 부착 명령 허용

자료: 법제처 국가법령정보센터 연혁자료를 토대로 작성.

고 있다.

이 법률의 목적은 '특정범죄를 저지른 사람의 재범방지를 위하여 형기를 마친 뒤에 보호관찰 등을 통하여 지도하고 보살피며 도움으로써 건전한 사회복귀를 촉진하고 위치추적 전자장치를 신체에 부착하게 하는 부가적인 조치를 취함으로써 특정범죄로부터 국민을 보호하는 것'으로 되어 있다. 이 법률의 전자장치 관련 규정들은 법제정 이래 2019년 4월 16일까지 타법개정에 따른 개정을 제외하고 아홉 차례나 개정되었다. 법개정은 〈표 6-4〉에서 볼 수 있듯이 대상범죄 등 적용범위를 확대하거나 전자발찌 손상 등에 대한 미수범처벌조항을 신설하고, 피부착자에 대한 감시, 감독, 규제를 강화시키는 내용이 주종을 이루고 있는데, 이는 이 제도가 기본적으로 앞서 본 안전지향 상징형법의 사례들과 궤를 같이 하여 발전해왔다는 사실을 잘 보여주고 있다.

전자감독제도는 일련의 아동, 부녀자에 대한 반사회적 성범죄사건들이 방아쇠 사건(triggering events) 역할을 함으로써 핵심적 의사결정자인 국회에게 적극적 대응을 요구하는 대중여론에 힘입어 급속히 도입되었고, 미성년자 유괴, 살인, 강도 등 반사회성이 강한 범죄로 그 적용대상이 확장되는 등 지속적으로 강화일로를 걸었다. 그 과정에서 헌법재판소의 합헌결정으로 전자장치부착법의 소급적용이 가능해져 성폭력 범죄 전자감독 대상자들의 수가 크게 증가한 것으로 분석되고 있다(법무부, 2017: 2).

② 위헌논란과 사법적 뒷받침

전자장치 부착법에 대해서는 자신이 저지른 죄에 대한 형벌을 완료한 자에 대한 이중처벌임을 강조하여 위헌이라는 논란이 적지 않았다(정현미, 2005; 최정학, 2011; 배미란, 2014 등). 그러나 대법원과 헌법재판소는 합헌론을 견지해오고 있다.

대법원은 특정 성폭력범죄자에 대한 위치추적 전자장치 부착에 관한 법률에 의한 전자감시제도는 성폭력범죄자의 재범 방지와 성행교정을 통한 재사회화를 위하여 그의 행적을 추적하여 위치를 확인할 수 있는 전자장치를 신체에 부착하게 하는 부가적인 조치를 취함으로써 성폭력범죄로부터 국민을 보호함을 목적으로 하여, 징역형을 종료한 이후에도 성폭력범죄를 다시 범할 위험성이 있다고 인정되는 자에 대하여 일정한 요건 아래 검사의 청구에 의해 성폭력범죄사건의 판결과 동시에, 10년의 범위 내에서 부착기간을 정하여 선고되는 법원의 부착명령에 의해 이루어지는 점에서 일종의 보안처분으로 볼 수 있고, 이러한 보안처분은 범죄행위를 한 자에 대한 응보를 주된 목적으로 그 책임을 추궁하는 사후적 처분인 형벌과 구별되어 그 본질을 달리하는 것으로서 형벌에 관한 일사부재리의 원칙이 그대로 적용되지 않으며, 성폭력범죄사건의 양형은 부착명령의 요건에 대한 심사, 그에 따른 부착명령의 선고 여부와 선고되는 부착기간의 결정 등과는 구별된다고 판시한 바 있다. 따라서 위 법률 제9조 제5항은 전자감시제도가 보안처분으로서 형벌과는 그 목적이나 심사대상 등을 달리하므로 이를 징역형의 대체수단으로 취급하여 함부로 형량을 감경하여서는 아니 된다는 당연한 법리를 주의적·선언적으로 규정한 것에 불과한 것이어서, 위 조항이 평등 원칙, 과잉금지의 원칙, 일사부재리의 원칙 등에 위배된다고 볼 수는 없다고 본 것이다.[24]

헌법재판소 역시 그와 같은 선상에서 2010년의 「특정 범죄자에 대한 위치추적 전자장치 부착 등에 관한 법률 개정법률」에서 부칙을 통해 규정한 위치추적 전자장치의 소급적용 등에 대하여 제기된 이중처벌 등 위헌 논란에 응답한 바 있다. 헌법재판소는 위 부칙에 따른 소급적 전자감독 대상 선정이 이중처벌이 아니며, 위치추적 전자장치 부착으로 인한 전과자의 인권침해 역시 수인 가능한 범위를 넘지 않는다고 판시했다. 전자감독 명령의 이중처벌 문제에 대한 헌법재판소의 합헌 결정은 전자감독제도의 본격적 확대시행을 가능케 하는 계기가 되었다(법무부, 2017: 2).

전자장치부착법 소급적용의 위헌여부

가. 전자장치 부착명령은 전통적 의미의 형벌이 아닐 뿐 아니라, 성폭력범죄자의 성행교정과 재범방지를 도모하고 국민을 성폭력범죄로부터 보호한다고 하는 공익을 목적으로 하며, 의무적 노동의 부과나 여가시간의 박탈을 내용으로 하지 않고 전자장치의 부착을 통해서 피부착자의 행동 자체를 통제하는 것도 아니라는 점에서 처벌적인 효과를 나타낸다고 보기 어렵다. 또한 부착명령에 따른 피부착자의 기본권 침해를 최소화하기 위하여 피부착자에 관한 수신자료의 이용을 엄격하게 제한하고, 재범의 위험성이 없다고 인정되는 경우에는 부착명령을 가해제할 수 있도록 하고 있다. 그러므로 이 사건 부착명령은 형벌과 구별되는 비형벌적 보안처분으로서 소급효금지원칙이 적용되지 아니한다.

나. 이 사건 부칙조항은 개정 전 법률로는 전자장치 부착명령의 대상자에 포함되지 아니한 성폭력범죄자의 재범에 효과적으로 대처할 만한 수단이 없다는 우려 아래 대상자의 범위를 확대한 것으로서, 성폭력범죄의 재범을 방지하고 성폭력범죄로부터 국민을 보호하고자 하는 목적의 정당성이 인정되고, 수단의 적절성도 인정된다.

전자장치 부착명령은 장래의 위험성을 방지하기 위한 보안처분이어서, 피부착 대상자에 대한 부착 여부는 이를 판단하는 당시를 기준으로 판단하므로, 이 사건 부칙조항이 신설되기 전 형 집행 종료자 등이 부착명령 대상자가 되지 아니할 것이라는 기대를 가졌다고 하더라도, 그 신뢰의 보호가치가 크다고 보기 어렵다. 한편, 입법자는 재범의 위험성에 대하여 검사와 법원이 판단하도록 하면서 적용요건 및 부착명령의 청구기간을 비교적 엄격하게 제한하고 있으므로, 이 사건 부칙조항이 전자장치 부착명령의 대상자 범위를 소급하여 확대했다고 하여 대상자들의 신뢰이익의 침해 정도가 과중하다고 볼 수 없다.

반면, 성폭력범죄로부터 국민, 특히 여성과 아동을 보호한다는 공익은 매우 큼에도 불구하고, 개정 전 법률은 형 집행 종료자 등에 대하여는 적용되지 않음으로써 가장 재범률이 높은 사람들에 대한 대책이 전무한 실정이었음을 고려하면, 이 사건 부칙조항의 입법목적은 매우 중대하고 긴요한 공익이라 할 것이므로 법익 균형성원칙에 위배된다고 할 수 없다.[25]

이러한 다수의견에 대해서는 다음과 같은 일부 위헌 및 전부 위헌 의견이 대립했다.

재판관 이강국, 재판관 박한철, 재판관 김이수, 재판관 이진성의 일부 위헌의견

이 사건 부칙조항 시행 당시 이미 '징역형 등의 집행이 종료(가종료·가출소·가석방 등의 경우는 제외, 다음부터 '형 집행 종료자'라 한다)된 후 3년이 경과되지 아니한 사람'에게까지 전자장치 부착명령을 청구할 수 있도록 한 부분은, 이미 자신의 범죄행위로 인한 형사제재가 종료되었다는 신뢰를 보호하기 위한 어떠한 절차도 마련하지 아니했다는 점에서 피해의 최소성 원칙에 반할 뿐 아니라, 출소 당시 재범의 위험성에 대한 평가 없이 이미 사회로 복귀하여 국가의 관리감독을 벗어난 형 집행 종료자가 사회인으로서 정상적인 생활에 대하여 가졌던 신뢰이익의 침해는 결코 작다고 할 수 없고, 더욱이 입법자의 의사에 따라 과거의 범죄행위에 대하여 언제까지라도 다시 재범의 위험성을 평가받을 수 있다는 법적 불안정성과 불이익은 재범 방지라는 보안처분의 목적을 충분히 감안한다 하더라도 정당화되기 어렵다. 따라서 이 사건 부칙조항은 형 집행 종료자의 신뢰를 과도하게 침해한 것이므로 과잉금지원칙에 위배된다.

재판관 송두환의 전부 위헌의견

전자장치 부착의 제재를 부과하는 목적과 의도, 전자장치 부착으로 인하여 그

대상자에게 미치는 실제적 효과 등에 비추어 보면, 전자장치 부착은 형벌에 못지않은, 강한 '형벌적 성격'을 가진 형사상 제재이므로, 전자장치 부착이 형벌적 성격을 갖는 이상, 일정한 범죄를 저지른 자에 대하여 전자장치 부착을 명하기 위해서는 그 범행 당시에 이미 전자장치 부착의 근거가 되는 법률이 제정, 시행되고 있었어야 함에도 불구하고, 이 사건 부칙조항은 전자장치부착법이 제정, 시행되기 이전에 성폭력범죄를 저지른 자에 대해서도 소급하여 전자장치 부착을 명할 수 있도록 함으로써 헌법 제13조 제1항 전단이 금지하고 있는 소급처벌을 규정하고 있다. (강조 인용자)

③ 위치추적 전자장치 부착제도의 실태

위치추적 전자장치 피부착자 수는 〈표 6-5〉에서 보는 바와 같이, 전자감독제도가 처음 시행된 2008년 성폭력 범죄 전자장치 부착사례 150명을 필두로 2010년 367명, 2011년 777명, 2013년 1,252명, 2014년 1,596명, 2016년 2,055명, 2017년 2,260명, 2018년 10월 말 현재 2,386명으로 지속적으로 증가하고 있다.

한편, 전자장치 부착명령을 선고 받은 범죄유형 중 전체 피부착자 대비 성범죄자의 비율은 〈표 6-5〉에서 보는 바와 같은데, 2018년 10월 31일 기준 전체 피부착자는 2,386명이고 그중 성범죄자인 피부착자는 1,809명으로 2013년부터는 75% 이상의 비율을 유지하고 있다. 대상범죄에 미성년자 대상 유괴범죄가 추가된 2009년 이후 성범죄자의 비율이 지속적으로 증가하고 있다. 특히 2013년부터 그 비율이 75%를 상회하고 있는데 이는 전자장치 피부착자 4명 중 3명 이상이 성범죄자라는 점에서 이 제도의 주요 용도가 성범죄자에 대한 것이라는 사실을 보여준다. 2011년부터 성폭력범죄자의 전자장치 피부착자 수가 크게 증가한 것은 성폭력범죄에 한하여 형이 종료되어 사회에 복귀했던 자들 중에서 재범위험성이 높은 자들에게 전자발찌를 부착하도록 한 2010년 개정법률에 따른 소급적용의 결과라고 볼 수 있다.

표 6-5 **위치추적 전자장치 피부착자 추이**

(단위: 명, %)

구분	위치추적 전자장치 피부착자(A)	성범죄자(B) / (B/A)
2008	150	150 / (100)
2009	125	125 / (100)
2010	367	156 / (42.5)
2011	777	394 / (50.7)
2012	786	478 / (60.8)
2013	1,252	950 / (75.9)
2014	1,596	1,286 / (80.6)
2015	1,752	1,496 / (85.4)
2016	2,055	1,613 / (78.5)
2017	2,260	1,774 / (78.5)
2018.10.31.	2,386	1,809 / (75.8)

자료: 감사원(2019: 12).

④ 전자감시의 관리와 성과

전자발찌 피부착자는 24시간 동안 자신의 위치, 이동경로가 공개되며, 일정 구역을 벗어날 경우 원래 위치로 복귀하라는 신호를 받게 된다. 또한 1주 2회 이상 면담 등 집중 보호관찰을 받게 된다. 그러나 교정활동의 중심은 보호관찰이고, 전자발찌는 이를 보조하는 수단일 뿐이다. 따라서 전자발찌만 부착하는 위치추적 전자감시제도만으로는 의미가 없고, 보호관찰 처분과 연계하여 추가로 전자발찌를 부착할 수 있어야만 제도 본연의 성과를 기대할 수 있다.

최근 전자발찌 착용이 착용자의 위치를 파악하고 착용자와 보호관찰관 사이의 송수신이 가능하게 하는 한정적 역할에 머문다는 지적이 제기되자 법무부는 2019년 2월부터 '범죄 징후 예측 시스템'을 도입했다.[26] '범죄 징후 예측시스템'은 성범죄자의 경우 범죄를 저지를 때 유사한 행동 패턴을 보인다는 데 착안해 개발되었다.

성폭력 전자발찌 대상자들의 범죄 수법과 이동 경로, 정서 상태, 생활환경 변화 등을 인공지능 전자발찌를 통해 종합적으로 분석하는 기술이다. 만약 성범죄자들에게 이상 징후가 나타나면 위험 수준 등을 통보해 조기 대응하는 식이다. 이에 대해 "전자발찌의 핵심은 그것을 관리할 인력과 시스템의 문제"라며 "장치만 개발해서 던져놨다고 하면 아무런 의미가 없다"(배상훈 서울 디지털대학교 경찰학과 교수의 2019년 1월 30일 MBC 라디오 '심인보의 시선집중' 인터뷰).[27] 배 교수는 전자발찌를 전담할 인력뿐만 아니라 인력들의 권한도 중요한 문제라고 지적했다. 전자발찌 전담 인력이 현장에 출동했을 때 전자발찌를 찬 사람들을 어디까지 통제할 수 있는지, 사법권이 보장이 되는지 여부가 핵심이라는 것이다. 그는 "좀 더 종합적인 대책들, 그리고 대도시가 아닌 지역 인력의 불균형 이런 것들은 어떻게 해결할 것인가 이런 부분들이 과제"라고 말했다. AI 전자발찌 도입이 세계 최초라는 법무부 주장도 과장된 측면이 있다는 해석이다. 그는 "미국에서는 이런 프로그램들은 많이 만들어놨지만 인권적 측면에서 많이 쓰지 않았다"며 "우리나라도 같은 문제가 될 순 있지만 조두순 같은 위험군에 있는 사람들을 대상으로 우리나라 발달된 인공지능 기술과 이런 것들을 동원하지 않을까(라고 생각한다)"고 밝혔다.[28]

2008년 도입된 전자감독에 의한 성범죄 관리사업 초기에는 성범죄자 신상공개정책과 더불어 성범죄에 대한 정부의 강력한 대응을 상징하는 사업으로 자리 잡은 것으로 평가를 받았다(법무부, 2017: 2).

그러나 전자발찌 관리 실태를 살펴보면 간과할 수 없는 문제점들이 드러난다. 먼저 관리인력의 부족이 가장 큰 문제이다. 최근 법무부의 자료를 인용한 언론보도에 따르면 2019년 전자발찌 착용자 수는 전국적으로 3,057명이지만 담당자는 192명에 불과하다고 한다. 1인당 평균 16명을 관리하는 셈인데, 긴밀한 면담을 통한 엄격한 관리를 기대하기에는 무리라는 지적이다.[29] 강력한 처벌이 제대로 이루어지지 못하고 있다는 것도 문제이다.[30]

그렇다면 위치추적 전자감시제도는 기대했던 효과를 내고 있을까? 이를 파악할 수 있는 기준으로 두 가지를 고려해볼 수 있을 것이다. 한 가지는 대상범죄로 지정된 성범죄 등 강력범죄의 증감에 어떤 영향을 주었는가 하는 것이고, 다른 한 가지는 위치추적 전자장치를 착용한 성범죄자의 재범률, 즉 해당 피부착자의 재범에 어떠한 영향을 주었는가 하는 것이다.

전자장치 부착법이 실제로 범죄 감소에 효과가 있는지는 여전히 논란되고 있다. 일부 논문은 법무부가 제시하는 통계자료를 인용하여 문제의 제도가 재범률 감소에 효과가 있음을 전제로 전자장치의 착용이 사람들에게 심리적으로 압박을 주기에 인권보호 측면에서 적절한 운영이 필요하다는 주장한다(강호성·문희갑, 2010; 윤은주, 2014; 정현미, 2005; 조윤오, 2010; 조일형·권기헌, 2013). 대상 범죄가 확장되면서 규모의 경제가 발생하면 사업효과성이 지속적으로 나아질 것이라는 전망도 나온다(김대진, 2014). 그러나 우리와 유사한 GPS 추적제도를 시행하고 있는 외국의 경우 재범률 감소에 효과가 있는지를 둘러싸고 의견이 갈리는 경우가 많다. 일례로 2007년 테네시 보호관찰/가석방 위원회(Tennessee Board of Probation and Parole)에서 발표한 GPS 방식 전자감시제도 보고서[31]를 보면, 493명의 GPS 전자감시 집단을 370명의 일반 보호관찰집단과 비교한 결과, 준수사항 위반율, 재범 발생률, 최초 재범발생기간 측면에서 어느 것도 유의미한 집단차이를 보이지 않는 것으로 나타났다(Traughber et al, 2007). 또한 Finn & Muirhead-Steves(2002)에 따르면 범죄구분 없이 전자감독을 받은 전체범죄자들을 대상으로 한 분석에서는 전자감독제도가 유의미한 효과를 보였다는 통계적 증거가 약하지만, 성범죄자만을 대상으로 할 경우 전자감시가 재범의 가능성을 낮추거나, 재범을 저지르기까지 시간을 늘려준다는 결과를 제시했다. 한편, Renzema와 Mayo-Wilson(2005)는 경험적 자료 대신 기존 연구들의 결과들을 분석하여 1980년부터 꾸준히 전자감독제도에 대한 양적·질적 연구가 진행되었음에도 명확하게 전자감시제도가 범죄율을 낮추는 도구로서 충분히 효과적이라는 주장을 뒷받침하는 타당한 증거를 찾기 어렵다고 결론지은 바 있다.[32]

우리나라에서 전자감독제도 도입 초기 3년간 성범죄 전과자의 재범률은 현저히 낮아진 것으로 나타났고, 성범죄 전과자에게 강력한 심리적 억제효과를 부여하여 성범죄를 예방하는 효과도 거두고 있는 것으로 평가되었다(법무부, 2009; 조윤오, 2009a). 그러나 전자감시장치의 부착효과로 강조된 바 있는 재범률 감소란, 설사 사실상 효과로 인정될 수 있을지라도, 어디까지나 단기적인 범죄억제 효과일 뿐, 재사회화를 통한 재범위험성의 근본적인 감소가 아니라는 점에서 이를 논거로 하여 전자감독제도를 정당화하거나 확대적용을 주장하는 것은 타당하다고 할 수 없다는 비판이 제기되었다(김봉수, 2011: 63 이하).

그리고 위치추적 전자감시제도 시행 이후 시간이 흐름에 따라 전자감독 대상자 수가 증가하는 가운데 재범이나 전자장치 훼손 사례가 늘어나면서 사업의 실효성에 대한 우려가 제기되고 있는 실정이다.

전자감독제도는 비교적 이른 시기에 전격적으로 도입, 확대해오는 과정에서 정책형성 단계에서 향후 발생할 사회적 비용이나 부작용, 그리고 성과의 변동(불확실성) 등 면밀하게 검토해야 했던 사항들에 대한 관심이 소홀했던 측면이 있었다. 이와 같은 문제점들은 전자감독제도의 도입 이후 수년에 걸쳐 점진적으로 나타났는데, 초기의 강력했던 재범 억제성과에 대비되어 시간이 지남에 따라 제도의 문제점들이 부각되고 전자감독제도의 실효성에 대한 논쟁이 벌어지게 되었다. 이와 함께 중범죄에 대한 재범억제 수단으로서 전자감독제도의 경제적 타당성에 대한 우려가 제기되고 향후 전자감독제도의 전망에 대한 회의적 시각이 대두되기 시작했다. 이처럼 전자감독제도에 대한 대중의 기대감과 지지가 감소하는 가운데 전자감독 대상자들의 증가 등으로 보호관찰소 인근 거주 주민들의 불안감 증대 등 정책환경이 정책 추진에 불리한 방향으로 악화되고 있다(법무부, 2017: 3).

> "전자발찌가 성범죄자의 범죄를 억제하지 못할 뿐만 아니라 오히려 성범죄에 악용되는 사례가 적지 않다는 사실이 보고되고 있다. 실례로 2018년 9월 서울 종로구의 한 상점에 난입한 임모씨는 가게를 보고 있던 A(51)씨 앞에 다가가 대뜸 자신의 한쪽 다리를 내밀며 협박을 해댔다고 한다. 임씨는 1년 전 강제추행으로 징역형을 선고받았지만, 복역 후 딱 이틀째 되는 날에 이런 일을 벌이다가 다시 붙잡혀 징역 10월을 선고받았다. 전자발찌는 조폭의 문신이나 흉터처럼 강력한 협박 무기가 될 수도 있다. 전자발찌를 착용했다는 건 성범죄, 살인, 유괴, 강도 등 흉악범죄를 저질렀다는 의미이므로 그런 인상 자체가 피해자를 무력화한다는 것이다."[33]

먼저, 전자장치부착법 시행이 대상범죄로 지정된 성범죄 등 강력범죄의 증감에 어떤 영향을 주었는지를 알려줄 정확한 통계는 없지만, 2008년부터 2017년까지 10년간의 범죄통계를 보면 어느 정도 판단이 가능할 것이다. 이 기간 강력사건은 상당한 증가세를 보였다. 감사원의 「감사보고서: 여성 범죄 피해 예방 제도 운영실태」(2019.4)에 따르면, 강력(흉악)범죄의 발생건수는 〈표 6-6〉에서 보는 바와 같이 2008년 2만 4,023건에서 2017년 3만 6,030

표 6-6 **강력(흉악)범죄 죄명별 발생 현황(2008, 2017년)**

(단위: 건, %)

구분	강력(흉악) 범죄 합계	죄명별 발생 현황			
		살인	강도	방화	성폭력
2008년	24,023	1,120	4,828	1,946	16,129
	비중(100.0)	4.7	20.1	8.1	67.1
2017년	36,030	858	990	1,358	32,824
	비중(100.0)	2.4	2.7	3.8	91.1

자료: 감사원(2019: 7).

건으로 지난 10년간 49.9% 증가한 것으로 나타났다.

죄명별로 보면 살인은 2008년 1,120건에서 2017년 858건으로 23.4%, 강도는 2008년 4,828건에서 2017년 990건으로 79.5%, 방화는 2008년 1,946건에서 2017년 1,358건으로 30.2% 각각 감소한 반면에, 성폭력은 2008년 1만 6,129건에서 2017년 3만 2,824건으로 두 배 이상(103.5%) 증가함에 따라 강력(흉악)범죄 중 성폭력범죄의 비중은 2008년 67.1%에서 2017년 91.1%로 24.0%p 증가했다.

한편, 성폭력범죄는 강간, 강제추행, 카메라 등 이용촬영, 통신매체 이용음란 등으로 구성되는데, 〈표 6-7〉에서 보는 바와 같이 성폭력범죄 중 카메라 등 이용 촬영죄는 2008년 585건(3.6%)에서 2017년 6,615건(20.1%)으로, 강제추행죄는 같은 기간 6,080건(37.7%)에서 1만 5,981건(48.7%)으로, 통신매체 이용 음란죄도 같은 기간 378건(2.3%)에서 1,265건(3.9%)으로 성폭력

표 6-7 **성폭력범죄 유형별 발생건수 현황**

(단위: 건, %)

연도		2008년		2017년	
강간(간음 포함)		3,621	22.5	5,555	16.9
강제추행		6,080	37.7	15,981	48.7
강간 등		2,601	16.1	144	0.4
강간 등 살인/치사		17	0.1	7	0.0
간강 등 상해/치상		1,625	10.1	716	2.2
특수강도 간강 등		368	2.3	34	0.1
카메라 등 이용촬영		585	3.6	6,615	20.1
성적 목적의 장소 침입		0	0.0	422	1.3
통신매체 이용음란		378	2.3	1,265	3.9
공중밀집 장소 추행		854	5.3	2,085	6.4
계	비율	16,129	100	32,824	100

주: 강간 등은 범죄통계원표상 죄명코드로 강간과 강제추행이 구분되지 않는 경우를 의미.
자료: 감사원(2019: 8).

범죄에서 차지하는 비중이 각각 증가하고 있는 추세이다.

다음으로 살펴볼 사항은, 전자장치부착법 시행이 위치추적 전자장치를 착용한 성범죄자의 재범률, 즉 해당 피부착자의 재범에 어떠한 영향을 주었는가 하는 것이다. 성범죄자인 전자장치 피부착자의 재범률 역시 당초 기대와는 달리 떨어지기는커녕 지속적으로 증가하고 있다.

〈표 6-8〉에서 보는 바와 같이, 전자장치 피부착자의 재범자는 2008년 9월 1일 전자장치부착법 시행 이후 2014년부터 2018년 10월 31일까지 5년간 292명이 발생하여 연평균 58명 정도로 나타났는데, 피부착자의 증가 등의 영향으로 2016년 58명, 2017년 66명, 2018년 10월 말 현재 67명으로 재범자가 매년 증가하고 있는 추세이다(감사원, 2019: 23).

2016년 4월부터 2018년 7월 사이에 재범을 저지른 피부착자 138명의 재범 원인을 분석한 결과, 불합리한 규정을 개정하지 않거나 피부착자에 대한

표 6-8 **위치추적 전자장치를 착용한 성범죄자의 재범 현황**

(단위: 명, %)

구분	전자장치 착용 성범죄자	연중 전자장치 착용 성범죄자(A)	성폭력 재범자(B)	성범죄자 재범률(C=B/A)
2008	150	205	1	0.49
2009	125	591	0	0
2010	156	465	3	0.65
2011	394	685	15	2.19
2012	478	874	21	2.40
2013	950	1,747	30	1.71
2014	1,286	2,370	48	2.03
2015	1,496	2,650	53	2.00
2016	1,613	2,894	58	2.00
2017	1,774	3,046	66	2.17
2018.10.31.	1,809	2,911	67	2.30

주: 연도 말 기준

자료: 감사원(2019: 23).

위반 경보 처리, 준수사항 위반자에 대한 조치 등을 소홀히 하고 있고, 재범 예방대책(피부착자의 재범 원인에 대한 종합 분석, 성범죄성향 완화를 위한 심리치료 등)이 미흡한 점이 주된 원인으로 나타났다. 아울러 피부착자의 위치정보 미활용으로 인한 검거 지연 사례도 있었고, 추가 범죄예방 기회도 상실하는 결과가 발생했다고 한다(감사원, 2019: 23).

감사원은 이러한 조사결과를 토대로 법무부에게 피부착자의 재범률이 지속 증가하고 있는 점, 위치추적 전자장치에 대한 지도·감독으로는 재범 예방에 한계가 있는 점, 현재의 특정범죄 치료프로그램을 이수하더라도 재범이 많이 발생하는 점, 심리치료의 효과가 있는 것으로 나타난 캐나다의 연구사례 등을 고려하여 재범 사건에 대한 종합적·심층적인 원인 분석을 통해 피부착자의 성범죄 성향을 완화하기 위한 개별 심리치료 강화 등 실효성 있는 재범 예방대책을 마련할 필요가 있다고 제언하고 있다(감사원, 2019: 35).

⑤ 또 하나의 상징입법

전자장치부착법은 Newig가 말하는 예상된 정치적-전략적 효과는 매우 높지만 예상된 법적-사실적 효과는 상대적으로 매우 낮은, 다시 말해 전자가 후자를 압도하는 입법의 범주에 잘 들어맞는 경우로 볼 수 있다. 전자정치부착법 시행의 효과는, 그것이 대상범죄로 지정된 성범죄 등 강력범죄의 증감에 유의미한 영향을 미쳤다고 볼 근거를 찾을 수 없다는 사실을 차치하고서라도, 전자장치부착법 시행으로 위치추적 전자장치를 착용한 성범죄자의 재범률이 당초 기대와는 달리 떨어지기는커녕 지속적으로 증가해왔다는 사실만 보더라도 긍정적 평가를 내리기 어렵다. 전자장치부착법은 그 현출기능(manifest function)이 효과적으로 작동하지 못한 입법사례에 해당한다. 그 법이 입법목적으로 천명한 성범죄 등 강력범죄의 예방이라는 문제 해결에 그다지 효과적이지 못한 입법(ineffective law-making)인 동시에 주로 대상자에 대한 낙인효과(stigma effect)라는 잠재적 기능만 발휘했다는 점에서 또 하나의 상징입법 사례라고 볼 수 있다.

제7장

미세먼지의 상징정치

1. 미세먼지의 역습

최근 한국인들은 기후변화가 인간의 삶에 어떤 악영향을 미칠 수 있는지를 가장 극적으로 목격하고 있다. 환경정책의 가장 급박한 현안으로 대두되고 있는 미세먼지는 생활과 건강, 특히 호흡기 및 심혈관 질환 등을 유발하는 심각한 요인으로 지목된다. '삼한사온(三寒四溫)'이 아니라 '삼한사미(三寒四微)'라는 말이 이미 진부한 느낌을 줄 정도로 겨울철 미세먼지가 일상화되고, 계절을 가리지 않는 미세먼지 고농도 주의보로 시민들의 불안과 불편이 더욱 가중되고 있다.[1]

사실 미세먼지 문제는 과잉공포 우려가 나올 만큼 동시대인 모두의 삶을 위협하는 수준에 이르고 있다. 실제로 우리나라 국민이 가장 불안을 느끼는 위험 요소로 미세먼지가 지목되었다.[2] 급기야 미세먼지가 싫어 좋은 공기를 찾아 나라 밖으로 이주하는 사람들을 뜻하는 '에어노마드(Air Nomad)'란 신조어까지 출현했다.[3]

2013년 세계보건기구(WHO)의 산하 연구기관인 국제암연구소(International Agency for Research on Cancer: IARC)에서 미세먼지를 1군 발암물질로 지정했다는 소식이 알려진 이후 미세먼지의 건강영향에 대한 연구와 보도가 급증했다. 그리고 2013년 미세먼지 예보제 시범 시행을 거쳐, 2014년부터 본격적으로 시민들이 기상예보처럼 날마다 미세먼지 정보를 접하면서 사회적 관심도 더욱 고조되었다. 2015년 들어 고농도 미세먼지가 내습(來襲)하는 등 초미세먼지로 대기가 뿌옇게 변하는 날이 이어지면서 미세먼지의 심각성이 크게 부각되기 시작했다.

종래 PM10을 '미세먼지'로, PM2.5를 '초미세먼지'로 불러왔으나 PM2.5를 'Fine Particles'이라고 파악하는 이상 이를 '미세먼지'라고 부르는 것이 맞다. 가령 종래 '미세먼지'로 불렸던 PM10(지름이 10㎛ 이하인 입자상물질)의 명칭은 '부유먼지'로, 초미세먼지로 불려온 PM2.5(지름이 2.5㎛ 이하 입자상물질)는 '미세먼지'로 부르고, 두 가지를 모두 아우를 때는 '흡입성먼지'로 부를 수 있을 것이다. 미세먼지는 다음과 같이 분류된다.[4]

PM10: Respirable Particles: 호흡성먼지

PM2.5~10: Coarse Particles: 조대(粗大)먼지

PM2.5: Fine Particles: 미세(微細)먼지

PM1.0: Ultra Fine Particles: 초미세먼지

환경부 역시 종래의 용어법이 국제관례에 맞지 않음을 부인하지 않았고, PM2.5에 붙여온 '초미세'라는 표현은 앞으로 PM2.5보다 작은 PM1.0이나 PM0.1 등에 사용될 수 있도록 남겨두기로 했다고 알려졌으나,[5] 종래의 용어법은 바뀌지 않고 그대로 통용되고 있다. 법령에서도 마찬가지이다. 특히 「미세먼지 저감 및 관리에 관한 특별법」은 제2조 제1호에서 '미세먼지'란 「대기환경보전법」 제2조 제6호에

따른 먼지 중 다음 각 목의 흡입성먼지를 말한다고 규정하고 있다.

가. 입자의 지름이 10마이크로미터 이하인 먼지(PM-10: 미세먼지)

나. 입자의 지름이 2.5마이크로미터 이하인 먼지(PM-2.5: 초미세먼지)

대기환경보전법 시행령 역시 법 제8조 제4항에 따른 대기오염경보의 대상 오염물질을 환경정책기본법 제12조에 따라 환경기준이 설정된 오염물질로 정하면서, PM10을 '미세먼지'로, PM2.5를 '초미세먼지'로 구분하고 있다(대기환경보전법 시행령 § 2 ②).

황사, 스모그 현상과 함께 찾아오는 고농도 미세먼지는 대기질을 악화시키고 시민들의 건강에 위해를 초래하는 중대한 위협요인이다. 특히 입자가 미세하여 건강위해성이 더 큰 미세먼지(PM2.5)는 폐포까지 직접 침투하여 폐질환, 심근경색, 순환기계 장애 등을 유발하고 조기사망 위험을 증가시키는 등 심각한 영향을 끼치는 것으로 알려지고 있다. 세계보건기구 산하 국제암연구소는 2016년 연간 650만 명이 미세먼지 대기오염으로 조기 사망한다고 발표했다.

미세먼지 문제는 국민경제에 막대한 손실을 입히고 있다. 일례로 2018년 미세먼지로 인한 경제적 비용은 4조 230억 원에 달하는 것으로 추정되며 이는 명목 국내총생산(GDP)의 0.2% 수준이라는 보고가 나왔다.[6]

현재 우리나라의 초미세먼지 농도 수준은 1990년대의 미국 로스엔젤리스와 유사한 상황이라고 한다(심창섭, 2019: 15). 하지만 2019년 로스엔젤리스의 초미세먼지 농도는 미국 환경기준 15㎍/m^{3}을 충족하며 사실상 목표를 달성한 반면, 우리는 여전히 세계보건기구의 가이드라인(연평균 20㎍/m^3)에 한참 못 미치는 수준에 머물러 있다.

미세먼지에 대한 일반 국민의 체감도와 정부의 통계 사이에는 상당한 괴리가 있다. 한편에서는 고농도 미세먼지의 내습이 잦아지면서 미세먼지 문제가 날로 악화되고 있다는 인식이 거의 통념 수준으로 널리 퍼져 있다.

실제로 2019년 겨울철 국내 초미세먼지(PM2.5)의 서울 일평균 농도가 160 ㎍/m³을 훌쩍 넘어 국제보건기구 기준의 6배를 상회하는 심각한 고농도를 기록했고, 고농도 미세먼지가 2019년 2월 말에서 3월 초까지 약 2주간 지속되면서 국민들이 야외활동에 큰 제약을 받은 것은 물론,[7] 연일 계속되는 미세먼지 '매우 나쁨' 예보로 인한 스트레스도 상당했다(심창섭, 2019: 12). 특히 시간이 갈수록 인체위해성이 더 큰 PM2.5의 오염도가 선진 주요도시들에 비해 높은 수준으로 악화되었고, 최근 들어 부쩍 더 자주 PM2.5가 고농도로 발생되는 추세이다. 봄·겨울철의 PM2.5 평균농도가 상승함에 따라 주의보 등 경보발령이 잦아지고 내용면에서도 '나쁨', '매우 나쁨'의 빈도가 늘고 있다.[8]

반면, 환경부의 통계와 해석은 미세먼지 상황이 악화되고 있다고 보는 통념과는 사뭇 다른 메시지로 읽힌다. 환경부에 따르면, 미세먼지(PM2.5)의 평균농도는 〈그림 7-1〉에서 보는 바와 같이 2016년 이래 2019년까지 지속적으로 낮아졌고, 미세먼지 '나쁨' 일수도 2016년부터 2018년까지 소폭 하락했다가 2019년 들어 크게 낮아져 전반적으로 계속 개선되어온 것으로 나타난다.[9]

사실 지난 30년을 통틀어 볼 때 미세먼지 문제는 대체로 개선되어왔다고

그림 7-1 **미세먼지 평균 농도 및 나쁨 일수 추이**

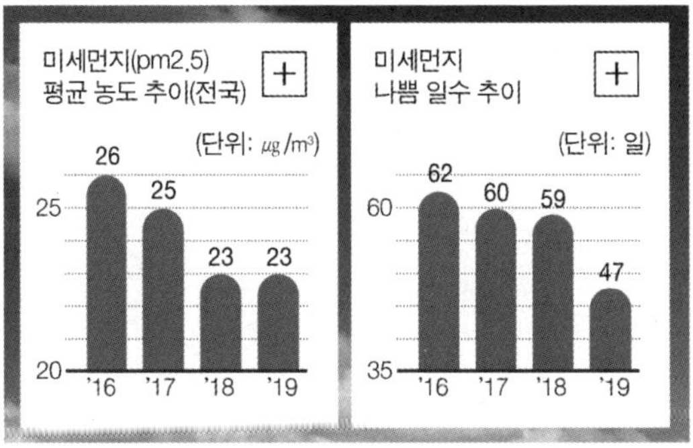

자료: 환경부(http://www.me.go.kr/cleanair/index.do).

볼 수 있다. 우리나라의 미세먼지 현황은, 2000년대 초 연평균 약 70㎍/m³ 수준이었던 서울지역의 미세먼지 농도가 2017년 현재 약 45㎍/m³ 수준으로 개선되었고, 초미세먼지 농도도 연구결과를 종합해보면 서울지역에서 2000년대 초 약 40㎍/m³을 상회하던 농도가 현재 약 25㎍/m³ 수준으로 크게 개선된 것으로 나타나고 있다(심창섭, 2019: 12). 〈그림 7-2〉는 이러한 경향을 잘 보여주고 있다.

그림 7-2 **미세먼지(위), 초미세먼지(아래) 연평균 농도 장기 변화**

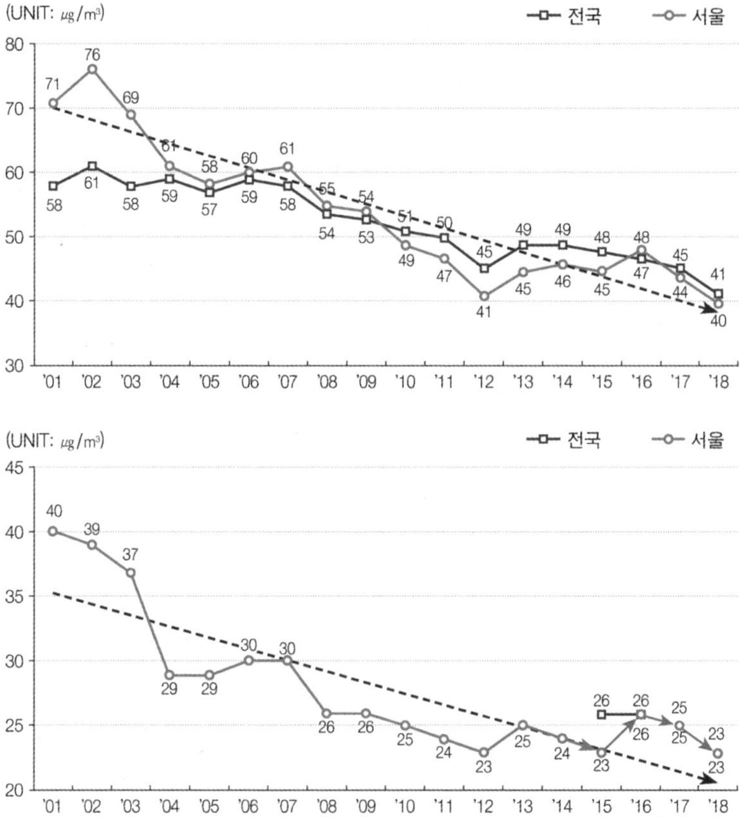

자료: 환경부 등 관계부처합동(2019), 「미세먼지 관리 종합계획」(2020~2024).

위와 같은 통계와 자료에 비추어볼 때, 장기적으로는 국내 미세먼지 상황이 개선되었다는 점을 부정하기는 어려울 것이다. 다만 2012년 이후 현재까지 미세먼지 농도가 개선되지 못하고 정체되어 있는 것은 사실이다. 2013부터 2016년까지는 오히려 소폭 증가하는 경향을 보였고, 최근 연평균 농도가 소폭 감소하고 있을 뿐이라고 보고되고 있다.[10]

문제는 미세먼지 배출은 줄었지만 미세먼지 문제가 호전된 것은 아니라는 점이다. 환경부가 보고하듯 우리나라의 2018년 평균 초미세먼지 농도가 지난 2015년 대비 약 12% 감소했음에도 불구하고 미세먼지 피해가 더 커지고 있는 것은 기후 변화 등으로 공기 흐름이 정체된 영향이 크며, 먼지가 누적되면서 미세먼지가 '나쁨 수준' 이상 올라가는 일수가 증가한 탓이라는 진단이 나온다.[11] 대기정체로 고농도 미세먼지가 되레 늘고 있고, 대기정체는 지구온난화 등 기후변화 때문이며 최악의 경우 급진적 미세먼지대책을 내놓더라도 고농도 미세먼지가 계속 악화될 수 있다는 지적도 있다.[12]

분명한 것은 국제보건기구의 권장 연평균 농도가 10㎍/m^3인 것을 감안하면, 우리나라는 상대적으로 미세먼지 오염이 심각한 수준이고, OECD 국가 중에서는 최하위권에 속한다는 불편한 진실이다.[13]

특별한 사정이 없는 한, 대기정체 증가로 고농도 발생에 유리한 여건이 심화되고 장기적으로 기후변화로 인해 동북아 지역 대기정체 현상이 호전되지 못하리라는 것이 기상상황에 대한 정부의 전망이다. 사업장 수, 자동차 수 및 경유차 비중, 가정용 보일러 등 관리대상이 증가 추세이고, 에너지 사용량 및 자동차 운행거리 등 산업·수송 활동도 증가하는 가운데, 사업장 불법배출, 불법소각 등 불법행위 만연되어 있는 국내 정책여건도 호락호락하지 않다는 것이다. 이와 같이 미세먼지 발생 관련 부정적 요인이 커지는 상황에서[14] 미세먼지의 미래전망은 결코 밝지 못하다. 시민들의 우려와 불안, 울분이 쌓여 가는 가운데, 미세먼지 문제가 가장 급박한 환경현안으로 대두되는 이유이다.

2. 미세먼지 대책

1) 배경

미세먼지 문제의 발생원인과 양상, 경제사회적 파급효과 등을 감안할 때 통합적 접근이 필요하고 또 적절하다. 하지만 단순한 환경기술적 기대효과나 경제적 해법만으로는 부족하고 그 대안 수립과 집행에 관한 사회적 합의와 지지를 도출해야만 소기의 성과를 거둘 수 있을 것이다.

정부의 미세먼지 대책은 크게 두 가지 흐름으로 전개되었다. 첫 번째 흐름은 호흡기 및 심혈관 질환 등을 유발하는 미세먼지 문제가 환경정책의 급박한 현안으로 대두되고 이에 대한 대책을 요구하는 여론이 비등함에 따라 그 입법적 대응 차원에서 단행된 일련의 미세먼지 대책법률들의 제·개정이었다. 그리고 두 번째 흐름은 이러한 입법적 패키지 시행에도 불구하고 미세먼지 문제가 개선되지 않음에 따라 정부가 강구한 일종의 비상대책으로서 미세먼지 문제 해결을 위한 대통령 소속 국가기후환경회의의 설치·운영이었다. 이를 차례로 살펴보기로 한다.

2) 입법적 대응: '미세먼지 8법'

정부는 2016년과 2017년 '미세먼지 관리 종합대책'을 연속으로 발표하면서 미세먼지에 대한 규제를 강화하기 시작했다.

2013년 12월 정부는 8개 기관(환경부, 안전행정부, 외교부, 문화체육관광부, 교육부, 보건복지부, 식품의약품안전처, 기상청) 합동으로 '미세먼지 종합대책'을 내놓았다. 그리고 2016년 6월에는 '미세먼지 관리 특별대책' (6·3 대책)[15]을, 2017년에는 '미세먼지 관리 종합대책'(9·26 대책)을 내놓았다.[16] 2017년에는 새 정부 출범과 함께 미세먼지 걱정 해결을 위한 종합대책을 확정·시행했다. 미세먼지 걱정을 해결하기 위하여 봄철(3~6월) 노후 석탄화력발전소(10기) 일시 가동 중단 조치에 이어 임기 내 미세먼지 문제 해결을 위한 로드맵(종합대책)을 발표(2017.9)했으며, 사업장·디젤기관차의 오염물질 배출허용기준 신설·강화 추진, 먼지총량제 시범도입(2017.7~12, 12개 대형사업장) 등 규제를 강화했고 한·중 정상회담을 통해 미세먼지 문제를 한·중 간 정상급 의제로 격상하고, 한중 환경협력 5개년 계획(2018~2022)에 서명했다.[17]

2018년 8월 14일 「미세먼지 저감 및 관리에 관한 특별법」(미세먼지법)을 제정하여 2019년 2월부터 시행하고 있다. 또한 2022년 국내 미세먼지 배출량을 2014년 대비 35.8% 감축하겠다는 계획을 수립했다.

미세먼지법은 당시 제정이유를 다음과 같이 제시했다.

오늘날 미세먼지는 국민건강을 위협하는 가장 중요한 문제로 인식되고 있으며 지난해 정부가 특별대책을 발표하고 각종 정책을 시행하고 있음에도 불구하고 여전히 개선의 기미가 보이지 않음에 따라 갈수록 국민들의 불안을 증폭시키고 있는 상황임.

또한 이로 인해 미세먼지를 줄이기 위한 특단의 대책 마련에 대한 요구가 갈수록 커지고 있으며 보다 근본적인 차원의 미세먼지 원인 규명 및 대책 마련이 시급하다고 할 수 있음.

이에 미세먼지의 배출을 저감하고 효율적으로 관리함으로써 국민건강에 미치는 위해를 예방하고 보다 쾌적한 생활환경을 조성하기 위해 미세먼지 저감 및 관리에 관한 특별법을 제정하여 미세먼지 저감을 위한 사업 및 지원, 취약계층 등 국민에 대한 보호 대책을 마련토록 함. (강조 인용자)

위 제정이유에서 밝힌 바와 같이 미세먼지법은 정부의 특별대책 등 각종 정책 시행에도 불구하고 여전히 개선 기미가 보이지 않아 마련된 특단의 대책으로 제정된 것인데, 이러한 미세먼지법의 제정, 시행에도 불구하고, 2019년 미세먼지 문제는 더욱 악화되었다. 이에 보다 강력하고 포괄적인 대책을 요구하는 목소리가 고조됨에 따라 2019년 들어 한층 더 강화된 미세먼지 대책을 담은 일련의 입법조치들이 단행되었다(이른바 '미세먼지 8법'). 즉, 미세먼지를 '사회재난'에 포함시켜 미세먼지 문제 해결에 예비비 등 국가 예산 투입을 가능케 하는 등 '미세먼지'에 따른 피해를 재난으로 관리하도록 하는 내용의 「재난 및 안전관리기본법」 개정, 수도권 지역에 시행 중인 대기관리권역 지정제도를 대기오염이 심각하다고 인정되는 지역과 인접 지역까지 확대 적용한 「대기관리권역의 대기환경개선에 관한 특별법」의 제정, 가정·협동 어린이집, 실내어린이 놀이시설까지 실내공기질 관리법 적용 대상으로 포함시키는 내용의 「실내공기질 관리법」 개정, '대기환경규제지역' 제도의 폐지, 저공해차 의무보급제도 도입 등 광역적 대기환경개선 대책 추진을 위한 제도적 개선사항을 반영한 「대기환경보전법」의 개정, 국가미세먼지정보센터의 설치·운영 규정을 강화한 「미세먼지 저감 및 관리에 관한 특별법」 개정, 일반인도 액화석유가스(LPG) 차량을 구매할 수 있도록 한 「액화석유가스의 안전관리 및 사업법」의 개정, 항만지역의 미세먼지 대책을 담은 「항만대기 특별법」의 제정, 성장기 학생들을 미세먼지로부터 보호하기 위한 「학교보건법」 개정이 이루어졌다. 미세먼지 문제 해결을 위한 입법조치의 내용은 다음과 같다.

(1)「미세먼지 저감 및 관리에 관한 특별법」

「미세먼지 저감 및 관리에 관한 특별법」(미세먼지법)의 제정은 2018년 국민건강을 위협하는 가장 중요한 문제로 대두된 미세먼지 문제에 대한 근본적 대책이 필요하다는 여론에 따라 미세먼지 원인 규명, 배출 저감 및 효율적 관리를 위한 특단의 입법조치였다.

미세먼지법은 '미세먼지'를「대기환경보전법」제2조 제6호에 따른 먼지 중 각 목의 흡입성먼지로, 대기 중에서 미세먼지로 전환되는 질소산화물 등의 물질을 '미세먼지 생성물질'로 정의했다(§ 2).

미세먼지 대책의 조직체계는 다음과 같다. 먼저, 미세먼지특별대책위원회는 국무총리와 민간위원장을 공동위원장으로 하는 '컨트롤타워'로서 미세먼지정책의 최고 의사결정 기구(40명 이내)가 되고, 미세먼지개선기획단(정원 17명)은 국무총리 소속으로 미세먼지특별대책위원회의 사무를 지원하며, 국가미세먼지정보센터는 환경부 소속으로 미세먼지 배출 원인 규명, 배출량 정보의 신뢰성 향상, 정보의 체계적인 수집·분석을 위한 전담조직의 역할을 수행하는 것으로 짜여 있다.[18] 법은 이에 따라 미세먼지 저감 및 관리를 효율적으로 추진하기 위하여 대통령령으로 정하는 관계 중앙행정기관의 장 등을 위원으로 하는 국무총리 소속의 미세먼지특별대책위원회를 두고(§§ 10-11), 미세먼지 저감 및 관리의 원활한 추진과 미세먼지특별대책위원회의 사무 및 운영의 효율적인 지원을 위하여 국무총리 소속으로 미세먼지개선기획단을 설치하도록 했다(§ 12). 그리고 미세먼지 배출량의 정확한 산정과 관련 정보의 효율적 관리를 위하여 환경부장관 소속으로 국가미세먼지정보센터를 설치하도록 했다(§ 17).[19] 또한 시급한 미세먼지 문제 해결을 위한 조사·연구·교육 및 기술개발 등의 업무를 수행하는 기관 또는 법인·단체 중에서 요건을 갖춘 자를 '미세먼지연구·관리센터'로 지정하여, 업무 수행에 필요한 비용의 전부 또는 일부를 지원할 수 있도록 했다(§ 25의2). 2019년 3

월 26일의 미세먼지법개정법률은 미세먼지 정보 관리·지원 업무의 선택과 집중을 위해 국가미세먼지정보센터의 설치·운영 규정을 현행 임의규정에서 강행규정으로 변경했다.

미세먼지법은 정부에게 5년마다 미세먼지관리종합계획을 수립하여 미세먼지특별대책위원회의 심의를 거쳐 확정하도록 하고, 시·도지사는 종합계획의 시행을 위한 세부계획을 수립하도록 각각 책무를 부과했다(§§ 7-8).

미세먼지법에 따른 미세먼지 저감을 위한 조치는 다음과 같다.

① 비상저감조치

비상저감조치를 발동할 수 있는 1차적 권한은 시·도지사에게 부여되어 있다. 즉, 시·도지사는 환경부장관이 정하는 기간 동안 초미세먼지 예측 농도가 환경부령으로 정하는 기준에 해당하는 경우 미세먼지를 줄이기 위한 다음 각 호의 비상저감조치를 시행할 수 있다(§ 18 본문).

1. 대통령령으로 정하는 영업용 등 자동차를 제외한 자동차의 운행 제한

2. 「대기환경보전법」 제2조 제11호에 따른 대기오염물질배출시설 중 환경부령으로 정하는 시설의 가동시간 변경, 가동률 조정 또는 같은 법 제2조 제12호에 따른 대기오염방지시설의 효율 개선

3. 비산먼지 발생사업 중 건설공사장의 공사시간 변경·조정

4. 그 밖에 비상저감조치와 관련하여 대통령령으로 정하는 사항

2개 이상의 시·도에 광역적으로 비상저감조치가 필요한 경우, 환경부장관이 해당 시·도지사에게 비상저감조치 시행을 요청할 수 있고, 요청받은 시·도지사는 정당한 사유가 없으면 이에 따라야 한다(§ 18 단서).

② 배출시설 등에 대한 가동조정 등

환경부장관은 계절적, 비상시적 요인 등으로 미세먼지 저감·관리를 효율적으로 수행하기 위하여 필요하다고 인정하는 경우 관계 중앙행정기관의 장, 지방자치단체의 장 또는 시설운영자에게 대기오염물질 배출시설에 대한 가동률 조정을 요청할 수 있다(§ 21).

③ 미세먼지 집중관리구역의 지정 등

법은 시·도지사, 시장·군수·구청장에게 관할구역 내에 미세먼지 집중관리구역을 지정하고 미세먼지 저감 개선사업을 지원할 수 있도록 했다(§ 22).

④ 취약계층의 보호

미세먼지법은 정부에게 어린이·노인 등 미세먼지로부터 취약한 계층의 건강을 보호하기 위하여 일정 농도 이상 시 야외 단체활동 제한, 취약계층 활동공간 종사자에 대한 교육 등 취약계층 보호대책을 마련할 책무를 부과하고 있다(§ 23).

고농도 미세먼지 발생이 잦은 겨울과 봄에 일정 기간을 정하여 배출 관리를 보다 집중적으로 시행할 필요가 있음에도 불구하고, 기존 미세먼지법에는 계절적, 비상시적 요인 등으로 미세먼지 등을 배출 및 관리하기 위한 수단으로 환경부장관이 대기오염물질배출시설의 가동률 조정 등을 요청하는 것만을 규정하고 있어, 고농도 미세먼지 발생을 사전 예방하기 위한 장치가 미흡하다는 지적을 받아왔다. 이에 2020년 3월 6일 미세먼지법이 개정되었다. 개정법에 따라 환경부장관은 초미세먼지 월평균 농도가 특히 심화되는 12월에서 3월까지의 기간에 대기오염물질배출시설의 가동률 조정 외에도 선박에 대한 연료 전환 등 강화된 저감조치를 관계 중앙행정기관의 장, 지방자치단체의 장 등에게 요청할 수 있고, 시·도지사 또한 같은 기간 기존 제18

조 제1항에 따른 차량운행제한 등 비상저감조치로 규정한 조치사항 등의 조치를 시행할 수 있게 되었다. 이러한 조치에 위반할 경우에 대한 과태료 규정도 마련되었다(§§ 21, 31 ① iii, iv, 31 ②).

(2) 「대기관리권역의 대기환경개선에 관한 특별법」

보다 근본적인 차원의 미세먼지 원인 규명 및 대책 마련이 시급히 요구되었고, 이러한 배경에서 「대기관리권역의 대기환경개선에 관한 특별법」이 제정되었다.[20] 이 법은 미세먼지로 인한 국민건강에 대한 위해를 예방하고 보다 쾌적한 생활환경을 조성하기 위해 종래 수도권 지역에 시행 중인 대기관리권역 지정제도를 대기환경기준을 초과하거나 초과할 우려가 있는 지역에까지 확대하는 등 체계적이고 광역적인 대기환경개선 대책을 추진하려는 데 취지를 두고 있다. 즉, 이 법은 수도권 지역에 시행 중인 대기관리권역 지정제도의 적용범위를 대기오염이 심각하다고 인정되는 지역과 인접 지역까지 확대하고(§ 2), 환경부장관으로 하여금 대기관리권역으로 지정된 지역의 대기질 개선을 위한 권역별 대기환경관리 기본계획을 5년마다 수립하도록 하는 한편(§ 9), 대기관리권역 내 시·도지사는 대기환경관리 기본계획의 시행을 위한 시행계획을 수립하여 환경부장관의 승인을 받고, 매년 추진실적을 환경부장관에게 보고하도록 했다(§ 10). 아울러 권역별 대기환경관리에 관한 중요 내용의 심의를 위해 권역별로 대기환경관리위원회와 실무위원회가 설치되었다(§§ 12-13).

다른 한편, 법은 대기관리권역 내에서 대통령령으로 정하는 대기오염물질을 배출하는 사업장에 대해 오염물질 총량관리를 시행하고, 배출량 측정을 위한 자동측정기기를 부착하도록 하며, 국가 및 지자체에서 이에 대한 비용을 지원할 수 있도록 했다(§§ 15-25).

또한 법은 대기관리권역 내에서 운행하는 특정경유자동차에 대해 배출가스저감장치 부착 등 저공해 조치를 취하도록 하고(§ 26), 배출가스저감장치 미부착 경유자동차 등에 대해 지자체 조례로 정하는 바에 따라 운행을 제한할 수 있도록 하여(§ 29) 미세먼지 배출의 주요 원인으로 지목되어온 경유차 규제를 강화했다. 아울러 시·도지사에게 노후 건설기계 저공해화 계획을 수립·시행하도록 하고, 행정·공공기관은 토목·건축사업에서 저공해조치된 건설기계를 사용하도록 함으로써(§ 31), 건설기계에 대한 규제도 강화하고 있다.

끝으로 법은 공항에서 배출되는 미세먼지에 대한 간접적 규제방안을 도입했다.

(3) 「재난 및 안전관리기본법」

「재난 및 안전관리 기본법」(재난안전법)의 개정은 앞서 지적한 바와 같이 미세먼지법의 제정, 시행에도 불구하고 미세먼지 문제가 더욱 악화됨에 따라 나온 더 강력하고 포괄적인 입법패키지 중 가장 두드러진 입법조치였다. 재난안전법은 '미세먼지로 인한 피해'를 '사회재난'의 하나로 명시함으로써 미세먼지에 따른 피해를 재난으로 관리할 수 있는 길을 열었다. 이로써 정부가 미세먼지 문제를 재난에 준하는 비상상황으로 인식하여 사전피해 예방, 사후 피해확산 방지 등에 국가(방재)예산을 투입할 수 있게 되고, 미세먼지 재난사태 선포, 미세먼지로 인한 피해를 줄이기 위한 긴급안전점검, 피해조사 및 복구계획 수립, 특별재난지역 선포, 위기관리 매뉴얼의 작성·운용, 중앙대책본부 등의 구성, 국가안전관리기본계획 수립 등의 법적 근거가 마련되었다.

(4) 「대기환경보전법」

전국적인 미세먼지 오염심화에 대한 효과적인 저감대책 추진을 위해 현행 대기환경규제지역 지정제도를 대신하여 「대기관리권역의 대기환경개선에 관한 특별법」을 제정함에 따라 '대기환경규제지역' 제도를 폐지하고(§§ 19-21), 대기환경규제지역에서 시행되고 있는 각종 대기오염저감제도의 적용범위 등을 정비했다.

「수도권 대기환경개선에 관한 특별법」의 저공해자동차 정의 규정을 자동차 배출가스 관리에 관한 일반법인 「대기환경보전법」으로 일원화하여 종류 및 배출허용기준 등과 함께 규정하는 한편(§§ 2 x vi, 46, 48), 「수도권 대기환경개선에 관한 특별법」에서 규정하는 저공해자동차의 보급, 구매 등에 관한 사항도 저공해자동차 보급업무 등이 전국적으로 시행되고 있는 점을 감안해 「대기환경보전법」으로 이관했다(§§ 58의2-58의7). 또한 배출가스저감장치에 대한 인증 및 사후관리, 수시검사 관련 업무를 배출가스저감장치 부착 관련 업무 등이 전국적으로 시행되는 점을 감안해 「대기환경보전법」으로 일원화하여 규정했다(§§ 60의2-60의3).

그 밖에도 대기환경규제지역에서 시행하고 있는 휘발성유기화합물 배출시설 신고제도와 운행차 배출가스 정밀검사를 「대기관리권역의 대기환경개선에 관한 특별법」에 따라 지정된 '대기관리권역'에 각각 적용하도록 하고(§§ 44-45, 63), 노후 건설기계(특정건설기계)에 대한 저공해조치명령 및 저공해조치시 예산지원 등을 할 수 있도록 했다(§ 58).

(5) 「항만대기특별법」

항만지역의 미세먼지는 선박운항, 화물하역 과정에서 주로 발생하는데 기존의 「대기환경보전법」, 「수도권 대기환경개선에 관한 특별법」, 「해양환경관리법」으로는 해당 대기오염 배출원을 관리하는 데 어려움이 많았고 육상대도시 중심으로 미세먼지 대책이 수립되고 있어 항만지역은 정책 우선순위에서 소외되는 문제점이 있었다. 부산, 인천 등 주요 항만도시의 미세먼지 농도가 서울, 대구 등 육상 대도시만큼 심각하고, 그 발생원인이 항만과 선박이기 때문에 이에 대한 대책 수립이 시급하다는 문제 제기에 따라 항만지역의 미세먼지 등 대기오염물질 배출을 저감하고 효율적으로 관리하기 위하여 「항만대기특별법」이 제정되었다.

이 법은 해양수산부장관으로 하여금 환경부장관과의 사전협의와 「해양수산발전 기본법」 제7조에 따른 해양수산발전위원회의 심의 등을 거쳐 5년마다 항만지역등 대기질 개선 종합계획을 수립하고, 관계행정기관의 장은 해당 종합계획의 시행에 필요한 조치를 하도록 규정하는 한편(§§ 7-8), 환경부장관과 해양수산부장관이 공동으로 항만지역 등의 대기질 현황 및 변화에 대한 실태조사를 위하여 항만지역 등 대기질 측정망을 설치하고, 항만지역 등의 대기질을 상시 측정하도록 하도록 했다(§ 9).

법은 해양수산부장관이 선박에서 발생하는 대기오염물질 저감을 위해 항만대기질관리구역 내에 선박배출 규제해역을 지정하여 강화된 기준을 적용할 수 있고, 저속운항해역을 지정하여 선박의 소유자로 하여금 일정 속도 미만으로 운항하도록 권고할 수 있도록 했다(§§ 10-11).

아울러 비산먼지를 발생시키는 석탄, 곡물 등 해양수산부령으로 정하는 화물을 운송하는 항만사업자에게 비산먼지의 발생을 억제하기 위한 시설을 설치하거나 필요한 조치를 하도록 의무화하는 한편(§ 13), 해양수산부장관에게 대기오염물질을 많이 배출할 우려가 있는 자동차에 대해 항만시설과 어항시설에의 출입을 제한할 수 있는 규제권한을 부여했다(§ 16).

끝으로 법은 친환경적 항만 구축을 위한 일련의 조치를 규정했다.

(6) 「실내공기질 관리법」

세계보건기구 산하 국제암연구소(IARC)에서 발표한 1급 발암물질인 미세먼지에 대한 국민의 우려가 커지고 있어 국민들이 많은 시간을 보내는 지하역사, 대중교통차량 등의 실내공기질 관리가 시급한 과제로 부상하게 되었다.

기존의 「실내공기질 관리법」은 「영유아보육법」에 따른 어린이집 중 국공립어린이집, 법인어린이집, 직장어린이집 및 민간어린이집만 적용대상으로 삼고 있어, 가정어린이집과 협동어린이집은 동 법률의 적용대상에서 제외되어 있고, 「어린이놀이시설 안전관리법」에 따른 실내어린이 놀이시설 역시 동 법률의 적용대상에서 제외되어, 성인에 비해 면역력이 취약한 어린이들을 위한 실내공기질 관리가 필요한 실정이다.

개정법은 열악한 실내공기질로부터 어린이의 건강하기 위해 「영유아보육법」에 따른 가정어린이집과 협동어린이집, 「어린이놀이시설 안전관리법」에 따른 실내어린이 놀이시설을 현행법의 적용대상에 추가하고(§ 3), 어린이, 노인, 임산부 등 오염물질에 노출될 경우 건강피해 우려가 큰 취약계층이 주로 이용하는 다중이용시설로서 대통령령으로 정하는 시설과 미세먼지 등 대통령령으로 정하는 오염물질에 대하여는 더욱 엄격한 실내공기질 유지기준을 적용하도록 했다(§ 5).

또한 개정법은 지하역사의 실내공기질 측정기기 부착을 의무화하고, 측정기기로 측정한 결과를 공개하도록 하며, 환경부령으로 정하는 기준에 따라 측정기기를 운영·관리하도록 하고, 이를 위반하는 경우 500만 원 이하의 과태료를 부과하도록 했다(§ 4의7 등). 개정법은 대중교통차량의 운송사업자가 대중교통차량의 실내공기질을 스스로 측정하거나 환경부령으로 정하는 자로 하여금 측정하도록 하는 한편, 이를 위반하는 경우 500만 원 이하의 과태료를 부과하도록 했다(§ 9의2 등).

개정법은 환경부장관에게 대중교통시설의 실내공기질을 쾌적하게 유지하고 관리하기 위하여 대중교통시설의 소유자 등에게 환경부령으로 정하는 공기정화설비를 설치하도록 하거나 그 밖에 실내공기질 관리를 위한 조치를 하도록 하고, 관계 중앙행정기관의 장 및 시·도지사와 협의하여 미세먼지 저감방안 등을 포함한 지하역사 공기질 개선대책을 5년마다 수립·시행하도록 함으로써 환경부장관 등 관계기관의 책임을 강화하고 있다(§ 9의4 등).

그 밖에도 열악한 실내공기질로 인해 발생하는 건강피해를 조사하기 위한 자료를 확보하는 차원에서 다중이용시설의 실내공기질 측정기록 보존기간을 3년에서 10년으로 연장하고(§ 12 ①), 환경부장관과 시·도지사 또는 시장·군수·구청장이 오염도검사 결과 실내공기질 유지기준을 초과한 시설에 관한 내용을 공개하도록 하는 등(§ 13 ⑥) 실내공기질에 대한 관리를 전반적으로 강화했다.

(7) 「학교보건법」

고농도 미세먼지로 인해 국민들의 건강이 위협받고 있는 가운데, 특히 성장기 학생들을 미세먼지로부터 보호하기 위하여 「학교보건법」이 개정되었다. 개정법은 환경위생 점검을 위한 공기 질 점검 시 학교운영위원회 위원 또는 학부모가 참관을 요청하는 경우에는 이를 허용하도록 하고(§ 4 ② 후단), 환경위생 및 식품위생 점검 결과·보완 조치를 학교 인터넷 홈페이지 등에 공개하도록 했다(§ 4 ⑥). 그리고 공기질의 위생점검을 상·하반기별 1회 이상 실시하고 공기의 질 점검에 사용되는 측정장비는 매년 1회 이상 정기적으로 점검을 실시하도록 하며(§ 4의2), 학교(「고등교육법」 제2조에 따른 학교는 제외)의 장이 교사 안에서의 공기 질 관리를 위하여 교육부령으로 정하는 바에 따라 각 교실에 공기를 정화하는 설비 및 미세먼지를 측정하는 기기를 설치하도록 하고, 국가 및 지방자치단체는 경비의 전부 또는 일부를 보조하도록 했다(§§ 4의3, 18).

(8) 「액화석유가스의 안전관리 및 사업법」

최근 미세먼지의 주요 배출원으로 지목된 경유에 비해 미세먼지와 질소

산화물 배출량이 적은 액화석유가스(LPG) 차량을 확대하겠다는 취지에 따라 「액화석유가스의 안전관리 및 사업법」에서 LPG를 자동차 연료로 사용하는 것을 제한하는 제28조와 그 위반행위에 대한 과태료조항(§ 73 ③ ⅴ)을 삭제하여 일반인도 액화석유가스(LPG) 차량을 구매할 수 있도록 했다.

3) 국가기후환경회의

정부는 2019년 4월 미세문제 해결방안에 대한 국민 의견을 수렴·논의하고 대통령의 자문에 응하기 위하여 대통령 소속으로 '미세먼지 문제 해결을 위한 국가기후환경회의'(국가기후환경회의)를 설치했다. 2018년 국민건강을 위협하는 가장 중요한 문제로 대두된 미세먼지 문제에 대한 근본적 대책이 필요하다는 여론에 따라 미세먼지 원인 규명, 배출 저감 및 효율적 관리를 위한 「미세먼지 저감 및 관리에 관한 특별법」이 제정되었으나, 미세먼지 문제가 더욱 악화되자 보다 강력하고 포괄적인 대책이 요구되던 상황에서 새로 고안된 특별대책이 대통령 직속 국가기후환경회의였다.

국가기후환경회의의 임무는 크게 두 가지인데, 하나는 미세먼지 해결을 위한 범국가적 대책과 주변 국가와의 협력 증진 방안 등에 대한 국민의견을 수렴·논의하는 것이고 다른 하나는 대통령 자문에 응하는 것이다. 그 법적 지위는 후자에 초점을 맞추면 자문기구이지만, 전자를 감안하면 단순한 자문기구라기보다는 '국민의견의 수렴·논의'라는 일종의 사회적 소통 및 합의 형성기능을 가진 공론화기구로서 그 결과를 대통령에게 자문하는 특수한 자문기구에 해당한다고 보아야 할 것이다. 「미세먼지 문제 해결을 위한 국가기후환경회의의 설치 및 운영에 관한 규정」(대통령령 제29713호, 2019.4.25. 제정·시행) 제2조에 따르면 국가기후환경회의는 다음과 같은 사항에 대하여 그 임무를 수행하도록 되어 있다.

1. 미세먼지 문제 해결을 위한 범국가적 대책 마련에 관한 사항
2. 산업, 수송, 발전 등 주요 부문의 미세먼지 저감에 관한 사항
3. 국내외 미세먼지 배출과 이동 등에 대한 과학적 분석에 관한 사항
4. 동북아 미세먼지 저감을 위한 공동연구 등 국제협력에 관한 사항
5. 미세먼지 문제 관련 사회경제적 손실 완화와 그 지원에 관한 사항
6. 미세먼지로 인한 국민 건강 피해의 예방에 관한 사항
7. 미세먼지 관련 국민 이해 증진 및 홍보·소통에 관한 사항
8. 미세먼지 문제와 관련된 기후변화 대책에 관한 사항

국가기후환경회의는 50명 이내의 위원으로 구성하도록 되어 있는데, 반기문 전 유엔 사무총장이 위원장을 맡았고, 정부 및 지자체 위원 18명과 민간위원 25명으로 구성되어 있다(2020년 2월 3일 기준). 국가기후환경회의의 주요업무는 다음 세 가지이다.[21]

1. 국민적 합의에 기반한 범국가적 대책 제안
 1) 적극적인 국민소통·참여에 기반한 의제 발굴 및 공론화를 거쳐 정부에 정책 제언
  - 1년차: 고농도 발생 시기 이전에 시급히 시행되어야 할 단기정책 중심
  - 2년차 이후: 미세먼지의 근본적 해결을 위한 중장기 방안 논의
 2) 상시 소통채널 구축
  - SNS·홈페이지를 통해 국민의 정책 제안, 의견 수렴
  - 미세먼지 홍보책자[가칭: 미세먼지 브리프(brief)] 발간, 홍보 동영상 제작·배포 등

2. 범사회적 국민행동 변화 촉구
 • 사회적 차원의 근본적 해결을 위해 미세먼지 국민행동 지침 등을 사회 각 분야에 권고

- 산업계의 다량배출사업장의 자발적 미세먼지 저감, 국민 주도의 미세먼지 행동 주간 캠페인 확대 등 범사회적 실천 추진

3. 국제 네트워크 구축 및 확대
- 동북아 국가 양자협력·다자협력 강화, 국제기구를 통한 미세먼지 관련 국가 간 협약체결 기반 마련
- 국제포럼: 내외 석학 등이 참여하는 국제포럼 개최
- 국제협력:
  - 정부 – 한중 환경장관회의, NEACAP,[22] OECD 등 정부 간 협력 참여·지원
  - 민간 – NGO(예: Clean Air Asia) 등을 통한 민간 차원의 국제협력 증진
  - 동북아 협약: 유럽 월경성 장거리 대기오염에 관한 협약(CLRTAP: Convention on Long-Range Transboundary Air Pollution) 같은 동북아 차원의 협약 체결 추진

당초 국가기후환경회의와 미세먼지법에 따라 미세먼지 저감·관리의 효율적 추진을 위하여 국무총리 소속 심의기구로 설치된 미세먼지특별대책위원회와의 관계를 어떻게 설정할 것인가가 분명치 못한 점이 있었다. 이와 관련하여 역할의 중복이나 충돌에 대한 우려와 함께 대통령 직속 기구인 국가기후환경회의와의 관계에서 미세먼지특별대책위원회가 유명무실화되는 게 아니냐는 의문이 제기되기도 했다.[23] 이후 국가기후환경회의가 활동을 본격화하고 미세먼지특별대책위원회에서 미세먼지 관리 종합계획을 심의하면서 국가기후환경회의 제1차 국민정책제안을 반영하는 등의 방식으로 어느 정도 윤곽이 드러나기 시작했으나, 여전히 업무 중복이나 그로 인한 혼선이 생길 수 있는 여지는 남아 있다.

국가기후환경회의의 소관사항에 '미세먼지 문제와 관련된 기후변화 대책

에 관한 사항'이 포함되어 있는 것(위 대통령령 제2조 제8호)은 주목할 만하다. 기후변화 대책의 차원에서 미세먼지 해결방안을 모색해야 한다는 점에서, 그리고 직접적으로는 기후변화가 후술하듯 '동북아 호흡공동체'로 연결된 동북아 지역 국가들과 협력방안을 강구하는 배경이 되어야 한다는 점에서 의미가 있기 때문이다.

국가기후환경회의는 2019년 9월 30일 미세먼지 문제 해결을 위한 제1차 국민정책제안을 발표했다. 총 7개 부문 21개 단기 핵심과제로 구성된 제1차 국민 정책제안의 골자는 미세먼지 농도가 높아지는 12월부터 3월을 '고농도 미세먼지 계절'로 지정하고 집중적인 저감조치를 통해 미세먼지 배출량을 전년 동기대비 20% 이상(2만 3,000여 톤) 감축하여야 한다는 것이다. 주민생활과 밀접한 도로·건설공사장의 비산먼지, 농촌 불법소각 등 사각지대 관리를 강화하고, 미세먼지 쉼터와 집중관리구역을 확대하며 보건용 마스크에 대해 건강보험을 적용하는 등 국민건강 피해를 줄이는 방안과 호흡공동체인 동북아 미세먼지 문제의 공동 대응을 위해 한·중 푸른 하늘 파트너십과 국제 모범사례 공유 파트너십도 구축 등 국제협력 강화를 위한 새로운 해법도 포함하고 있다.

제1차 국민정책제안은 고농도 계절에 초점을 맞춘 첫 미세먼지 계절 관리대책으로, 석탄발전소 최대 27기 가동 중단과 배출가스 5등급 차량 운행 전면제한 등을 담은 사상 초유의 고강도 대책을 제시했다. 고농도 계절 동안 미세먼지를 전년동기대비 20%를 감축하겠다는 목표는 5년간 35.8% 감축이라는 이전 목표보다 훨씬 강력한 수준이다.

약 5개월간 5개 전문위원회에 참석한 130여 명 전문가와 500명 국민정책 참여단이 토론과 숙의를 거쳐 작성된 제1차 국민정책제안은 미세먼지로 인해 불편과 피해를 겪는 당사자인 국민들 직접 참여해 정책 대안을 제시한 첫 사례이다.

4) 미세먼지 관리 종합계획

정부는 2019년 11월 1일(금) 이낙연 전 국무총리가 주재한 제3차 미세먼지특별대책위원회에서 「미세먼지 관리 종합계획」을 의결, 발표했다.[24] 「미세먼지 관리 종합계획」은 2020~2024년까지 향후 5년간의 미세먼지 저감 및 관리 정책방향과 추진과제를 제시하는 미세먼지법 제7조에 따른 법정계획[25]이다. 이 계획은 「제2차 대기환경개선 종합계획(2016~2025)」 등을 고려하여 수립된 미세먼지 대응에 관한 최신·최상위 종합계획으로서 기존 대책에 비해 국가·행정기관에 대해 보다 강력한 구속력을 가진다.[26]

미세먼지특별위원회에서 심의·의결한 「미세먼지 관리 종합계획」은 ① 대기관리권역 확대, ② 소규모 영세사업장 방지시설 설치, ③ 수송용 에너지 상대가격 조정, ④ 노후 석탄발전소 조기 폐쇄 등을 골자로 하고 있는데, 이 계획은 이제까지 나온 정부의 미세먼지 대책들을 집대성하여 종합한 결정판이라고 볼 수 있다.

그림 7-3 **미세먼지 관리 종합계획과 타 계획 간의 관계**

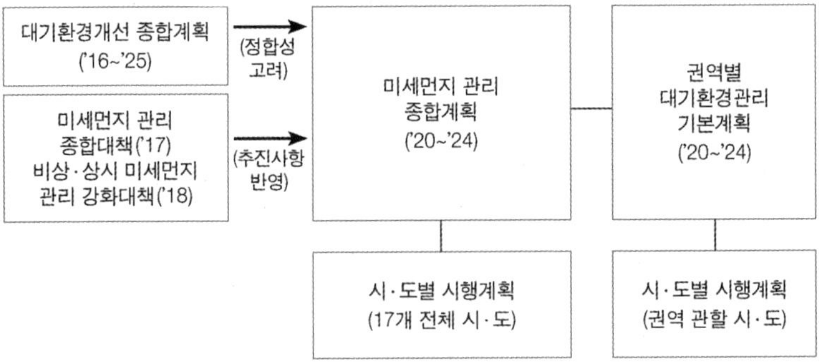

자료: 관계부처합동(2019), 「미세먼지 관리 종합계획」, 31.

3. 미세먼지의 상징정치

1) 정책의 중복과 분산

(1) 정책성과와 체감효과의 괴리

정부는 '미세먼지를 반드시 잡겠습니다'라고 공언하며 문재인 정부 2년 반 환경정책의 성과를 다음과 같이 보고했다.[27]

국민의 건강을 위협하는 최대의 환경 과제인 미세먼지 문제 해결을 위해 범국가적 미세먼지 총력 대응체계를 구축하고 발전, 산업, 수송 등 4대 핵심배출원을 집중 관리하고 있다.

범국가적 미세먼지 총력 대응체계 구축과 관련해서는 미세먼지 환경기준을 선진국(미국, 일본) 수준으로 강화하고, 미세먼지를 사회재난으로 포함 등 미세먼지 대응 강화를 위해 이른바 '미세먼지 8법'을 제정 또는 개정했다. 또한 2019년 2월에는 미세먼지 특별대책위원회를 설치하고 4월에는 대통령 직속 위원회로 정부민간합동 국가기후환경회의를 설치했다. 특히 2월부터는 고농도 미세먼지 발생 시 민간이 참여하는 비상저감조치를 전국으로 확대 실시하고 있다.

4대 핵심배출원 관리와 관련해서는 봄철 노후 석탄화력발전소 봄철 가동을 중단했고 2019년 9월 현재 4기를 폐쇄했다. 미세먼지 다량배출 사업장의 배출허용기준을 강화하는 한편 전기집진시설 등 소규모 사업장 방지시설 설치를 지원하고 있다. 수송 분야 미세먼지를 줄이기 위해서 노후 경유차 폐차 및 저공해차 보급을 확대해 노후 경유차가 2019년 9월 현재 2016년 대비 15% 감소했으며 저공해차 보급도 9월 현재 57만 대로 2016년 대비 두 배 이상 증가했다.

정부의 '정책위키 – 한눈에 보는 정책'(문화체육관광부 주관)[28]에 따르면, 문재인 정부는 출범 초부터 신규 석탄 발전허가를 금지하는 등 과감한 석탄발전 축소 노력을 전개해왔다. 이를 통해 석탄발전 미세먼지 배출량이 2016년 3만 679톤 → 2017년 2만 6,952톤 → 2018년 2만 2,869톤으로 줄었고 이는 2016년 대비 25% 이상 감축한 결과였다.

그 밖에 대통령 소속 국가기후환경회의의 활동성과 역시 정부의 미세먼지 대책 중 빼놓을 수 없다. 특히 국민정책참여단을 통하여 2019년 9월 30일 발표된 미세먼지 문제 해결을 위한 제1차 국민정책제안도 「미세먼지 관리 종합계획」에 반영되는 등 성과를 내기 시작했다. 464명의 국민정책참여단은 고농도 계절 일부 석탄발전소 가동 중단에서부터 대도시 지역 노후 차량 운행 제한, 동북아 미세먼지 공동 대응까지 다양한 정책 대안에 합의하여 정부의 강력한 미세먼지 후속대책에 정당성을 뒷받침했다.

그뿐만 아니라 앞에서 살펴본 바와 같이 종래 수도권 지역에 시행 중인 대기관리권역 지정제도를 대기환경기준을 초과하거나 초과할 우려가 있는 지역에까지 확대한 「대기관리권역의 대기환경개선에 관한 특별법」 제정, 재난안전법은 '미세먼지로 인한 피해'를 '사회재난'의 하나로 명시함으로써 미세먼지에 따른 피해를 재난으로 관리할 수 있는 길을 연 「재난 및 안전관리기본법」 개정 등 이른바 '미세먼지 8법'이라는 포괄적인 입법패키지를 성사시킨 것도 중요한 제도적 성과라 할 수 있다.

그러나 이러한 성과들이 계절을 가리지 않고 엄습하는 고농도 초미세먼지에 시달려온 시민들의 체감효과로 이어지지는 않는 것 같다. 미세먼지의 정책환경은 정부가 시인하고 있듯이[29] 호전될 기미가 보이지 않고 있고, 그런 상황에서 기후변화가 인간의 삶에 어떤 악영향을 미칠 수 있는지를 누구보다도 생생하게 체험한 시민들에게는 정부 대책의 실적보다는 초미세먼지로 뒤덮인 날들의 암울한 기억이 더 생생하게 다가올 뿐이다.

(2) 대책과 추진체계의 혼선: 조직 분산과 기능 중복

정부는 그때그때 다양한 미세먼지 대책과 계획들을 수립, 발표해왔지만 어느 대책, 어느 계획이 언제 어떤 효과를 냈는지를 분간하기가 극히 어려운 실정이다. 추진체계와 담당조직도 여러 부처, 각 부서들로 분산되어 조직 분산과 기능 중복 문제가 제기되었고, 심지어 미세먼지 문제에 대한 컨트롤타워가 누구인지조차 분명치 않았다. 그리하여 2018년 제정된 미세먼지법은 정부 미세먼지 대책의 컨트롤타워로서 국무총리와 민간공동위원장 쌍두마차형 미세먼지특별위원회를 설치하게 되었다. 2019년 11월 미세먼지특별위원회에서 심의·의결하여 '관계부처합동'이란 이름으로 발표한 「미세먼지 관리 종합계획」은 이제까지 나온 정부의 미세먼지 대책들을 집대성하여 종합한 결정판으로서 미세먼지 대책은 단일 컨트롤타워 아래 관련 부처, 기관들의 종합적 협력조정을 통해서만 목표를 달성할 수 있다는 인식에 따른 결과물이라고 할 수 있다.

그럼에도 불구하고 〈표 7-1〉에서 보는 바와 같이 대통령 소속 국가기후환경회의와의 관계 설정이 불분명하고 양 기구의 당연직 위원 구성이나 업무범위가 상당부분 겹치는 내용으로 되어 있어 양 기구의 기능 중복 문제라든가 정부의 미세먼지 대책을 향도할 컨트롤타워의 이원화 문제에 대한 불확실성이 생기게 되었다.

또한 미세먼지 대책 실무기능들이 〈표 7-2〉에서 보는 바와 같이 여러 부처에 흩어져 있는 것도 외부의 시각으로는 정부의 체계적인 미세먼지 대책의 수립과 집행을 인식하여 신뢰할 수 있도록 만드는 데 유리한 조건으로 보기 어렵다는 문제가 있다.

실제로 미세먼지 관련 주무부처인 환경부 외에도 국조실의 미세먼지특별위원회, 미세먼지 해결을 위한 국가기후환경회의 등이 '옥상옥'이라는 지적에 대해 환경부장관은 다음과 같이 답변한 바 있다.[30] "환경부는 환경부에

표 7-1 **국가기후환경회의와 미세먼지특별대책위원회의 비교**

명칭	국가기후환경회의	미세먼지특별대책위원회
법적 지위	대통령 소속 자문기관	국무총리 소속 심의기관
기능·자문/심의사항	I. 미세문제 대책 국민의견 수렴·논의+대통령 자문	I. 미세먼지관리종합계획의 수립 등 미세먼지 대책 컨트롤타워 기능+정책심의
	II. 자문사항 1. 미세먼지 문제 해결을 위한 범국가적 대책 마련에 관한 사항 2. 산업, 수송, 발전 등 주요 부문의 미세먼지 저감에 관한 사항 3. 국내외 미세먼지 배출과 이동 등에 대한 과학적 분석에 관한 사항 4. 동북아 미세먼지 저감을 위한 공동연구 등 국제협력에 관한 사항 5. 미세먼지 문제 관련 사회경제적 손실 완화와 그 지원에 관한 사항 6. 미세먼지로 인한 국민 건강 피해의 예방에 관한 사항 7. 미세먼지 관련 국민 이해 증진 및 홍보·소통에 관한 사항 8. 미세먼지 문제와 관련된 기후변화 대책에 관한 사항	II. 심의사항 1. 종합계획의 수립·변경 2. 시행계획 추진실적의 점검·평가 3. 미세먼지등의 배출 저감 및 관리 4. 미세먼지로 인한 국민의 건강 관리 5. 미세먼지 저감을 위한 대응요령 등 국민제안 및 실천사항 6. 미세먼지 저감 및 관리를 위한 국제협력 7. 미세먼지등의 저감 및 관리를 위하여 필요한 사항으로 대통령령으로 정하는 사항 8. 그 밖에 위원장이 필요하다고 인정하여 부의하는 사항
구성	위원장 포함 50인 이내 정부 및 지자체(18): 정부((기획재정부 장관, 과학기술정보통신부 장관, 외교부 장관, 산업통상자원부 장관, 환경부 장관, 국토교통부 장관, 국무조정실장, 대통령비서실 사회수석비서관 8), 지자체(2), 위원회(미세먼지특별대책위원회 공동위원장, 녹색성장위원회 민간위원장 2), 정당(6) 민간위원(위촉직 25): 산업계(3), 시민사회단체(4), 학계(5), 종교계(3), 국제협력(3), 시민대표(7)	위원장 포함 40명 이내 당연직(17명): 행정각부 장관 및 국무조정실장, 산림청장, 기상청장 위촉직(16명): 과학·국제협력분과(5명) 미세먼지 저감분과(7명) 국민건강보호·소통분과(4명)
법적 근거	「미세먼지 문제 해결을 위한 국가기후환경회의의 설치 및 운영에 관한 규정」(대통령령 제29713호) 제2조	미세먼지법 제10조

자료: 양 법령 내용을 토대로 작성.

표 7-2 **미세먼지 관련 기관들**

기관명	부서	임무
환경부	대기미래 전략과	- 미세먼지 저감을 위한 정책 추진
기상청	예보정책과	- 기상예보, 각종 기상자료 제공
국립환경 과학원	대기질통합 예보센터	- 미세먼지 등 대기질 예보
	대기환경 연구과	- 대기오염측정 및 자료 관리
한국환경공단	대기측정망팀	- 국가대기오염정보관리시스템(NAMIS)운영 (대기오염측정망자료관리) - 실시간 미세먼지농도 공개서비스(에어코리아), 모바일앱(우리동네 대기질) 운영
교육부	학교안전 총괄과	- 학교안전관리(미세먼지예·경보상시확인, 유치원 및 각급학교 차원 대응)
보건복지부	보육기반과	- 보육시설관리(미세먼지예·경보상시확인, 어린이집 차원 대응)
질병관리본부	미래질병 대비과	- 미세먼지 관련 주요 업무계획 - 기후보건영향평가, 미세먼지 부처 협력
	호흡기·알레르기질환과	- 미세먼지 위해연구 총괄·관리
식품의약품 안전처	의약외품 정책과	- 보건용 마스크 인증 및 사용요령
지방자치단체	대기관리과/ 기후대기과/ 환경정책과 등	- 도시대기측정망의 설치·운영, 미세먼지 등 대기오염도 측정 - 미세먼지 경보제 운영(주의보·경보 발령 및 해제, 단계별 조치사항 이행)
보건환경 연구원	환경연구과/ 환경조사과 등	

자료: 환경부(2016.4.), 「바로 알면 보인다. 미세먼지, 도대체 뭘까?」, 68 도표를 현행화하여 수정.

한정된 업무를 하고 미세먼지는 환경부 단독으로만 할 수 없다. 농업잔존물 등 농촌 분야 미세먼지도 적지 않고, 산업부 소관 발전소에서 많은 미세먼지가 나오며 자동차도 마찬가지다. 해수부 관장 선박에서도 미세먼지가 많이 나온다", "범부처적 대응이 필요한 사안들이 많아 각자 따로 하면 안 되며,

이들 기능들을 통합하는 것이 적으로 하는 것은 미세먼지특별대책위원회이고, 국가기후환경회의와는 국민들이 생각하는 미세먼지 저감 아이디어 등을 수렴하고 이를 다시 알리는 역할을 한다"는 것이다.

'미세먼지 8법'으로 불리는 미세먼지 관계법들의 소관부처가 분산되어 있는 것도 실무상 어려움을 초래할 여지가 없지 않다. 물론 미세먼지 관계법의 분산은 범부처적 대응이 필요한 미세문제 대책의 특성을 감안할 때 불가피하고 또 당연한 결과이기도 하다. 하지만 타 부처 소관업무에 관한 부처 간 업무협조와 조정을 기대하기가 극히 어려웠던 기존의 행정문화, 다시 말해 부처 간 경계를 넘어 서면 간여해서도 안 되고(금기) 아예 들춰보지도 않는다는(소극행정) 오랜 기간 고착되어온 부처할거주의 관행이라는 내막을 들여다본다면, 부처 간 협력·조정이 원활히 이루어질지 여전히 의문이 남는다.

미세먼지법에 따른 미세먼지특별대책위원회와 그 공동수장인 국무총리와 민간공동위원장의 컨트롤타워 기능, 부처 간 네트워킹 및 총괄·지도 역할이 제대로 수행될 경우 많은 문제가 해결될 수 있겠지만 이러한 긍정적 시나리오가 실현될 수 있을지는 미지수이다. 미세문제 대책 중에는 부처 간은 물론 각 부처와 지자체 간의 협력이 필수적인 업무가 많기 때문에 이를 상시 모니터링하고 적절한 타이밍으로 협력을 이끌어 나갈 리더십이 작동될 수 있도록 할 제도적 보완이 필요하다. 행정각부를 통할하는 국무총리가 미세먼지법에 따라 정책 통할 및 조정 역할을 원활히 발휘하리라는 기대를 전제로 할 수는 없을 것이다. 그런 관점에서 창구 단일화까지는 가지 않더라도 대국민 관계에서 미세먼지 전담 기관에 대한 접근과 서비스 기대를 충족시킬 수 있는 조직체계를 보완을 검토해볼 필요가 있다.

2) 동북아 호흡공동체

'동북아 호흡공동체'라는 키워드는 비교적 잘 고안된 상징이다. 이를 사용한 환경부장관의 표현에 따르면 '동북아는 같은 하늘 아래서 숨 쉬는 호흡공동체'라는 것이다.[31]

'동북아 호흡공동체'는 유대관계는 미세먼지 문제에 관한 한 일종의 공동운명체라는 인식의 공유를 기반으로 삼는다. 미세먼지 정보공유는 그 첫 걸음으로서 의미를 가진다. 하지만 그것은 단지 미세먼지 정보공유만으로 끝나서는 안 된다. 미세먼지의 원인과 메커니즘에 대한 과학적 규명, 그리고 이에 기반한 책임과 역할의 분담, 평가 등 후속작업이 필요하다.

미세먼지는 국외영향과 국내배출에 기인하는 것으로 파악되고 있고, 계절과 기후조건(풍향과 풍속, 강수량 등)에 따라 달리 나타난다는 특성을 가지는 것으로 알려져 있다. 통상 국내 미세먼지에 대한 국외 영향은 평상시 30~50%, 고농도 시에는 60~80%까지 달할 정도로 주변국, 특히 중국의 영향을 많이 받는 것으로 분석되고 있다. 그러나 우리가 겪은 미세먼지 문제에 대한 해외요인, 즉 중국의 기여도에 관해서는 국내적으로 논란을 피해가지 못했다.

그동안 미세먼지 오염이 악화될 때마다 꾸준히 중국책임론이 제기되었다. 중국이라는 단어 대신 '국외의 영향'이라 표현되기도 했지만, 황사 내습을 몸소 체험한 사람들의 의식에서도 중국의 영향은 자연스럽게 자리 잡았다. 다만 국외 영향, 특히 중국의 영향의 정도에 관해서는 연구결과가 엇갈리고 있었다.

이와 관련하여 중국의 화력발전과 공장 등에서 배출되는 미세먼지가 국내로 유입된다는 사실이 분명한데도 정부가 그 책임을 국내 노후경유차 등 국내요인으로 돌리고 있다는 비판이 거듭되고 있지만, 중국책임론은 과학적 증거 기반의 정책판단이기보다는 일종의 '만들어진 통념'에 가깝다. 중국과의 관계에서 이견이 해소된 것도 아니다.

> "'미세먼지=중국'. 국민들 뇌리에 뿌리 깊게 박힌 이런 수식을 만들고 유포한 건 한국정부이며, '중국발 미세먼지 공습'이라며 정부의 주장을 극적으로 표현해 보도했던 언론이나 학계, 사회단체도 예외는 아니었다는 지적이 나온다. 이렇게 정부와 언론, 학계, 사회단체가 입을 맞춰 말한 결과 '미세먼지=중국'이란 수식이 기정사실이 되었다는 것이다."[32]

중국발 미세먼지 기여율 모델링에서 핵심적 자료는 중국과 우리나라의 미세먼지 배출량과 세부 기상자료인데, 중국의 미세먼지 현황은 최근 눈에 띄게 개선된 것으로 알려졌다. '중국 대기오염방지법'을 강화하고(2016.1) 13차 5개년 경제계획(2016~2020)에서 '친환경'을 공표하는(2016.3) 등 강력한 환경오염방지정책을 추진한 결과라는 것이다. 중국 측에서는 이러한 사실을 근거로 한국에서 제기 또는 통용되어온 중국책임론을 회피하거나 완화하려는 태도를 보여 왔다.[33]

미세먼지를 줄이기 위해서는 우리 스스로의 노력이 기본이 되어야 하고, 중국발 미세먼지의 영향 못지않게 국내 오염물질 배출이 가중되어 고농도 상황이 악화되는 경향이 있는 것도 사실이다. 하지만 미세먼지, 특히 고농도 미세먼지는 국외 유입·국내 배출 복합요인으로 발생한다는 것도 부정할 수 없는 사실이다. 실례로 2019년 3월 사례는 국외 유입 미세먼지가 정체된 대기에 갇힌 상황에서 발생한 결과라고 이해되고 있다.[34] 그런 배경에서 중국책임론은 한·중 간 이견과 국내외 논란에도 불구하고, 쉽사리 가실 것 같지는 않다.

중국발 미세먼지의 국내 영향을 부정할 수는 없을 것이다. 실제로 최근 우여곡절을 거쳐 발표된 초미세먼지의 중국 영향과 관련한 한·중·일 3국의 '동북아 장거리이동 대기오염물질 국제공동연구(LTP)'에 따르면,[35] 미세먼지의 중국 배출원이 한국에 미치는 영향은 32%로 나타났다. 중국의 이의제기로 연평균 수치만 공표되었는데, 환경과학원에서는 고농도 시기의 경우 "과학원의 지난 발표를 참고하면 연평균보다 국외 기여율이 10~20%포인트 높아질 것"이라고 한다.[36]

중국발 미세먼지의 국내 유입 메커니즘과 영향의 정도에 대한 논란에도 불구하고 중국발 미세먼지 영향은 앞으로도 지속될 가능성이 크다. 그런 이유에서 미세먼지 문제 해결에 있어 중국, 북한 등 주변국가와의 협력이 중요한 정책과제임에는 틀림이 없지만,[37] 그렇다고 미세먼지 중국책임론이 미세먼지 문제 해결에 대한 정부 책임을 전가하는 근거가 될 수는 없다. 이러한 배경에서 '동북아 호흡공동체'라는 상징정치적 모토는 그 공동책임의 긍정적 측면보다는 자칫 국내 미세먼지 대책이 제대로 작동하지 못한 책임을 국외요인에 돌리는 정책알리바이라는 비판을 받을 여지가 농후하다. 그리고 그보다 더욱 심각한 문제는 중국책임론이든 '동북아 호흡공동체론'이든 자칫 정책결정의 방향을 오도하거나 올바른 정책을 펼 기회를 상실케 함으로써 국내 미세먼지 문제의 해결을 저해하는 결과로 이어질 수 있다는 것이다.

3) 미세먼지 대책의 상징정치

지난 수년간 우리 삶의 기본조건과 미래를 좌우하며 날로 심각성을 더해온 미세먼지 문제의 해결을 위한 정부의 노력을 모두 싸잡아 상징정치로 단정하는 것은 무리이다. 하지만 미세먼지 문제 해결을 위해 최근 서둘러 단행된 입법조치들을 살펴보면 상징입법의 범주에 들어갈 수 있는 법령들이 적지 않다. 물론 그 일부는 지방자치단체의 조례 제정 및 시행 등 후속조치가 필요하거나 소요재원을 마련해야 하는 등 시간이 걸릴 수밖에 없어 어느 시점에 효과가 발생할지를 판단하기 어려운 경우도 적지 않지만, 미세먼지 해결에 열과 성을 다하여 임하고 있다는 정치적·전략적 과시와 대국민 선전이라는 측면에 비해 사실상 미세먼지 해결에 기여 여부가 불분명하거나 실행 가능성이 떨어지는 대책 등 실질적 성과가 미흡하다는 상징입법의 특징적 속성이 그대로 드러나는 경우도 적지 않다.

무엇보다도 역대 정부에서 거듭해온 미세먼지 대책들의 난맥상은 정책의 성과 측정이나 그에 따른 책임이 분명히 가려지지 않고 있는 원인이 되고 있다. 그동안 정부는 정책환경이 바뀔 때마다 수많은 대책과 계획들을 수립, 시행해왔다. 관련 계획과 대책만 해도 대기환경개선종합계획(2016~2025), 미세먼지 관리종합대책(2017), 비상·상시 미세먼지 관리 강화대책(2018), 미세먼지 관리종합계획(2020~2024), 시·도별 시행계획(17개 전체 시·도), 권역별대기환경관리기본계획(2020~2024), 시·도별 시행계획(권역 관할 시·도) 등 갈피를 잡기 어려울 정도이다. 그리하여 어느 대책, 어느 계획이 언제 어떤 효과를 냈는지를 분간하기가 극히 어려운 실정이다.

추진체계와 담당조직의 분산과 기능 중복 문제도 미세먼지 정책의 혼선을 더욱 가중시키는 요인으로 작용했다. '관계부처합동'이라는 이름으로 종합계획을 짜고 역할을 분담하여 시책을 만들어내도 '미세먼지 8법' 소관부처 간 할거주의나 범부처, 부처 간 협력 조정의 애로가 해소되지 않는다면 효과를 내기 어려울 것이다.

국가기후환경회의는 문재인 정부가 미세먼지 문제 해결을 위해 투입한 또 하나의 정책수단으로 일면 범정부 수준에서 미세먼지 문제 해결을 위한 전담기구를 만들어 포괄적이고도 강력한 해결책을 강구한다는 메시지를 발신하고, 타면 UN사무총장을 연임하며 글로벌 기후변화 이슈를 선도해왔던, 한때 대통령 후보 물망에 오르면 정치적 경쟁자로 부상했던 반기문이라는 글로벌 명사를 영입하여 정파와 진영을 초월한 정책리더 역할을 맡긴다는 일종의 협치적 실천을 가시화한다는 전략적 선택이었다. 그러나 이러한 전략적 선택이 국무총리와 민간공동위원장이 이끄는 미세먼지특별위원회와의 효율적인 역할 분담 및 유기적 연계를 통해 가시적인 성과를 가져올 수 있을지는 미지수이다.

정부가 그동안 국민에게 제시해온 미세먼지 대책의 성과에 대해서도 논란의 여지가 많다.

미세먼지 전문가의 지적에 따르면, 미세먼지 오염도가 높아진 후 뒤늦게 차량운행 제한이나 비상대책을 해봐야 효과는 극히 미미하며, 악화 정도를 다소 줄일 수 있을지는 몰라도, 이미 높아진 오염농도를 낮추는 것은 불가능하다고 한다. 더구나 일회성 대책에 불과해서 근본 원인은 하나도 제거되지 않기 때문에 문제는 앞으로도 반복되며, 이런 대책으로 국민을 불편하게 하고 국민들의 세금을 투입하는 건 낭비라는 것이다. 그런 까닭에 학자적 양심을 걸고 '미세먼지 비상대책 의미 없다'는 이야기까지 나오는 것도 하등 이상한 일이 아니다.[38]

최근 한 탐사보도 프로그램의 보도에 따르면, 한미 공동연구 결과(KO RUS-AQ[39] 최종보고서), 한반도 상공의 2차 생성 미세먼지가 주로 국내 오염의 영향을 받으며, 특히 충남 서해안 지역이 초미세먼지 오염이 극심한 'hot spot'이라는 사실이 밝혀졌다고 한다. 그 이유는 이 지역에 밀집된 점오염원들, 즉 화력발전소, 대산석유화학단지, 그 밖의 제철소, 산업단지 등에서 배출하는 휘발성유기화합물(VOCs), 시멘트공장 같은 중소형 공장들에서 배출하는 비산먼지 등 국내 제2차 오염물질(초미세먼지) 형성의 원인이 되는 물질들이 배출되고 있기 때문이라고 한다.[40] 이러한 보고를 감안할 때, 그동안 정부가 각종 초미세먼지 대책들을 쏟아냈는데도 개감할 수 있는 효과를 가져 오지 못한 이유를 짐작하기는 그리 어렵지 않을 것이다.

한편, 정부가 제시해온 성과들을 인정한다고 해도, 그 성과들이 구체적으로 어느 정책수단의 결과인지, 어떤 메커니즘을 통해 그런 성과가 나왔는지, 아니면 풍향변화나 강우 등 단순히 기상변화에 따라 나타난 결과인 것은 없는지 등 정책 투입과 산출 간의 인과관계가 불분명하기 때문에 선뜻 정부대책의 성과 평가를 수긍하기 어려운 것이 사실이다. 미세먼지 발생 및 악화 메커니즘에 대한 과학적 원인 규명과 대책 마련이 체계적으로 이루어지지 못했고, 국내 이해관계자, 산업계, 계층, 지역 문제, 대중국관계 등 여러 측면에서 미세먼지 원인 규명의 혼선이 있었기 때문이다.

정부로서는 미세먼지 문제가 제대로 해결되고 있다는 메시지를 전달하고 싶고 또 나름대로 온갖 정책수단들을 총동원하여 문제해결에 매달렸기에 그 성과를 제대로 평가받고 싶을 것이다. 그러나 그 성과들에도 불구하고 전례 없이 심각한 양상으로 찾아 드는 고농도 미세먼지 오염이 호전되지 않는 이유를 묻고 책임을 추궁하고 싶은 시민들의 관점에서는 누가 무엇을 어떻게 해결 또는 개선했으며, 그렇지 못했다면 무엇이 문제이고 누가 책임을 져야 하는지를 판단할 정보와 자료가 더 절실한 것이다. 그렇기 때문에 중국책임론을 거론하며 대중의 우려에 영합하기보다는 미세먼지 정책의 목표, 수립 및 투입 결과에 대한 과학·증거 기반의 설명이 필요하다. 설사 정부가 미세먼지 문제 해결에 팔 걷어붙이고 앞장서고 있다는 외관, 인상과 메시지를 만들어내고 미세먼지를 우려하는 대중에 대한 안도 및 신뢰 조장에 성공한다 하더라도 정부의 미세먼지 대책이 실제로 성과 달성이 불분명하거나 미흡할 경우에는 미세먼지 대책은 고작 정부 책임의 알리바이, 상징정치로 끝나고 말 것이다.

제8장

바이오사이드와 상징정치

1. 바이오사이드 참사와 정부의 대응

가습기살균제 참사는 전 세계적으로 유례를 찾기 힘든 바이오사이드[biocide: 살생물제(殺生物劑)] 사건이다. 미생물이나 해충을 죽이려는 용도로 사용한 제품이 외려 인간의 생명을 앗아간, 대한민국에 또 하나의 세계 최초라는 오명을 선사한 이 끔찍한 사건은 아직도 끝나지 않았고 여전히 진행형이다.

2011년 9월부터 2019년 5월 17일까지 약 8년간 가습기살균제로 인한 피해신고 6,407명 중 사망자가 무려 1,405명에 달했다. 가습기살균제로 인한 폐렴 사망자가 2만여 명에 가깝다는 연구결과와 우리 국민 20%가 가습기살균제를 사용했을 것이라는 여론조사 추정치 등을 더하면 피해는 훨씬 더 큰 규모일 것으로 예상되고 있다.[1]

가습기살균제 피해자에 대한 신속한 구제 및 지속가능한 지원 대책을 마련하기 위하여 2017년 2월 8일 「가습기살균제 피해구제를 위한 특별법」(가습기살균제피해구제법)이 제정되었다(시행 2017.8.9. 법률 제14566호). 그리고 그로부터 약 10개월 후 가습기살균제 사건과 4·16 세월호 참사의 발생원인·

그림 8-1 **가습기살균제 피해자 현황**

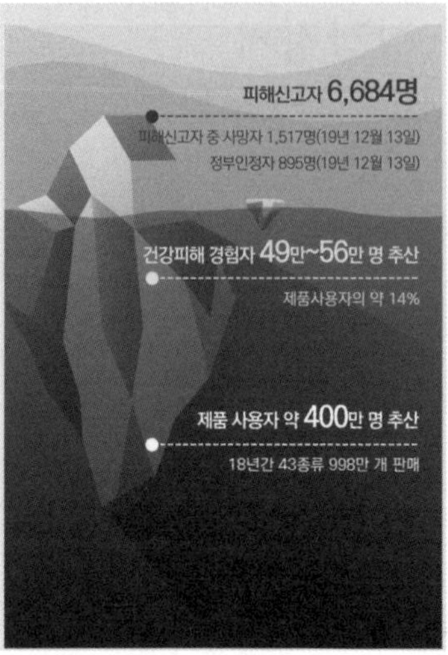

자료: 사회적참사특별조사위원회(2019a: 182).

수습과정·후속조치 등의 사실관계와 책임소재의 진상을 밝히고 피해자를 지원하며, 재해·재난의 예방과 대응방안을 수립하여 안전한 사회를 건설·확립하는 것을 목적으로 「사회적 참사의 진상규명 및 안전사회 건설 등을 위한 특별법」(사회적참사진상규명법)이 제정되었고(시행 2017.12.12. 법률 제15213호), 2018년 3월 20일 '바이오사이드법'이라고 불리는 「생활화학제품 및 살생물제의 안전관리에 관한 법률」(법률 제15511호, 화학제품안전법)이 제정되어 2019년부터 시행에 들어갔다. 가습기살균제피해구제법과 사회적참사진상규명법 등 일련의 입법들은 바이오사이드로 인한 참사에 대한 정부의 대응이 상징정치와 상징입법임을 보여주는 또 하나의 사례로 주목된다.

2. 가습기살균제 비극의 전말

1) 사건의 경위

가습기살균제는 1994년 대한석유공사 계열사인 유공바이오텍(이후 유공, SK주식회사)에서 처음으로 제조, 판매한 것으로 알려지고 있다.[2] 이후 2011년까지 20여 종의 제품들이 시장에 선보였고 18년간 약 800만 명이 사용한 것으로 추정되고 있다. 1998년 미국 EPA는 CMIT/MIT의 독성을 조사하여 2등급 흡입독성을 가진 것으로 판정했으나, 이 사실은 국내에서 주목을 받지 못했다(홍성욱, 2018: 72).[3] CMIT/MIT 등을 사용한 가습기살균제는 한국의 SK케미칼 같은 대기업으로부터 원료를 공급받거나 외국에서 원료를 수입해 옥시레킷벤키저 같은 외국계기업과 이마트, 롯데마트 등 주요 대형할인점들이 만들어 판매하기 시작했다. 2001년 애경이 판권을 구입하여 '애경가습기메이트'로 판매하고 이마트 등은 PB 상품으로 이를 제조, 판매했다. SK는 원료와 관련한 정보를 '영업기밀'로 공유하지 않았던 것으로 알려졌다.

가습기살균제는 2000년대 이후 많은 가정에서 생활필수품처럼 인기를 끌며 널리 사용되었다. 2000년대 초반부터 어린이와 임산부 등을 중심으로 살균제 피해자들이 나오기 시작했고, 2006년 이후 초봄 전후 거의 동시에 4~5명씩 상급종합병원 중환자실에 입원하는 등 피해자 수가 급증하는 심각한 상황이 벌어졌으나 정부와 의료진 누구도 그 원인을 정확히 밝혀내지는 못했다. 그 사이 피해자 규모가 점점 더 커졌고, 2011년 3월 서울아산병원 중환자실에 원인미상 중증폐질환 환자들이 입원하면서 사건이 표면화되었다. 환자들은 주로 젊은 나이 출산 직후 주산기 여성들이었다. 의료진은 기존 치료 방법이 효험이 없는 심각한 질병이라고 판단하여 이 사실을 질병관리본부에 신고했고, 환자들의 영상 소견 및 폐 조직 소견에 비추어 흡입성 물질로 인한 폐 손상으로 병인을 추정하게 되었다. 환자들은 주로 출산 전후 여성과 영유아로 모두 실내에서 많은 시간을 보내며, 질환이 늦겨울부터 봄에 집중된다는 점 등으로 미루어 겨울철 실내 환경 요인에 주목하여 질병관리본부와 아산병원 공동으로 환자-대조군 역학조사를 실시했다. 역학조사 결과 폐질환의 결정적 원인으로 가습기살균제가 지목되었다. 질병관리본부는 2011년 8월 31일에 조사 결과를 발표했고, 이후 동물실험을 거쳐 2011년 11월 11일 이 두 물질을 사용한 가습기살균제 6종[4]의 수거명령을 내렸다.

그림 8-2 **가습기살균제 참사 사건 개요(1994~2019.5.17)**

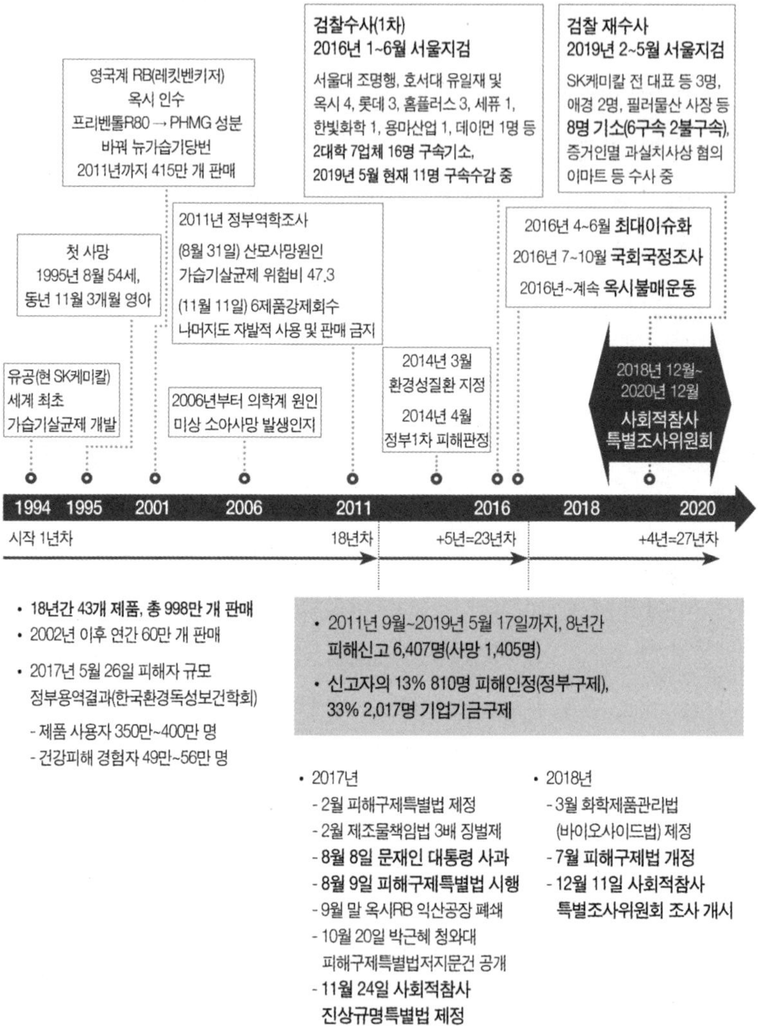

자료: 최예용(2019: 289).

반면, 당시 CMIT/MIT를 이용한 가습기살균제는 동물실험에서 이상소견이 보이지 않아 애경가습기메이트, 이마트가습기살균제, 함박웃음가습기살균제, 산도깨비가습기퍼니셔 등에 대해서는 별다른 조치가 취해지지 않았다. 가습기살균제 수거명령 이후 시행된 소아 및 성인 환자에 대한 전향적 감시에서 유사 질환자는 다시 발생하지 않았다.[5]

그러나 가습기살균제 사건은 2011년 정부조사로도 해결되지 못했고, 2016년 초에 가서야 검찰수사를 계기로 옥시레킷벤키저가 김앤장을 내세우고 독성학 분야 대학교수에게 뇌물을 제공하여 동물실험 증거를 조작, 은폐한 사실이 드러나면서 사회적 관심사로 떠올랐다. 그러나 전국적으로 옥시제품 불매운동이 전개되고 국회가 나서 국정조사까지 벌였지만 전모가 완전히 드러나지는 않았다.[6] 이에 가습기살균제 문제해결을 위한 특별법 제정을 요구하는 목소리가 점점 더 커지기 시작했다.[7]

최근 한 언론보도에 따르면, 가습기살균제 참사에는 크게 일곱 차례의 결정적 순간이 있었다고 한다. 전문가와 환경단체들에 따르면 정부의 무능과 안전불감증, 기업의 무책임한 태도 등 느슨한 안전 그물망 탓에 참사를 막을 수 있었던 순간마다 기회를 놓쳤다는 것이다.[8]

① 1994년 첫 가습기살균제 출시: 가습기 불안심리 이용 시장 진입

② 1997년 환경부 '유독물 아님' 고시: 산자부도 초기 규제 실패

③ 2000년 옥시, 독성실험 없이 살균제 출시: 기업 윤리의 부재

④ 2003년 가습기살균제 제조업체들, 유독성 확인하고도 무시

⑤ 2006~2008년 환자 잇단 발생: '괴질' 치부, 원인규명 뒷전

⑥ 2011년 동일 증상 산모 환자 몰려든 병원서 우연히 원인 발견

⑦ 2011년 부처 간 책임 떠넘기기: 공식 피해 판정까지 3년 허송

위 일곱 가지 중 정부의 책임과 관련된 부분은 다음 네 가지이다.

첫째, 1994년 첫 가습기살균제 출시 당시 환경·보건·산업 당국이 살생물제의 호흡기침투 위험에 의문을 가졌다면 시장진입 자체를 막을 수도 있었을 것이다. 당시 외국에서는 가습기 자체로 인한 폐질환 관련 보고가 많이 나와 있었고, 가습기살균제는 가습기에 대한 불안 심리를 파고든 상품이었다. 살균제를 쓰는 게 좋다는 식의 광고가 허용된 것도 피해를 키웠다.

둘째, 1997년 환경부는 관보에 PHMG 물질에 대해 '유독물에 해당하지 아니한다'고 고시했고, 산업자원부는 이 물질을 세정제로 간주해 판매 허가를 내줬다. 사용방법에 따라 독성 여부가 크게 달라지는 물질을 생활용품으로 허가한 것이다. 가습기살균제는 '자율안전확인대상 공산품'으로 취급되어 적절한 규제가 이루어지지 않았다.

셋째, 2006년부터 3년간 원인불명의 폐질환 환자들이 속출하고 2009년 피해자 증상과 사망자 수 등이 담긴 논문이 발표되었지만 질병관리본부는 원인조사조차 하지 않았다. 당시 질본 관계자가 원인규명이 필요하다고 보고하고 역학조사에 나서 원인을 규명했다면 이후 피해자를 크게 줄일 수 있었으리라는 게 환경단체와 전문가들의 중론이다.

넷째, 2011년 가습기살균제 피해 원인 발표 이후 정부는 기업과 소비자 사이 문제라며 방관하는 태도를 보였다. 환경부, 복지부가 서로 소관이 아니라며 책임을 떠넘기고, 피해자 조사를 위한 민관합동위원회가 공전하는 사이 피해자들은 철저히 외면당했다. 3년 만인 2014년에 가서야 공식 피해조사결과 발표와 판정이 이루어졌다.

2) 법과 규제의 공백

당시 관계법상 공산품은 「품질경영 및 공산품안전관리법」(공산품안전법)[9]

의 규제하에 있었다. CMIT/MIT, PHMG, PGH 등은 인공 화학물질로 공산품이므로 공산품안전법의 규제 대상이었고, 따라서 가습기살균제는 더 엄격한 관리를 받는 의약품, 식품, 화장품이 아니었기에 약사법, 식품위생법, 화장품법의 규제에서 벗어나 있었다. 공산품안전법의 대상은 안전인증을 요하는 '안전인증제품'과 자율적으로 안전을 확인하면 족한 '자율안전대상제품'으로 나뉘었는데, 세정제, 방향제, 접착제, 광택제, 탈취제, 합성세제, 표백제 및 섬유유연제 등이 자율안전대상제품의 하위범주인 '생활화학가정용품'에 포함되어 있었지만, 가습기살균제는 '생활화학가정용품'에 포함되지 않는 것으로 간주되어 규제의 사각지대에 밀려나 안전관리가 이루지지 못했다(보건복지부 질병관리본부 폐손상조사위원회, 2014: 180~183).[10] 문제가 된 가습기살균제 성분인 PHMG, PGH와 CMIT/MIT는 공산품안전법의 안전관리대상 6종의 물질에 해당하지 않았기 때문에 결국 가습기살균제에 관한 한 공산품안전법은 유명무실했고 당시 유해화학물질관리법 역시 가습기살균제의 유독성, 유해성을 인정하지 않아 공산품안전법에 따른 독성 표시도 이루어지지 못했다(보건복지부 질병관리본부 폐손상조사위원회, 2014: 184).

가습기살균제 사건은 2011년부터 2019년 5월까지 약 8년 간 무려 1,405명의 사망자를 낸 역사적으로 유례가 없는 최악의 바이오사이드 피해사건이었고, 유럽 수준의 안전기준을 적용하기는커녕 비용절약 명목으로 PHMG 안전실험을 생략한 채 가습기살균제를 판매한 기업의 무책임한 탐욕과 이윤추구(최예용, 2017: 13~14), 유해성 심사를 독점하는 국가가 관리자로서 규제권한을 이행하지 못한 권한 불행사(이상만, 2016: 65~66)가 적나라하게 드러난 '안방의 세월호 참사'라고 불릴 만한 사건이었다. 그러나 2011년 가습기살균제 사건이 불거진 이후 8년이 지났는데도, 그리고 문재인 대통령의 유가족에 대한 사과에도 불구하고, 원료공급체에 대한 조사 등 진상규명은 미진한 상태에 머물러 있고 손해배상 청구소송과 검찰수사가 이어지는 등 사태는 아직도 '현재진행형'이다.

3. 입법적 대응

가습기살균제 참사에 대한 정부의 입법적 대응은 세 갈래로 나왔다. 첫째, 가습기살균제 안전관리 (강화)방안, 둘째는 가습기살균제 참사 피해자 구제, 셋째는 가습기살균제 참사 진상규명이었다.

1) 안전관리 강화: 바이오사이드법

가습기살균제 사고 이후 정부는 안전관리 강화를 위한 대책을 내놓았다. 보건복지부는 2011년 11월 동물흡입실험 결과 이상소견이 발견된 화학물질(PGH, PHMG)을 원료로 사용한 가습기살균제 6종(PGH, PHMG 함유 제품)을 강제수거하고, 같은 해 12월 모든 가습기살균제를 「약사법」에 의한 의약외품으로 지정했으며(「의약외품 범위지정」 고시 개정), 위해 우려가 높은 방향제 등 8개 생활화학용품과 물티슈 원료물질 위해성 평가 및 평가 결과를 현행 소관법령상 안전기준에 반영했다.

환경부는 2012년 9월 PHMG, CMIT/MIT를, 2013년 8월 PGH를 「유해화학물질관리법」상 유독물로 지정했다. 2003년 제2의 가습기살균제 피해 재발을 막기 위하여 화학물질의 용도변경 시 보고·등록 의무화, 유해화학물질 함유제품 신고 의무화 등 생활화학제품 위해성 평가를 강화하는 내용으로 「화학물질의 평가 및 등록에 관한 법률」이 제정되었다(2015년 1월부터 시행). 또한 「품질경영 및 공산품 안전관리법」의 관리대상이었던 생활화학용품(방향제, 접착제, 광택제, 세정제 등 8개), 11개 비관리품목의 관리를 환경부로 이

관하여 「화학물질의 평가 및 등록에 관한 법률」에 반영했다.

정부의 대책은 법률적 측면에서 가습기살균제 사고의 원인이 어디에 있었는지 가늠케 해주는데, 가습기살균제 사고는 가습기살균제가 「약사법」 규제대상에서 제외되었고, 생활화학용품에 대한 「품질경영 및 공산품 안전관리법」의 안전관리가 미비했으며, 「유해화학물질관리법」의 안전관리가 강력하지 않았기 때문에 발생한 것이라는 진단에서 나온 해법이었다(보건복지부 질병관리본부 폐손상조사위원회, 2014: 180). 그러나 이것만으로 가습기살균제 참사 같은 사고의 재발을 막을 수 있을지에 의문을 완전히 불식시키지는 못했다. 그런 배경에서 2018년 3월 20일 화학제품안전법이 제정되었고 2019년부터 시행되기 시작했다.

화학제품안전법은 그 제정이유를 다음과 같이 밝히고 있다.

> 많은 인명피해가 발생한 가습기살균제 사고를 계기로 화학제품 전반에 대한 화학공포증 등 국민적 불안이 가중되고 경각심이 높아지고 있음. 특히 유해생물을 제거하거나 무해화(無害化)하는 등의 기능을 가진 살균제, 살충제 등 살생물제(殺生物劑)에 대한 관리 필요성이 높아진 상황임.
>
> 이에 살생물물질 및 살생물제품에 대한 승인제도를 도입하여 살생물제에 대한 사전예방적 관리체계를 마련하는 한편, 생활화학제품에 대한 체계적인 안전관리를 위하여 그동안 「화학물질의 등록 및 평가 등에 관한 법률」에서 규정하여 오던 생활화학제품에 대한 사항을 이 법으로 옮기고 일부 미비한 사항을 보완하려는 것임.

화학제품안전법은 생활화학제품 및 살생물제[11]의 안전관리를 담당할 컨트롤타워로 환경부장관 소속으로 생활화학제품 및 살생물제 관리위원회를 설치하고(제4조 및 제6조), 생활화학제품, 살생물물질 및 살생물제의 제조, 수입, 유통 등에 대한 승인, 살생물제품의 승인 및 표시, 살생물처리제품의 안전기준 및 표시기준 등 강력한 살생물제 안전규제를 담고 있다. 그 주요 내용은 다음과 같다.

첫째, 법은 환경부장관으로 하여금 생활화학제품에 대한 실태조사와 위해성평가 등을 기반으로 위해성이 있다고 인정되는 경우 안전확인대상생활화학제품으로 지정·고시하하도록 하는 한편, 안전확인대상생활화학제품을 제조·수입하려면 시험·검사기관으로부터 안전기준 등 적합여부를 확인받아야 한다고 규정했다(§ 3 iv, §§ 7-11).

둘째, 법은 살생물물질을 제조·수입하려면 환경부장관의 물질승인을 받거나 물질동등성을 인정받도록 의무화했다(제12조부터 제19조까지). 또한 살생물제품을 제조·수입하려면 해당 살생물제품에 대하여 환경부장관의 제품승인을 받아야 하며, 제품승인을 받은 살생물제품을 제조·수입하려면 살생물제품에 사용된 살생물물질의 성분, 살생물제품의 사용에 따른 위험성 및 응급처치 방법 등을 해당 살생물제품의 겉면에 구매자가 알아보기 쉽게 표시하여야 한다고 규정했다(§§ 20-27).

셋째, 법은 살생물처리제품 제조·수입시 해당 살생물처리제품에 제품승인을 받은 살생물제품만을 사용하도록 하고, 유해생물 제거 등에 대한 효과·효능을 구매자에게 알리려는 경우에는 사용된 살생물제품의 위험성 및 취급 시 주의사항을 해당 살생물처리제품의 겉면에 구매자가 알아보기 쉽게 표시하도록 했다(§ 28).

2) 피해구제: 가습기살균제피해구제법

가습기살균제 피해자에 대한 신속한 구제 및 지속가능한 지원 대책을 마련하기 위하여 2017년 2월 8일 가습기살균제피해구제법이 제정되어 같은 해 8월 9일부터 시행되었다.

환경부는 가습기살균제피해구제법이 제정되기 전에 가습기살균제피해자들에 대한 법적 지원 근거를 마련하기 위하여 일련의 입법조치들을 단행한다. 2013년 10월부터 「환경보건법」 하위법령 개정과 고시 제정을 추진하여 2014년 3월 가습기살균제에 사용된 화학물질로 인한 폐질환을 환경성질환으로 지정하는 「환경보건법시행규칙」을 개정·공포(2014.3.13. 시행)했다. 같은 해 4월에는 가습기살균제 피해 지원관련 세부사항을 규정하는 「환경보건법시행령」 개정안 및 고시 제정안을 공포(2014.4.11. 시행)했다.

가습기살균제피해구제법의 제정이유는 다음과 같다.

2016년 11월 8일 기준 총 5,117명이 정부기관에 가습기살균제로 인한 폐질환 등 피해를 신고했고, 그중 사망자는 1,064명에 이르렀음. 여기에 가습기살균제로 인한 폐렴 사망자가 2만여 명에 가깝다는 연구결과와 우리 국민 20%가 가습기살균제를 사용했을 것이라는 여론조사 추정치 등을 더하면 피해규모는 가늠하기 어려운 수준임. 이에 가습기살균제 피해자에 대한 신속한 구제 및 지속가능한 지원 대책을 마련하려는 것임.

독성이 판명된 화학물질을 함유한 가습기살균제의 사용으로 인하여 생명 또는 건강상 피해를 입은 피해자와 그 유족을 신속하고 공정하게 구제하려는 목적으로 제정된 이 법률은 가습기살균제피해에 대한 구제급여 지원 등에 관한 사항을 심의·의결하기 위하여 환경부 소속으로 가습기살균제피해구제위원회를 두고, 위원회 내에 폐질환조사판정전문위원회와 폐외질환조사판정전문위원회를 두도록 하는 한편(§ 7), 가습기살균제 피해자를 구제하기 위하여 손해배상청구권의 대위를 전제로 환경부장관이 요양급여, 요양생활수당, 장의비, 간병비, 특별유족조위금, 특별장의비 및 구제급여조정금 등의 구제급여를 지급하도록 했다(§§ 12-20). 아울러 손해배상책임을 지는 사업자를 알 수 없는 등의 사유로 구제급여를 받을 수 없는 피해자와 구제급여에 상당하는 지원이 필요하다고 인정되는 피해인정 신청자에게 구제급여에 상당하는 급여를 지급하기 위하여 한국환경산업기술원에 특별구제계정을 설치하여 운영하도록 하고(§ 31), 가습기살균제 피해자 지원 등을 위한 가습기살균제종합지원센터와 건강피해의 조사·연구 등을 위한 가습기살균제보건센터를 설치·운영하도록 했다(§ 40).

그러나 가습기살균제피해구제법은 시행과정에서 심각한 문제점이 드러나 2018년 8월 14일 불과 1년여 만에 개정되었다. 2019년 2월 15일부터 시행된 개정법(법률 제15717호)은 무엇보다도 먼저 법적 보호대상을 확대했다. 즉, 가습기살균제에 의하여 사망하거나 건강상 피해를 입은 사람으로서 환경부장관에게 가습기살균제 건강피해를 인정받은 사람 외에 구제계정운용위원회의 심의를 거쳐 구제급여에 상당하는 지원이 필요하다고 인정받은 사람을 가습기살균제 피해자에 추가하여(§ 2 iv 나목) 이들도 피해자로서 단체를 구성하고 가습기살균제 사업자 등에게 관련 정보를 청구할 수 있도록 했다. 또한 환경노출조사 결과 가습기살균제 노출이 확인된 자에게도 관련 단체를 구성하고, 가습기살균제 사업자 등을 대상으로 건강피해 인정을 위한 정보를 청구할 수 있도록 했다(§ 9의2).

또한 피해자단체가 가습기살균제 피해자의 이해를 대변하는 활동, 가습기살균제 피해와 관련된 추모사업, 조사·연구사업 등을 할 수 있도록 하고(§ 9), 가습기살균제 노출확인자단체도 노출확인자의 이해를 대변하는 활동을 할 수 있도록 했다(§ 9의2).

둘째, 폭넓은 구제급여 지급을 위해 손해배상청구권의 대위를 전제로 구제급여를 지급한다는 내용을 삭제하고, 환경부장관의 손해배상청구권 대위조항을 강행규정에서 임의규정으로 변경했다(§§ 22, 25).

셋째, 가습기살균제 건강피해에 대한 손해배상청구권의 소멸시효기간을 20년에서 30년으로 변경하여(§ 41) 가습기살균제가 출시된 초기인 1990년대 중순에 발생한 피해자도 손해배상청구권을 행사할 수 있도록 했다.

넷째, 대통령령으로 정하는 사업을 수행할 경우 환경부장관이 특별구제계정으로 해당 사업에 필요한 비용 일부를 지원할 수 있도록 하는 한편(§ 9), 환경부장관이 가습기살균제 피해 특별구제계정을 설치·운영하도록 하고, 그 재원으로 정부출연금을 추가했다(§ 31).

가습기살균제피해구제법은 이후에도 다시 개정요구에 직면하게 되었다. 특히 가습기살균제 피해에 대하여 가해 기업에 대한 구상권 행사를 염두에 두고 피해자에게 상당한 개연성이 있는 대상 질환을 고시하여 건강피해 범위를 제한하고 있고 피해구제를 구제급여와 구제계정으로 나누어 차등 지원하고 있는 등 문제점들을 드러냈기 때문이다. 그 결과 피해구제를 신청한 피해자 중 절반 이상이 피해를 인정받지 못하고 있고, 피해자단체는 노출확인자 지원, 구제급여·구제계정 간 차별해소를 요구하고 있는 실정이다.[12]

3) 진상규명: 사회적참사진상규명법

가습기살균제 사건의 진상이 충분히 드러나지 않았기 때문에 진상규명을 요구하는 목소리가 끊이지 않았다. 그러던 중 2017년 12월 12일 사회적참사진상규명법이 제정되었다. 발생원인·수습과정·후속조치 등의 사실관계와 책임소재의 진상을 밝히고 피해자를 지원하며, 재해·재난의 예방과 대응방안을 수립하여 안전한 사회를 건설·확립하는 것을 목적으로 천명한 이 법률은 그 제정이유를 다음과 같이 밝히고 있다.

2016년 11월 말 기준 가습기살균제에 의한 사망자가 1,092명이고 피해자는

5,226명에 달하고, 2014년 4월 16일 전라남도 진도군 조도면 부근 해상에서 발생한 여객선 세월호 침몰 참사는 304명의 사망·실종자를 낳은바, 참사에 따른 희생자의 추모와 신체적·정신적·경제적 피해를 입은 사람 등에 대한 피해구제 및 지원을 통하여 생활 안정 및 공동체 회복을 도모할 필요가 있음. 그런가 하면, 가습기살균제 사건과 세월호 참사의 배경에는 안전관리 부실이라는 정부 당국의 책임소지가 있었고, 사고 이후에도 당국의 재난관리시스템이 부실했던 문제가 제기됐음.

이에 가습기살균제 사건 및 세월호 참사 피해자들의 피해회복을 위한 조치에 당국이 최선을 다하고, 두 참사의 발생원인·수습과정·후속조치 등의 사실관계와 책임소재의 진상을 밝혀 재해·재난의 예방과 대응방안을 수립하고 안전한 사회를 건설·확립함으로써 재발을 방지하도록 하려는 것임.

법률의 주요내용을 살펴보면 다음과 같다.

첫째, 가습기살균제 사건과 4·16 세월호 참사의 진상을 규명하고, 안전사회 건설과 관련된 제도를 개선하며, 피해자 지원대책을 점검하는 업무 등을 수행하기 위하여 가습기살균제 사건과 4·16 세월호 참사 특별조사위원회를 구성·운영하고, 위원은 국회가 추천하여 대통령이 임명하는 9명으로 한다(제2장).

둘째, 가습기살균제 사건과 4·16 세월호 참사 특별조사위원회는 직권으로 사건에 대한 진상규명조사를 수행하고, 이를 위해 조사대상자 및 참고인에 대한 출석요구, 동행명령, 고발 및 수사요청, 감사원에 대한 감사요구, 청문회 실시 등을 할 수 있도록 한다(제3장).

셋째, 가습기살균제 사건과 4·16 세월호 참사 특별조사위원회는 특별검사의 수사가 필요하다고 인정하는 경우 언제든지 「특별검사의 임명 등에 관한 법률」에 따른 특별검사의 수사대상이 될 수 있도록 국회에 의결을 요청할 수 있고, 국회 상임위원회는 요청이 있은 날부터 3개월 내에 심사를 마쳐야 하며, 이 기한 내에 심사를 마치지 아니한 때에는 해당 안건은 기간이 종료된 다음 날 본회의에 부의된 것으로 보고, 부의된 후 처음으로 개의되는 본회의에 상정되도록 한다(§ 38).

이로써 가습기살균제 사건의 진상규명은 다시금 현재진행형이 되었다.

4. 가습기살균제 문제와 상징입법

1) 법의 공백과 책임의 실종

법의 공백과 책임의 실종은 정부실패 현상에서 종종 나타나는 공통된 패턴이다. 가습기살균제 참사도 예외가 아니었다. 가습기살균제 사건의 사회문화적 배경을 짚어낸 홍성욱의 연구는 1994년 첫 제조된 가습기살균제가 2011년 원인 미상 간질성 폐질환의 원인으로 밝혀지기까지 어떻게 촘촘한 규제의 법망을 피해 제조되고 유통되었는지를 법정 문서와 국회 청문회 자료를 바탕으로 분석했다. 그는 정부라는 관료 조직의 구조적 비밀주의, 위험에 대한 '평가절하 어림짐작(disqualification heuristic: '재난은 일어날 수 있지만 나한테는 안 일어난다'는 발상)', 칸막이 문화(회사 내외부에서 제기된 안정성 문제제기 회피 및 사실 조작, 내부 갈등의 존재 무마), 피드백과 소통의 단절 등 부도덕함이나 무능 등의 개인 차원의 문제보다 기업과 정부의 부처 조직 내부의 소통의 문제를 주요 원인으로 지적한 바 있다(홍성욱, 2018). 이와 관련하여 주목해보아야 할 부분은 당시 문제가 불거지는 과정에서 정부가 보인 태도는 정부 부처 어느 누구의 책임도 아니라는 책임회피 또는 책임전가의 그것에 다름 아니었다는 사실이다. 이 문제를 담당할 소관부처가 누구인지조차 관계법과 관할의 분산(fragmentation of relevant laws and jurisdictions)으로 인하여 불분명했기 때문에 그러한 책임의 회피나 전가 기동의 빌미가 갖춰져 있었기도 했다.

이미 앞에서 살펴본 바와 같이 '감염병 예방을 위해 살균, 살충 및 이와 유사한 용도로 사용되는 제재'로 분류된다면 약사법 적용을 받고 식품의약품안전처의 소관이었겠지만, 가습기살균제는 감염병 예방을 위한 살균제가 아니었고 따라서 공산품안전법 적용을 받는 공산품에 해당했다. 그런데 산업통산자원부 소관이기는 했지만, 정작 공산품 안전관리 대상에서는 빠져 있었다. 안전관리심사는 국가기술표준원에서 담당하나 가습기살균제는 안정인증제품 또는 자율안전확인제품에 포함되지 않는 것으로 다루어졌기 때문이다.[13]

화학물질의 유해성은 당시 시행되던 유해화학물질관리법의 적용대상으로 환경부 소관이었고, 유해성 심사는 환경부 산하 국립환경과학원이 담당하고 있었으나, 당시 공산품 안전관리의 주무부처였던 산업통상자원부와는 손발이 맞지 않았다. 책임 떠넘기기식 부처 이기주의와 칸막이 문화로 인한 소통 부재로 가습기살균제 안전관리의 공백이 생긴 것은 어쩌면 당연한 귀결이었다.

"가습기살균제에 대한 정부의 대응 중에서 강한 비판을 받은 부분은, 카펫, 고무, 목재 등의 항균제로 허가를 맡은 원료들이, 처음에 허가를 받았던 용도와는 전혀 다른 가습기살균제의 원료가 되어 사용되었지만 이에 대한 제재가 없었다는 것이다. 마치 한 번 허가를 받으면 그 원료를 어디에 사용하건 전혀 규제를 하지 않는 것 같았는데, 이는 제품을 만드는 사람이 원료 공급자에게 제품에 대해서 설명을 할 의무가 없다는 사실과도 연관되어 있지만, 또 다른 한편으로 정부 관료 조직 내에서 원료와 제품에 대한 규정과 관장 부서가 다르기 때문이기도 했다. 원료의 독성 등 '화학적 위해요인'의 심사는 환경부 소관이었고, 제품의 재질이나 모양 등 '물리적 위해요인'과 관련된 것은 산업통상자원부 소관이었다. 이 두 부서 사이의 관계는 협력보다 견제가 주를 이루었다"(홍성욱, 2018: 99. 강조 인용자).

가습기살균제 문제가 불거진 이후 관련부처 사이에 책임 떠넘기기 경향이 생겼고 참사 처리방안에 대한 문의가 보건복지부, 지식경제부(산업통상자원부), 식약청, 국민권익위원회 등 여러 부처들을 왔다 갔다 하다 결국 '다부처 소관'으로 지정되는 해프닝이 있었다(홍성욱, 2018: 108~109). 부처 간 정책을 조정해야 할 국무조정실조차 유해성 심사나 물질에 대한 평가는 '굉장히 전문적인 영역'이기 때문에 화학제품의 유해성과 관련한 환경부와 산자부 사이의 갈등에 개입하기 어렵다는 입장을 표명했다.[14]

"공무원 누구도 그 원료에 대해서 알거나, 사람이 흡입하는 가습기살균제의 원료가 흡입독성이 있을 때 이를 장기적으로 사용할 경우 이상이 생길 가능성이 조금이라도 있을 것이라는 생각을 하지 못했다. 무지하거나 무책임해서가 아니라, 이들이 규정에 의해 돌아가는 관료제라는 거대한 기계 속의 한 부속품이었기 때문이다(Weber, [1921]1968). 게다가 가습기살균제라는 새로운 존재는 이 관료제가 만들어놓은 촘촘한 규제의 그물에 걸리지 않는 '괴물'이었다"(홍성욱, 2018: 110).

서로 다른 전문성과 정책 사이의 소통이 원활하게 진행되지 못하고 조정이 실패하면서, 가습기살균제라는 '괴물'의 위험성을 파악할 수 있는 여러 잠재적 기회들이 사라졌다면(홍성욱, 2018: 118), 이는 관료제의 폐단이 발현된 결과이기도 하지만, 더 근본적인 원인은 국민의 생명과 안전을 지키는 국가와 정부 본연의 존재이유와 본질적 책무에 공백이 있었다는 데 있었다. 그런 이유에서 '가습기살균제 참사는 누구의 책임인가'라는 묶음을 피해갈 수 없었다. 가습기살균제피해에 대한 국가배상책임을 추궁하는 과정에서 국가의 기본권보호의무론이 동원된 것도 바로 그런 맥락이었다.

2) 정부의 책임을 둘러싼 법적 논란

(1) 정부무책임론과 국가의 기본권보호의무

가습기살균제 사건에 관하여 정부가 취한 입장은 이를테면 국가무책임론이라 해도 무방하다. 국가배상소송에서 오고간 논쟁은 바로 그 점을 잘 보여주는 실례였다. 당시 유해화학물질관리법에 기존 화학물질의 용도변경시 위해성 심사를 다시 받도록 하는 조항이 결여되어 있던 것, 즉 유해성 재평가 미비가 가습기살균제 사건의 발생원인 중 하나로 지목된 데(김용화, 2016: 92) 대하여, 환경부는 당시 유해성심사가 용도등록제가 아니라 물질신고제에 바탕하고 있었기 때문에 심사 이후 용도가 변경되더라도 재심사해야 할 법적 근거가 없었다고 반박한다. 이러한 방어논리는 실제로 가습기살균제 피해에 대한 국가배상청구소송에서 그대로 반영되었다. 정부는 "당시 유해성 심사는 화학물질 자체에 대한 자료를 통해 유해성을 평가하는 물질신고제도로 한번 신고가 이루어지고 나면, 후에 같은 물질을 다른 용도로 사용해도 유해화학물질관리법에 의해 다시 신고하거나 등록을 하지 않아도 된다"라고 주장했다.[15] 이러한 정부의 입장은 가습기살균제 참사 이후 정부가 각종 대책과 입법조치 등을 추진하면서 견지해온 입장과는 일견 모순되는 것으로 보인다. 정부의 이 같은 태도는 앞서 살펴보았던 관계부처들의 책임 전가나 회피 기동과도 일맥상통하는 것이고, 보는 관점에 따라서는 관계법령이 미비한 상태에서 일어난 일이므로 정부의 책임은 없다는 것이 정부의 진의였다고 볼 여지도 없지 않다. 그렇다면 정부는 책임이 없는데도 가령 그 어떤 정치적 동기에서 가습기살균제 참사에 관여한 것일까? 정부의 입장을 이율배반이라거나 위선적 기만이라고 단정할 것까지는 없을 것이다. 정부의 입장은 필경 '법적 책임은 없지만 상황이 벌어진 이상 피해자 구제와 재발방지 등 사태 수습에 만전을 기한다'라는 것이라고 짐작된다.

가습기살균제 사건에 대한 정부의 책임, 엄밀히 말하면 대한민국이라는 국가의 책임 문제는 관련부처들 가운데 누가 책임이 있는가 하는 문제와는 달리 국가가 국민의 생명과 건강에 치명적인 피해를 준 가습기살균제 같은 바이오사이드(살생물제)에 대한 규제의무가 있는가, 관계법상 규제의 공백이 생긴 데 대하여 국가가 기본권보호의무를 게을리 한 책임이 있는가 하는 문제이다.

용도변경 시 유해성 재평가 미비에 책임이 없다는 정부의 주장에 대해서는 유력한 반론이 제기되었다. 신청용도 변경에 따른 유해성 재심사 규정을 두지 아니한 것은 단순한 입법미비가 아니라 '국가가 국민의 기본권적 법익 보호를 위하여 적어도 적절하고 효율적인 최소한의 보호조치를 취하지 않은' 것으로, 국회의 입법부작위에 대한 위헌심사기준인 과소보호 금지원칙[16]을 위반한 것이라는 것이다(박태현, 2018: 102). 그 논거는 첫째, 수만 종의 화학물질이 시중에 유통되고 있는 현실에서 국가가 화학물질의 유해성(위해성)을 사전에 적절하고 효율적인 방법으로 관리하지 않는다면 일반 국민들로는 유해한 화학물질에 사실상 무방비 상태로 노출될 수밖에 없다는 점, 둘째, 2003년 당시 우리 사회의 과학적 지식(특히 미국 독성물질규제법상 관련 제도의 존재)과 정부의 정책수립 능력 등에 비추어 용도에 따른 노출경로가 달라지면 물질의 독성효과가 달라진다는 독성학의 기본상식이 유해성 심사방법에 반드시 반영되었어야 한다는 점, 셋째, 용도(노출경로) 변경에 따른 유해성 재심사에 관하여 규정하는 것이 입법기술 내지 정부 규제기법 측면에서 그리 어려운 것이 아니고 또 이것이 제조자 등에게 특별히 부당한 부담을 지우는 것은 아니라는 점 등이었다(박태현, 2016: 52~53).

기본권보호의무란 기본권적 법익에 대한 국가의 보호의무로서 기본권이 보호하는 법익을 기본권 주체인 제3자의 위법한 제약으로부터 보호할, 즉 그 제약을 예방하거나 그로 말미암은 피해발생을 방지할 국가의 의무를 말한다(허완중, 2014: 15). 이것은 독일연방헌법재판소의 판례와 학설을 통해 전개된 법리로,[17] 우리 헌법재판소가 이를 수용하여 헌법재판에 적용해오고 있다. 즉, 헌법 제10조의 규정에 의하면, 국가는 개인이 가지는 불가침의 기본적 인권을 확인하고 이를 보장할 의무를 지고 기본권은 공동체의 객관적 가치질서로서의 성격을 가지므로, 적어도 생명·신체의 보호와 같은 중요한 기본권적 법익 침해에 대해서는 그것이 국가가 아닌 제3자로서의 사인에 의해서 유발된 것이라고 하더라도 국가가 적극적인 보호의 의무를 진다(헌재 1997.1.16. 90헌마110등, 판례집 9-1, 90, 119-120 참조)는 것이다.[18]

이러한 법리를 국민의 생명과 건강에 치명적인 피해를 준 가습기살균제 사건에 적용한다면 어떤 결론이 나올까. 생명·신체의 보호와 같은 중요한 기본권적 법익이 치명적으로 침해된 경우이므로 그것이 국가가 아닌 제3자로서의 사인, 즉 가습기살균제 공급 또는 판매에 관여한 회사들에 의해 유발된 것이라고 하더라도 국가가 적극적인 보호의 의무를 진다는 결론이 나온다. 그렇다면 그 적극적 보호의무를 실행에 옮기기 위한 입법을 게을리 하여 끔찍한 피해가 발생한 사실을 두고 이를 위헌적인 입법부작위로 볼 수 있을까?

몇 가지 선례를 통해 확인할 수 있는 이에 대한 헌법재판소의 신호는 반드시 긍정적이지는 않다. 사실 헌법재판소가 기본권보호의무의 위반을 명시적으로 확인한 경우는 매우 드물다(방승주 외, 2018: 59). 행정부작위의 위헌을 확인한 위안부피해자 헌법소원사건[19]과 원폭피해자 헌법소원사건[20]에서 헌법재판소는 정부가 위안부피해자와 원폭피해자에 대한 배상문제의 해결을 위해서 적극적인 외교적 노력을 하지 아니한 부작위는 당사자의 인간존엄권을 침해하는 것이라고 확인한 경우가 있을 뿐이다. 반면, 헌법재판소가 기본권보호의무 위반을 부인한 예는 적지 않다. 실례로 공직선거법에서 확성장치 사용 등에 따른 소음제한기준을 두지 않은 입법부작위는 위헌으로 볼 수 없다고 판시한 사례를 살펴본다.

헌법재판소는 일정한 경우 국가는 사인인 제3자에 의한 국민의 환경권 침해에 대해서도 적극적으로 기본권 보호조치를 취할 의무를 진다고 전제하고서도,[21] 국가가 기본권에 대한 보호의무를 진다고 하더라도, 그것을 입법자가 어떻게 실현하여야 할 것인가는 원칙적으로 권력분립원칙과 민주주의원칙에 따라 국민에 의해 직접 민주적 정당성을 부여받고 정치적 책임을 지는 입법자의 책임범위에 속하는 것이고, 헌법재판소는 이를 제한적으로만 심사할 수 있을 따름이라는 입장(헌재 1997.1.16. 90헌마110등, 판례집 9-1, 90, 121)을 분명히 했다. 따라서 국가가 기본권의 보호의무를 다하지 않았는지를 헌법재판소가 심사할 때에는 국가가 국민의 기본권적 법익 보호를 위하여 적어도 적절하고 효율적인 최소한의 보호조치를 취했는가 하는 이른바 '과소보호 금지원칙'의 위반 여부를 기준으로 삼아야 한다는 것이다.

그리고 이 과소보호 금지원칙의 위반 여부에 대해서는, 입법자가 소음에 대한 규율을 명확히 설정하지 않아 그로 인해 불편과 피해가 발생할 여지가 있다 하더라도 입법자가 국민의 기본권적 법익 보호를 위하여 적어도 적절하고 효율적인 최소한의 보호조치를 취했는가를 살펴서 그 보호조치 위반이 명백하여야 하는데, 이 사건 법률조항에 의하여 청구인의 기본권적 법익이 침해되고 있음이 명백히 드러나지 않으며, 청구인에 대한 환경권 침해가 사소하다고 할 수는 없을지 몰라도, 기본권보호의무 위반이 청구인의 기본권적 법익 침해로서 인정되려면, 선거소음 피해에 의하여 청구인의 정신적·육체적 법익 침해가 청구인의 수인한도를 넘어설 정도에 다다르고, 나아가 경우에 따라서는 그것이 청구인의 생명·신체의 기본권적 법익 침해로 연결될 가능성이 있어야 할 것이고, 그렇지 않은 이상 이에 대해 헌법재판소가 개입하여 판단할 필요는 없다고 단정했다. 이러한 논거를 바탕으로 헌법재판소는 문제의 법률조항은 국민의 자유로운 의사 형성과 민주적 절차에 의한 선거라는 공직선거법의 목적을 구현하는 한편, 선거운동에 확성장치 사용을 제한함으로써 심각한 소음 공해를 예방하고 공공의 안녕과 질서 침해를 방지한다는 목적을 조화하기 위해 규정된 조항이며, 공직선거법에는 선거운동의 기간, 확성장치의 사용장소, 사용대수, 사용방법 등에 대한 규정까지 두고 있는 이상, 확성장치 소음규제기준을 정하지 않았다는 것만으로 청구인의 정온한 환경에서 생활할 권리를 보호하여야 할 입법자의 의무를 과소하게 이행했다고 평가할 수는 없다고 판시했다.[22]

또한 밀집사육시설인 이른바 '공장식 축산'을 허용하는 축산법등이 청구인들의 생명 및 신체의 안전에 관한 권리 등을 침해한다는 이유로 제기된 헌법소원심판에서도 헌법재판소는 동일한 판단을 내렸다. 헌법재판소는 가축사육시설의 환경이 지나치게 열악할 경우 그러한 시설에서 사육되고 생산된 축산물을 섭취하는 인간의 건강도 악화될 우려가 있으므로, 국가로서는 건강하고 위생적이며 쾌적한 시설에서 가축을 사육할 수 있도록 필요한 적절하고도 효율적인 조치를 취함으로써 소비자인 국민의 생명·신체의 안전에 관한 기본권을 보호할 구체적인 헌법적 의무가 있다고 인정했지만, 축산법 등은 가축사육업 허가를 받거나 등록을 할 때 갖추어야 하는 가축사육시설기준으로서, 가축사육시설의 환경이 열악해지는 것을 막는 최소한의 기준이라 할 것이고, 그 규제 정도도 점진적으로 강화되고 있으므로 위 축산법 조항만으로 곧바로 가축들의 건강상태가 악화되어 결과적으로 청구인들의 생명·신체의 안전이 침해되었다고 보기는 어렵다고 보았다. 또한, 국가는 축산법뿐 아니라 다른 관련 법령에서 가축의 사육 및 도축, 유통에 이르는 전 단계에 걸쳐 가축의 질병 발생과 확산을 방지하고 가축사육시설을 규제함으로써, 국민의 생명·신체에 대한 안전이 침해받지 않도록 여러 가지 조치를 취하고 있다고 보았다. 따라서 축산법 등 심판대상조항이 국민의 생명·신체의 안전에 대한 국가의 보호의무에 관한 과소보호금지원칙에 위배되었다고 볼 수는 없다고 판시하여 심판청구를 기각한 것이다(헌법재판소 2015.9.24. 선고 2013헌마384 결정).

그렇다면 가습기살균제 사건의 경우에는 어떨까.

위 헌법재판소의 판례에 대해서는 논란의 여지가 없지 않다. 하지만 헌법재판소 판례에 따른 기본권보호의무 위반의 심사기준인 과소보호 금지원칙에 비추어 보더라도 가습기살균제 참사의 원인이 되었던 법적 규제의 공백은 입법자가 국민의 기본권적 법익 보호를 위하여 적어도 적절하고 효율적인 최소한의 보호조치를 취한 것으로 보기 어렵고 그 결과 피해자들에게 수인한도를 넘는 치명적인 생명·건강 침해를 입혔다는 점에서 기본권보호의무를 위반한 위헌적인 입법부작위에 해당한다고 볼 여지가 충분하다고 생각한다. '국가의 규제권한 불행사로 인하여 피해가 발생했거나 피해확산을 예방하지 못했다면 국가 역시 그 책임에서 자유로울 수는 없고', 국가에게는 국민의 생명과 신체의 안전을 보호해야 할 의무가 있기 때문이다(이상만, 2016: 36; 김용화, 2016: 95).

우선, 국가는 사인인 제3자에 의한 생명·건강권 침해에 대해 적극적으로 기본권 보호조치를 취할 의무를 진다는 것은 별 무리 없이 논증될 수 있을 것이다. 물론 국가가 기본권에 대한 보호의무를 진다고 하여도 그것을 입법자가 어떻게 실현하여야 할 것인가는 원칙적으로 국민에 의해 직접 민주적 정당성을 부여받고 정치적 책임을 지는 입법자의 책임범위에 속한다는 것이 헌법재판소의 판단이다. 그렇지만 그러한 입장에 따르더라도 가습기살균제 참사가 빚어지게 만든 법적 공백이 조성된 경위에 비추어볼 때 가습기살균제 사건의 경우 입법자의 입법재량(형성의 자유)을 인정할 여지는 극히 줄어들 수밖에 없다. 여기서 피해자들의 정신적·육체적 법익 침해가 청구인의 수인한도를 넘어설 정도에 다다랐고, 나아가 생명·신체의 기본권적 법익 침해로 연결될 가능성이 농후했을 뿐만 아니라 실제로 그렇게 침해로 연결되었다는 사실을 직시하는 것이 무엇보다 중요하다. 이러한 극단적인 위험에 노출되었거나 노출될 개연성이 있었다고 인정된다면, 정부 어느 부처가 아니라 국가 전체가 이를 방어하기 위한 개입의 의무를 지며, 법적 규제수단들을 강구하여 그와 같은 침해가 발생하지 않도록 입법조치와 그에 따른 집행에 만전을 기했어야 한다는 결론이 나온다. 살생물질이나 살생물제의 위험에 대하여 알지 못했다든가 알 수 없었다는 변명이나 불가항력 항변은 용납될 수 없다. 그러한 위험이나 위험노출 가능성을 미리 미리 대비하여 대책을 강구하는 것이야말로 국가 본연의 의무이자 존재이유이기 때문이며, 가습기살균제 문제가 불거지기 전부터 그러한 잠재적 위험을 인지했거나 적어도 인지할 가능성이 있었다면 이미 그 의무 해태도 개시되었다고 볼 수 있고 더욱이 가습기살균제 피해가 가시화되기 시작한 시기에는 이미 그러한 의무 해태가 있었던 것으로 볼 수 있기 때문이다.

그러한 관점에서 볼 때, 신규화학물질의 경우 단 한 번의 심사만으로 모든 사항이 종료되어 관찰물질로 지정된 경우를 제외하고는 추적 및 사용용도 등에 대한 사후관리가 미흡한 상황임을 인지하고 사후관리제도의 도입이 반드시 필요하다고 보았음에도 불구하고 화학물질 신청용도 변경에 따른 재심사제도를 법제화하지 아니한 것은 위에서 본 과소보호 금지의 원칙을 위반한 것이라 보지 않을 수 없다.

사실 화학물질 신청용도 변경에 따른 재심사제도는 당시 여러 나라에 존재하고 있었고 환경부 역시 이를 충분히 인지하고 있었다고 볼 수 있는 증거가 존재한다. 실례로 2000년 환경부의 「신규화학물질 유해성심사제도 개선방안 연구」는 조사대상 국가 중 미국, EU, 호주, 스위스, 뉴질랜드에서 시행되는 용도변경에 따른 재평가제도를 소개한 후, 유해성 심사 후 사후관리방안과 관련하여 당시 규제제도의 공백을 지적하면서 개선방안을 제시하고 있다.

"신규화학물질에 대한 신고 후 지속적으로 그 위해성을 관리할 수 있는 체계가 필요하다. 우리나라에서는 신규화학물질에 대한 평가를 완료하면, 그 결과는 민원인에게 고지되며, 유독물 및 관찰물질로 지정됨으로써 절차가 종료된다. 관찰물질로 지정된 것은 그 지정상에 해당하는 자료를 추가로 요청할 수 있는 법적 근거를 가지고 있다. 그러나 관찰물질로 지정되지 아니한 신규화학물질이라고 하더라도 신고 이후에 신규화학물질 전반에 대한 자료보관 및 보고, 신규사용용도 신고 등 관련 의무를 지우고 있는 다른 나라와 큰 차이점을 보인다. 일반적으로 신규화학물질은 신고·평가 후 새로운 용도로의 사용, 사용량의 증가 등으로 평가할 당시와는 그 위해성의 정도가 달라질 수 있으나, 일률적으로 신고당시를 기준으로 평가하여 종료하는 것은 적정하게 신규화학물질을 관리하는 절차로 보기 어렵다. 그러한 측면에서 우리나라의 경우에도 대부분의 국가의 사례에서와 같은 수준의 신규화학물질 신고 후 관리체계가 보완되어야 할 것으로 보인다"(환경부, 2000: 131).

"현재 우리나라는 신규화학물질의 경우 단 한 번의 심사만으로 모든 사항이 종료되고 있어 관찰물질로 지정된 경우를 제외하고는 추적 및 사용용도 등에 대한 사후관리가 미흡한 상황이다. 그러나 미국의 경우를 보더라도 신고·평가 후 사용용도의 변경 시 SNUR에 의해 중대신규사용신고(SNUN)를 해야 하며 자료보관 및 보고 등에 대한 의무화를 실시하여 평가가 만료된 이후라도 신규화학물질에 대한 지속적인 관리를 수행하고 있다. ··· 심사 후 신규화학물질의 규제 및 관리가 종결되는 것은 불합리하다. 따라서 국내 부재중인 사후관리제도의 도입은 반드시 수행되어야 한다"(환경부, 2000: 142~143).

그러나 가습기살균제 참사의 경우, 입법부작위의 위헌·위법성, 즉 국가가 국민의 기본권적 법익 보호를 위하여 적어도 적절하고 효율적인 최소한의 보호조치를 취했는가 하는 이른바 '과소보호 금지원칙'의 위반하여 국가가 기본권의 보호의무를 다하지 않았다고 인정될지라도, 문제가 해결되는 것은 아니라는 것이 문제이다. 헌법재판소가 입법부작위의 위헌을 확인한다 하더라도 그 실익은 어디까지나 국가가 그 기본권보호의무를 게을리 하고 있는 입법부작위가 계속되고 있는 동안에만 기대할 수 있기 때문이다. 국가가 참사 이후에 이미 앞에서 본 바와 같이 화학제품안전법과 가습기살균제피해구제법 등 입법조치를 강구하고 정부 차원에서 대책들을 수립하여 집행하고 있다면 위헌적인 입법부작위 상태 또는 위헌적인 집행부작위 상태가 해소되었다고 볼 수 있기 때문이다. 차이가 있다면 정부가 앞서 본 바와 같은 기본권보호의무를 해태한 법적 책임을 인정하는지 여부에 있을 뿐이고, 국가무책임을 전제로 하면서도 정부는 정치적 차원에서 가습기살균제 피해자의 구제와 재발방지 대책을 강구한다는 입장을 취할 수 있게 되기 때문이다. 사정이 그러하므로 국가의 기본권보호의무 법리를 소환하여 가습기살균제 참사에 대한 국가책임을 주장하는 것은, 앞으로 검토할 국가배상책임문제를 통하지 않고서는 자칫 법적으로는 이렇다 할 실익이 없는 정치적·전략적 상징정치의 메시지로 그칠 수도 있음을 염두에 두어야 할 것이다. 오히려 가습기살균제 참사에 대한 국가책임을 분명히 함으로써 이미 실현된 일련의 입법들이 정당하고 유효적절한지를 비판적으로 심사·검토하고 향후 국민의 생명과 안전을 보장할 국가책임을 추궁할 수 있는 더욱 실효적인 방안을 법제화하도록 요구하는 등 보다 근본적인 문제해결의 길을 모색하는 것이 올바른 방향이 아닐까 생각한다.

(2) 가습기살균제 참사에 대한 국가배상책임 문제

국가가 국민의 생명, 신체, 재산 등에 대한 절박하고 중대한 위험을 방지하지 못해 피해를 입은 경우 국가배상을 받을 수 있을까? 특히 형식적 의미의 법령에 작위의무를 인정할 아무런 근거가 없는 경우가 문제된다. 문제해결의 관건은 부작위(입법부작위와 행정부작위를 가리지 않는다)의 위법성, 즉 법령위반 여부와 직무를 집행한 공무원의 고의 또는 과실 유무에 있다.

그와 같은 경우 부작위로 인한 국가배상책임의 성립 여부에 대해 대법원은 다음과 같이 판시한 바 있다.

> "공무원의 부작위로 인한 국가배상책임을 인정하기 위하여는 공무원의 작위로 인한 국가배상책임을 인정하는 경우와 마찬가지로 '공무원이 그 직무를 집행함에 당하여 고의 또는 과실로 법령에 위반하여 타인에게 손해를 가한 때'라고 하는 국가배상법 제2조 제1항의 요건이 충족되어야 할 것인바, 여기서 '법령에 위반하여'라고 하는 것이 엄격하게 형식적 의미의 법령에 명시적으로 공무원의 작위의무가 규정되어 있는데도 이를 위반하는 경우만을 의미하는 것은 아니고, 국민의 생명, 신체, 재산 등에 대하여 절박하고 중대한 위험상태가 발생했거나 발생할 우려가 있어서 국민의 생명, 신체, 재산 등을 보호하는 것을 본래적 사명으로 하는 국가가 초법규적, 일차적으로 그 위험 배제에 나서지 아니하면 국민의 생명, 신체, 재산 등을 보호할 수 없는 경우에는 형식적 의미의 법령에 근거가 없더라도 국가나 관련 공무원에 대하여 그러한 위험을 배제할 작위의무를 인정할 수 있을 것이나, 그와 같은 절박하고 중대한 위험상태가 발생했거나 발생할 우려가 있는 경우가 아닌 한, 원칙적으로 공무원이 관련 법령대로만 직무를 수행했다면 그와 같은 공무원의 부작위를 가지고 '고의 또는 과실로 법령에 위반'했다고 할 수는 없을 것이므로, 공무원의 부작위로 인한 국가배상책임을 인정할 것인지 여부가 문제되는 경우에 관련 공무원에 대하여 작위의무를 명하는 법령의 규정이 없다면 공무원의 부작위로 인하여 침해된 국민의 법익 또는 국민에게 발생

한 손해가 어느 정도 심각하고 절박한 것인지, 관련 공무원이 그와 같은 결과를 예견하여 그 결과를 회피하기 위한 조치를 취할 수 있는 가능성이 있는지 등을 종합적으로 고려하여 판단하여야 한다"(대법원 2001.4.24. 선고 2000다57856 판결, 강조 인용자).

그렇다면 입법부작위에 대한 국가배상책임은 인정될 수 있을까? 우선 입법부작위의 위법성(법령위반)이 문제된다. 입법부작위가 헌법 등 법령에 위반되었다고 하기 위해서는 작위의무가 인정되어야 하므로 앞에서 본 바와 같은 기본권보호의무의 위반이나 해태가 인정된다면 입법부작위의 위법성이 인정될 수 있을 것이다.

그러나 대법원은 이미 오래 전에 국회의원의 (입법부작위가 아니라) 입법행위가 국가배상법 제2조 제1항의 위법행위에 해당되는지 여부에 대해 소극적인 입장을 표명한 바 있다. 우리 헌법이 채택하고 있는 의회민주주의하에서 국회는 다원적 의견이나 각가지 이익을 반영시킨 토론과정을 거쳐 다수결의 원리에 따라 통일적인 국가의사를 형성하는 역할을 담당하는 국가기관으로서 그 과정에 참여한 국회의원은 입법에 관하여 원칙적으로 국민 전체에 대한 관계에서 정치적 책임을 질 뿐 국민 개개인의 권리에 대응하여 법적 의무를 지는 것은 아니므로, '국회의원의 입법행위는 그 입법 내용이 헌법의 문언에 명백히 위반됨에도 불구하고 국회가 굳이 당해 입법을 한 것과 같은 특수한 경우가 아닌 한 국가배상법 제2조 제1항 소정의 위법행위에 해당된다고 볼 수 없다'는 것이다(대법원 1997.6.13. 선고 96다56115 판결).

위 판례로 미루어 볼 때 입법부작위와 국가배상책임의 성립가능성에 대하여 대법원이 어떤 입장을 취할지를 예상하기는 어렵지 않다.

1. 우리 법은 공무원의 직무상 불법행위로 인하여 손해를 입은 민간인이 헌법

및 국가배상법 등에 근거하여 국가 또는 지방자치단체에 대하여 배상청구를 할 수 있도록 보장하는 제도를 계속 유지하여 왔는데, 비록 거창 사건으로 인한 피해가 매우 중대하고 피해자의 범위도 넓어 상당한 특수성이 있기는 하지만, 거창 사건 희생자들의 신원을 위한 진상규명이나 피해배상을 위하여 별도의 특별법을 제정하도록 규정한 헌법상 명시적인 입법위임은 존재하지 아니한다. 그렇다면 거창 사건 희생자들의 사망에 관하여 현행 국가배상법의 규정보다 국가의 배상책임을 확대한다든가 혹은 이에 관하여 국가로 하여금 희생자 유족들에게 일정한 보상금을 지급하도록 규정하는 취지의 특별법을 제정할 것인지 여부는 원칙적으로 헌법상 국민의 대의기관으로서 국가의 예산안을 심의·확정하고 법률안을 의결하는 권한을 행사하는 국회(헌법 제49조, 제53조, 제54조 등 참조)와 집행기관으로서 국가 예산을 편성·집행하고 법률안을 공포하는 권한을 행사하는 대통령 및 행정부(헌법 제53조, 제54조, 제89조 등 참조)가 국민 전체의 여론과 국가재정 등을 종합적으로 고려하여 그 재량의 범위 내에서 정책적으로 판단할 문제로 보아야 하고, 6·25 사변을 전후하여 경북 문경이나 전남 함평 등 다른 지역에서 발생한 유사사건에 관한 법적 규율 등 제반 사정에 비추어볼 때 헌법의 해석상 거창 사건에 관하여 위와 같은 특별법을 추가로 제정해야 하는 구체적인 입법의무가 국가에게 부과된다고 보기는 어렵다[헌법재판소 1996.6.13. 선고 93헌마276 결정, 헌법재판소 2003.5.15. 선고 2000헌마192, 508(병합) 결정 등 참조].

2. 우리 헌법이 채택하고 있는 의회민주주의하에서 국회는 다원적 의견이나 각가지 이익을 반영시킨 토론과정을 거쳐 다수결의 원리에 따라 통일적인 국가의사를 형성하는 역할을 담당하는 국가기관으로서 그 과정에 참여한 국회의원은 입법에 관하여 원칙적으로 국민 전체에 대한 관계에서 정치적 책임을 질 뿐 국민 개개인의 권리에 대응하여 법적 의무를 지는 것은 아니므로 국회의원의 입법행위는 그 입법 내용이 헌법의 문언에 명백히 위반됨에도 불구하고 국회가 굳이 당해 입법을 한 것과 같은 특수한 경우가 아닌 한 국가배상법 제2조 제1항 소정의 위법행위에 해당된

다고 볼 수 없고(대법원 1997.6.13. 선고 96다56115 판결 등 참조), 같은 맥락에서 국가가 일정한 사항에 관하여 헌법에 의하여 부과되는 구체적인 입법의무를 부담하고 있음에도 불구하고 그 입법에 필요한 상당한 기간이 경과하도록 고의 또는 과실로 이러한 입법의무를 이행하지 아니하는 등 극히 예외적인 사정이 인정되는 사안에 한정하여 국가배상법 소정의 배상책임이 인정될 수 있으며, 위와 같은 구체적인 입법의무 자체가 인정되지 않는 경우에는 애당초 부작위로 인한 불법행위가 성립될 여지가 없다.

3. 거창 사건 희생자들의 신원 등을 위하여 원고들이 주장하는 바와 같은 내용의 특별법을 제정할 것인지 여부는 입법정책적인 판단문제로서 이에 관하여 피고 국가가 구체적인 입법의무를 부담한다고 보기 어렵기 때문에, 피고 국가가 현재까지 이러한 특별법을 제정하지 아니했다는 사정만으로는 거창 사건 이후 유족들에 대한 관계에서 부작위에 의한 불법행위가 성립한다고 볼 수 없다(대법원 2008.5.29. 선고 2004다33469 판결, 강조 인용자).

둘째, 법률제정에 관한 한, 직무행위 및 위법성에 관한 요건이 충족된다 하여도 국가배상법 제2조상의 '고의·과실' 요건에 관해서는 난점이 있다. 법률에 의한 직접적 권익침해(이른바 처분법률: Maßnahmegesetz의 경우)나 입법부작위의 경우를 막론하고 과실요건을 충족할 수 있는지 문제가 되기 때문이다.[23]

이에 관하여는 국가배상법 제2조상의 과실개념을 객관적으로 파악하여 입법작용의 객관적인 하자로 파악하거나, 합의제기관인 입법기관 전체로 보아서 법률제정에 참가한 국회의원 등의 헌법 등 상위법준수의무 또는 헌법상 입법의무를 인식해야 할 주의의무의 대한 해태 등을 근거로 과실의 존재를 인정하는 이론구성의 여지도 없지 않지만, 실제로 적용사례는 거의 없다. 김남진 역시 우리나라 국가배상법의 해석적용에 있어 과실의 객관화 및 입증책임 완화 경향이 입법상의 불법행위책임을 인정하는 데 유리하게 작용할 수 있으나 우리 국가배상법이 명문으로 과실책임주의를 채택하고 있는 이상, 해석론을 통한 극복에는 한계가 있음을 시인한 바 있다(김남진, 1990: 437). 따라서 궁극적으로는 이에 대한 국가배상법개정 또는 국회법개정 등을 통한 입법적 해결 없이는 이 한계를 넘기 어렵다는 결론에 이른다(홍준형, 2018: 611).

그렇다면 가습기살균제 피해에 대한 국가배상책임은 인정될 수 있을까?

가습기살균제 피해에 대한 국가배상소송에서 법원은 원고들의 이 사건 청구를 공무원의 부작위를 이유로 한 국가배상청구사건으로 보고, 국가배상법 제2조 제1항의 법령위반 요건 충족여부를 판단하면서 먼저 해당 공무원에게 가습기살균제의 유해성을 확인하고 그 판매를 중지시킬 의무가 있는지, 즉 가습기살균제의 유해성을 확인하고 그 판매를 중지시키지 않은 것이 법령에 위반한 것인지를 살폈다. 재판부는 법령 위반 여부에 대한 판단은 엄격한 의미의 법령 위반뿐만 아니라 인권존중, 권력남용금지, 신의선실과 같이 공무원으로서 마땅히 지켜야 할 준칙뿐만 아니라 규범을 지키지 아니하고 위반한 경우인지 등 법규상 또는 조리상의 한계를 위반했는지까지 살펴보아야 하며,[24] 국가배상법 제2조 제1항의 고의 또는 과실과 관련해서는 공무원의 부작위로 인하여 발생한 손해에 대하여 관련 공무원에게 예견가능성과 회피가능성이 있어야 한다고 전제한 후, 피해자들이 사망하기 전에 가습기살균제로 인하여 급성 간질성 폐질환으로 사망할 수 있다고 의심할 만한 객관적인 정황이 있었다고 볼 수 없고, 국가에 관련 법령에 따라 그 유해성을 확인하여 그 판매를 중지시킬 의무가 있었다고 보기 어렵다며 국가의 주의의무 위반을 부정하여 원고들의 청구를 모두 기각했다.[25]

이 판결에 대해서는 비판이 제기되었다.

"당시의 과학적 지식이나 기술 수준, 선진국 사례 등에 비추어 적절하고 효율적인 최소한 보호조치마저 결여되었다고 평가될 수 있는 경우에는 헌법이 국가에 부과하고 있는 생명 및 신체의 안전한 보호의무 등에 비추어 법적 책임을 물을 수 있다고 보아야 할 것"이라는 입장(박태현, 2016: 48)에서, 환경부가 2003년 유해성 심사 당시 PGH에 대한 흡입 및 경피 독성 평가를 하지 아니한 채 유해성 여부를 판정한 것은 당시 유해성 심사규정을 위반한 것이므로 국가는 원고들에게 손해배상책임을 진다는 반론이 제기되었다(박태현, 2016: 53). 만약 환경부가 당시 규정에 따라 유해성 심사를 제대로 했더라면 PGH의 흡입 독성 등 유해성을 확인하고 생명·신체에의 위해 발생 가능성을 예견하여 사용 제한 등 적절한 손해 회피 조치를 취했고 그 결과 가습기살균제 사용으로 인한 피해를 방지할 수 있었다는 것이다.

또한 유해화학물질로부터 국민의 생명과 신체의 안전을 보호하기 위한 적절하고 효율적인 최소한의 보호조치인 신규 용도(노출경로) 변경에 따른 유해성 재심사 제도를 마련하지 아니한 것은 국민의 기본권적 법익 보호를 위하여 적어도 적절하고 효율적인 최소한의 보호조치를 취하지 않음으로써 '과소보호 금지원칙'을 위반한 것으로, 국가는 원고들의 손해에 대해 배상책임이 있다고 반박한다(박태현, 2016: 53~54). 유해성 재심사 제도가 있었더라면 마찬가지로 PGH의 유해성을 확인하고 생명·신체에 위해 발생 가능성을 예견하여 사용 제한 등 적절한 손해 회피 조치가 취해졌을 것이므로 가습기살균제로의 사용으로 인한 피해를 방지할 수 있었으리라는 개연성이 충분히 인정된다는 것이다.

> "신규 용도 변경에 따른 유해성 재심사 제도는 유해화학물질로부터 국민의 생명과 신체의 안전으로 보호하기 위한 적절하고 효율적인 최소한의 보호조치다. 이러한 유해성 재심사 제도가 있었더라면 가습기살균제로의 사용에 따라 PGH의 유해성 심사가 다시 이루어졌을 것이고 이 과정에서 PGH 사용으로 인한 생명·신체에의 위해 발생 가능성을 예견하여 사용제한 등 적절한 손해 회피 조치가 취해져 가

습기살균제 사용으로 인한 피해를 방지할 수 있었으리라 본다. 따라서 신규 용도 변경에 따른 유해성 재심사 제도를 두지 아니한 국가는 원고들에 대한 손해배상책임을 면할 수 없다고 본다"(박태현, 2016: 53).

이와 관련하여 비교법적 참조사례로 1988년 경구용 소아마비백신을 복용하고 피해를 입은 아이의 부모가 국가를 상대로 백신의 제조 및 판매를 허용한 책임을 물어 손해배상을 청구한 Berkovitz v. U.S. 사건에서 재량면책 주장을 기각하고 국가의 배상책임을 인정한 미국연방대법원(U.S. Supreme Court) 판결[26]을 원용하고 있다(박태현, 2016: 54).

비슷한 맥락에서 나온 또 다른 비판에 따르면, 국민의 생명과 신체의 안전을 보호해야 할 의무가 있는 국가가 책임을 면할 수 없다고 한다. 그 사유로 PGH와 PHMG가 유독물 및 관찰물질로 분리되지 않은 채 가습기살균제의 주요성분으로 사용되며 일반에 유통되고 있었고, 가습기살균제로 인한 사망자가 발생한 사건 이후에도 피해 역학조사와 독성평가 자료를 공개하지 않았을 뿐만 아니라 가습기살균제의 유통실태도 파악하지 못한 채 사용자제만을 권고하는 미온적 자세로 임했으며(문성제, 2014: 68~69) 사건 발생 후 1년이 훨씬 넘은 2012년 9월에야 비로소 PGH와 PHMG를 유해화학물질관리법상의 유독물로 지정했다는 사실을 지적한다. 피해발생에 대한 제1차적인 책임이 제조업체와 판매업자에게 있음은 당연하지만, '국가가 그 규제권한 불행사로 인하여 피해가 발생했거나 피해확산을 예방하지 못했다면', 국가도 그 책임에서 자유로울 수는 없다는 것이다(이상만, 2016: 36; 김용화, 2016: 95).

그러나 많은 면에서 공감을 불러일으킨 이러한 비판에도 불구하고 가습기살균제피해에 대한 국가배상소송의 전망은 그리 밝지만은 않다. 제1심 법원에서 국가배상법 제2조에 따른 국가배상책임 성립요건중 하나인 법령위반에 법규상 또는 조리상 한계 위반이 포함된다고 보면서도 국가에 관련 법령에 따라 그 유해성을 확인하여 그 판매를 중지시킬 의무가 있었다고 보기 어렵다며 국가의 주의의무 위반을 부정했다. 이는 앞서 살펴본 국가의 기본권보호의무에 관한 법리를 도외시한 지나치게 근시안적인 판단이라는 비판을 면키 어렵지만, 가습기살균제 관련 입법부작위와 행정부작위와 관련하여 해당 공무원들의 과실, 즉 주의의무 해태를 인정할 수 있을지는 여전히 의문스럽기 때문이다.

3) 입법적 처방의 효과

(1) 살생물제 안전관리 강화

살생물제 안전관리 강화를 위한 정부의 대책이 어떠한 성과를 냈는지는 여전히 불분명한 반면, 화학제품안전법의 시행 효과는 앞으로 두고 봐야 할 대상이지만 아직은 시행기간이 얼마 되지 않아 확인하기 곤란하다.

(2) 가습기살균제 피해자 구제

가습기살균제 피해자 구제를 위한 입법은 소기의 성과를 거두기보다는 논란의 여지를 남겼다. 가습기살균제 피해자에 대한 신속한 구제 및 지속가능한 지원 대책을 마련하기 위한 특별법으로서 우여곡절을 거쳐 어렵사리 제정을 본 가습기살균제피해구제법은 피해자의 범위나 판정기준 등을 둘러싸고 논란을 불러일으켰고, 시행된 지 1년여 만에 다시 개정되어야만 했다. 무엇보다도 제정법은 피해자 정의부터 사려 깊지 못했다. 독성 화학물질을 함유한 가습기살균제로 인해 건강피해를 입었다는 점을 환경부장관으로부터 인정받은 사람만 가습기살균제 피해자로 정의하고, 이러한 피해자에게만 피해자단체를 구성하고 가습기살균제 사업자 등을 대상으로 손해배상청

표 8-1 **가습기살균제 피해자 접수 및 인정 현황**

구분	계	생존	사망	비고
하계	6,730	5,207	1,523	-
1차 피해조사(11.11~13.6)	361	248	113	판정완료
2차 피해 조사(14.4~14.10)	169	121	48	판정완료
3차 피해조사(15.2~15.12)	752	659	93	판정완료
4차 피해조사(16.4.25.~)	5,448	4,179	1,269	접수: 판정 중

주: 건강피해 신청자 중 신청 철회자 175명 포함 / 기준일 시점의 생존·사망 수치 반영.

자료: 환경산업기술원 가습기살균제 피해지원 종합포털(https://www.healthrelief.or.kr/home/content/stats01/view.do).

그림 8-3 **사용자, 피해자, 신고자 그리고 인정자**

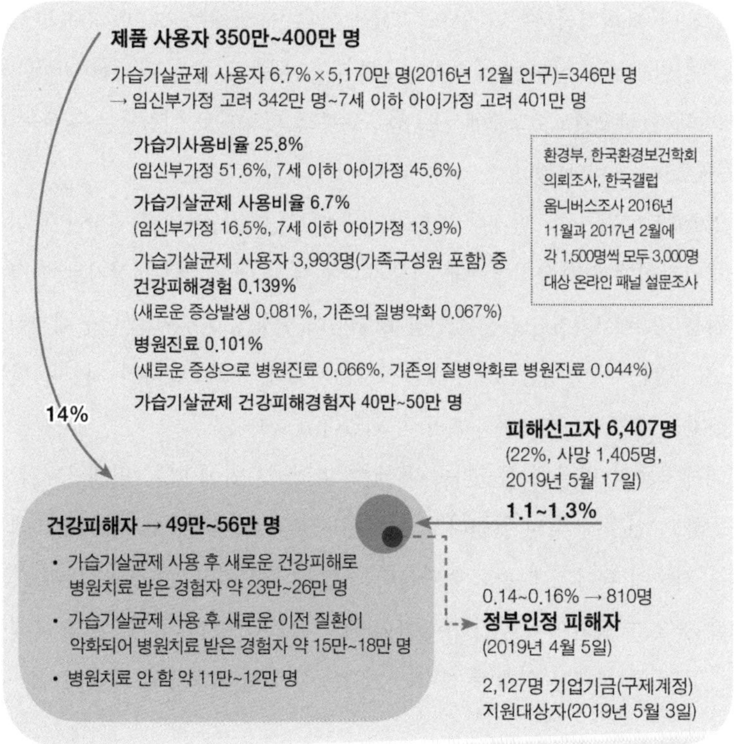

자료: 최예용(2019: 292).

구권의 성립 등을 위해 정보를 청구할 수 있는 권한을 부여했기 때문이다. 가습기살균제로 인한 건강피해임이 아직 명확하게 밝혀지지 않은 사람들은 피해자로 인정받을 수 없었고 따라서 피해자에게 인정된 권한들을 행사할 수 없었다. 사실상 대다수 피해자들이 피해자가 아닌 꼴이 된 셈이라는 분노어린 비난이 비등한 것도 당연한 귀결이었다.[27]

사실 가습기살균제피해구제법이 시행되었음에도 불구하고 피해구제 문제가 완결된 것은 아니었고, 정작 피해구제를 받은 경우는 극히 일부에 지나지 않았다. 가습기살균제 피해자 접수 및 인정 현황은 〈표 8-1〉에서 보는 바와 같다.

그러나 사회적참사특별조사위원회에 따르면, 많게는 350만~400만, 적어도 수십만으로 추산되는 가습기살균제 사용자 중 극히 일부(7,000명 미만)만이 피해를 신고했고, 그중에서도 정부로부터 피해자로 인정받은 경우는 더욱 근소(900건 미만)했다.[28]

2019년 12월 24일 환경부 보도자료에 따르면 제15차 가습기살균제 피해구제위원회에서 가습기살균제 건강피해에 대한 구제급여 대상자로 인정된 인원은 총 894명(질환별 중복 인정자 제외)이었다.[29] 이로써 특별구제계정으로 지원받는 2,207명을 포함, 가습기살균제피해구제법에 따라 지원을 받는 피해자는 총 2,888명(중복자 제외)이 되었다고 한다.

피해자들의 입장에서는 가습기살균제피해구제법에 따른 피해구제가 불충분하고 실정에 맞지 않는다고 여길 수 있다. 무엇보다도 정부의 피해자 인정 기준이 지나치게 좁고 까다롭다는 점이 불만이다. 가습기살균제로 발병할 수 있는 질환이 정부가 규정한 피해 질환보다 훨씬 많다는 것도 문제이다.[30] 그리고 피해자 인정에 걸리는 시간도 피해자의 고통을 가중시키는 요인이다.[31]

이러한 사실은 무엇을 의미할까? 사람들은 아마도 이렇게 여길지 모른다.

그토록 야단법석을 떨었던 가습기살균제피해구제법이 제정, 시행되었으니 적어도 피해자들 대다수가 구제를 받거나 가까운 시일 내에 구제받을 수 있을 것이라고. 그러나 현실은 그와는 동떨어진 광경을 보여준다. 가습기살균제로 인해 자녀, 부모를 잃거나 자신이 끝 모를 고통을 겪는 피해자들의 입장에서는 자신들이 당한 재앙을 이겨내기도 벅찬데 피해구제 문제를 놓고 정부와 고단한 씨름을 벌어야 하는 이중의 고난이 되고 있는 것이다.

최근 실시된 가습기살균제 참사에 대한 국민 여론조사 결과에 따르면 '귀하께서는 가습기살균제 사건이 어떻게 진행되고 있는지 알고 계십니까?'에 대한 응답 중 74.3%가 '여전히 제대로 해결되지 않고 있다'에 긍정한 반면, '상당한 시간이 지났고 크게 이슈화되었으니 잘 해결되었을 것이다'라는 응답에는 10.6%만이 긍정하고 있다.[32]

그런 까닭에 가습기살균제피해구제법이 2018년 불과 1년여 만에 개정되고도 문제점들이 드러나 또 다시 개정이 추진되고 있는 것도 하등 이상한 일이 아니다.

현행법은 가습기살균제 건강피해를 독성 화학물질을 함유한 가습기살균제에 노출됨으로써 발생한 폐질환과 그 밖에 대통령령으로 정하는 생명 또는 건강상의 피해로 한정하고 있어, 이로 인하여 가습기살균제 피해자에 대한 폭넓은 구제가 이루어지지 못한다는 비판을 받아왔다.

현행법에서 생명 또는 건강상의 피해가 독성 화학물질을 함유한 가습기살균제에 의한 것으로 볼만한 상당한 개연성이 있는 때에 가습기살균제로 인하여 생명 또는 건강상의 피해가 발생한 것으로 추정하도록 한 것에 대해서도, 피해자의 입장에서는 관련 정보 및 전문적인 지식의 부족 등으로 상당한 개연성을 입증하는 것이 쉽지 않아 피해자로 인정받는 것이 극히 어렵다는 점에서 문제제기가 끊이지 않았다.

한편, 현행법은 환경부장관의 가습기살균제 건강피해 인정결정을 받은 가습기살균제 피해자에 대하여는 정부가 구제급여를 지급하고, 구제계정운용위원회의 심의를 거쳐 구제급여에 상당한 지원이 필요하다고 인정받은 피해자에 대하여는 가습기살균제 사업자의 분담금 등으로 조성된 특별구제계정에서 급여를 지급하는 이중적인 지원체계를 유지해온 데 대해서도 구제급여와 특별구제계정의 이중적인 지원체계로 인하여 구제급여를 지급받는 피해자와 특별구제계정에서 급여를 지급받는 피해자 간의 차별 논란이 지속되어왔다.

이러한 문제점들을 해결하기 위하여 여야 의원들이 발의한 개정법률안들을 토대로 여야 합의하에 '가습기살균제 피해구제를 위한 특별법 일부개정법률안'(대안: 환경노동위원장 제출)이 마련되었다. 개정법률안은 가습기살균제 건강피해의 범위를 포괄적으로 규정하고, 가습기살균제 건강피해와 관련한 인과관계의 추정요건을 완화함으로써 피해자의 권리구제를 확대하는 한편, 가습기살균제 피해자에 대한 구제급여와 종전의 특별구제계정의 이원적인 지원체계를 '피해구제자금'으로 통합하여 피해자 간 차별 문제를 해소하는 내용으로 되어 있다. 그 밖에도 개정안은 장해급여를 신설하면서(§16의2) 구제급여의 지급절차를 간소화하고, 피해구제위원회의 심의 절차에서 피해자의 의견진술권을 규정하며, 소송 시 사업자에 대한 법원의 자료제출명령 근거를 마련하는 등 가습기살균제 피해자에 대한 폭넓은 구제방안을 담고 있다.[33] 국회 법사위에 계류 중인 개정안에 대해서는 사회적참사특조위가 나서 개정법률안의 조속한 처리를 촉구하는 가운데, 가습기살균제 피해자들로부터 '정부와 가해 기업이 책임을 모면하려고 꼼수를 부려 나온 알맹이 빠진 법안'이라는 비판이 쏟아졌다. 이들은 이번 개정안에 위로금과 중장기적 의료지원 체계 등이 누락되었고, 피해자들이 제품을 생산한 기업을 상대로 집단소송을 할 수 있도록 하는 내용도 빠졌다며, 피해의 범위가 폭넓게 인정된 것 말고는 실제 피해자들에게 도움이 될 조치가 없어 국회가

수천 명의 피해자에 대해 책임을 저버린 것이라고 규탄했다.[34]

(3) 진상규명

한편, 사회적참사진상규명법 제정으로 드디어 발생원인·수습과정·후속조치 등의 사실관계와 책임소재의 진상을 규명할 제도적 기반이 마련되었고 이에 의거하여 가습기살균제 사건과 4·16 세월호 참사 특별조사위원회(사회적참사특조위)가 가동된 것은 분명 눈에 띄는 성과라 할 수 있다. 하지만 이 역시 문제점이 없는 것은 아니었다. 사회적참사특조위의 활동에도 불구하고 특조위의 역할에 대한 평가는 그리 높지 않았는데 이는 아마도 특조위의 존재 자체에 대한 인식이 널리 공유되지 못했기 때문이 아닐까 생각된다.

최근 환경보건시민센터가 실시한 가습기살균제 참사에 대한 국민여론조사결과(1)에 따르면 '귀하께서는 가습기살균제 사건이 어떻게 진행되고 있는지 알고 계십니까?'라는 물음에 대한 응답은 '여전히 제대로 해결되지 않고 있다' 74.3%, '상당한 시간이 지났고 크게 이슈화되었으니 잘 해결되었을 것이다' 10.6%로 나타났고, '특조위에 대해 들어보셨습니까?'라는 응답은 인지 51.7% vs 비인지 48.3%로, '특조위의 역할에 대한 평가는?'에 대해서는 잘함 43.1% vs 잘못함 42.1%로 나타났다고 한다.

특히 사회적 참사 특조위가 가장 잘한 일 중 '정부의 피해대책 문제점 조사와 지적'이 23.9%인 반면, 사회적 참사 특조위가 가장 잘못한 일로 '가해기업 피해자 배보상 대책을 끌어내지 못한 일' 32.2%에 이어 '정부의 피해대책 지원을 적극적으로 끌어내지 못한 일'이 18.6%, '국가책임을 규명하고 책임자를 제대로 밝혀내지 못한 일'이 16.5%로 나타난 것은 특히 눈에 띄는 대목이다. 또한 특조위가 '진상규명을 명확히 끌어내지 못한 일'을 지목한 의견도 13.0%에 달했다.[35]

4) 상징입법으로서 가습기살균제 참사 대책법

정부는 국회와 더불어 가습기살균제 참사의 수습과 문제 해결에 입법을 동원했다. 그러나 사실 가습기살균제 참사의 근본적 원인은 안전관리의 공백과 국가책임의 실종에 있었고 사건이 불거진 이후 이루어진 정부와 국회의 입법조치들을 일종의 '사후약방문'에 해당하는 것이었다.

국가, 그러니까 정부에 의해 동원된 입법은 이 책의 모두에서 살펴본 상징입법의 범주에 잘 들어맞는다. 물론 정부의 노력, 아니 국가 수준에서 진행된 정부와 국회의 입법조치들은 이미 가습기살균제 참사가 벌어진 후에 시도된 것이기에 설사 입법적 공백 보완이 미흡했거나 피해구제나 진상규명을 위한 특별법들이 허점을 드러냈다고 하여 이를 근거로 실효성이 없다거나 입법적 기만에 지나지 않았다고 비난할 수는 없을 것이다. 그러나 앞서 본 세 갈래 입법적 대응의 진정성을 어느 정도 수긍한다고 하더라도, 실제로 문제가 얼마나 어떻게 해결되었는지를 묻는다면 긍정적 대답을 기대하기는 어렵다. 실제로 입법이 거둔 효과는 현재진행형이어서 평가를 내리기에는 시기상조인 경우가 적지 않지만, 당초의 기대효과, 특히 대중의 기대에 비해서는 그다지 성공적이지 못한 부분이 적지 않았다. 아마도 국민, 즉 대중에게는 적어도 초기에는, 정부와 입법자가 사태를 장악하여 가습기살균제 사태로 빚어진 문제들을 해결하기 위하여 나름 최선을 다하고 있다는 믿음을 가질 수 있게 해주었을지 모른다. 그러나 시간이 지나면서 그러한 정치적·전략적 외관과 신뢰 조성의 측면이 실질적인 문제해결의 측면, 특히 피해자들에 대한 구제의 효과나 안전관리의 실효성 확보 등을 압도하는 양상이 나타났다. 결국 가습기살균제 문제해결 프로세스 전체가 국민 대중을 현혹시키기 위한 상징정치적 알리바이거나 적어도 대중과의 암묵적 양해 아래 진행된 사회적 자기기만의 과정이 아니었는가 하는 의문을 불러일으키게 되었던 것도 부인하기 어려울 것이다.

가습기살균제피해구제법에서 설계한 피해자구제의 틀은 실은 정부무책임을 전제로 한 것이었다. 법 제4조 제1항은 "가습기살균제 건강피해가 발생한 경우에는 해당 가습기살균제 사업자가 그 피해를 배상하여야 한다"라고 규정하는 한편, 제3조에서는 '국가의 책무'라는 표제하에 "국가는 가습기살균제 피해자와 유족의 경제적, 건강상 위급한 어려움을 신속하게 경감시켜 주기 위하여 필요한 지원대책을 수립·시행하여야 한다"라고 규정한다. 이처럼 대원칙은 '국가는 손해배상책임을 지지 않는다'라는 암묵적인 전제 위에서 가해자가 손해배상책임을 진다는 것이었다. 정부가 이 법률을 추진하면서 이와 같은 피해자구제의 틀을 짠 것은 불법행위법의 법리에 비추어 볼 때 불가피한 측면이 있었고, 국가의 기본권보호의무 위배여부를 둘러싼 법적 불확실성의 상황에서 정부가 나서서 국가책임(헌법상 책임과 국가배상법상 손해배상책임)을 시인하기 어려웠을 것으로 짐작된다. 하지만 가습기살균제피해구제법은 정부의 의도 여부를 떠나 결과적으로, 정작 최소한 정치적으로라도 논란의 대상이 되지 않을 수 없었던 정부책임 문제를 회피해 나갈 수 있는 입법적 알리바이가 된 셈이다. 이로써 피해자들과 언론, 관련 전문가들 사이에 발화되기 시작한 잠재적 위험, 즉 정부책임의 문제가 무대 위에 오르는 일은 막을 수 있었다. 정부의 책임은 오로지 장래를 향해서만 수용·확인되었고 피해자구제 역시 사적 자치, 즉 가해기업과 피해자들 간에 해결한다는 원칙을 전제로 하여 설계되었기 때문이다. 다만 사후적으로나마 사회적참사특조위가 진상규명 차원에서 국가책임 문제를 검토하고 있어 귀추가 주목되고 있다.[36]

에필로그

함무라비법이 법인 것은 그 비석이 무슨 대단한 효험을 가지고 있어서가 아니다. 함무라비 비석 그 자체는 법이 아니다. 그러면 법은 어디 있는가. 함무라비 비석 안에 적혀 있는 문자에 있는가. 법전은 어디까지나 법전일 뿐 법 그 자체는 아니다. 남의 물건을 훔쳐서는 안 된다는 것이 법이지 그런 내용의 조문을 담은 문서가 법은 아니기 때문이다. 이렇듯 법은 존재나 사실이 아니라 당위라는 규범세계에 존재하는 것이기 때문에 사람들이 법을 인식하려면 무언가 매개체가 필요하다. 법학에서는 이것을 법원(法源: source of law, Rechtsquelle)이라 부르는데, 성문법/불문법이나 실정법/자연법의 개념범주들이 법원과 관련하여 거론되는 이슈들이다. 이렇듯 법의 세계가 현실의 세계와 다를 뿐 아니라 법을 인식하도록 주는 매체들이 다양하고 또 법이 그저 일방적으로 '주어진 것'으로 군림하기 때문에 그 생성·제조과정이나 정체를 의심할 겨를도 없이 법의 위세에 눌려 수동적인 '수범자(Normadressat, norm adressees)' 처지를 감수할 수밖에 없다.

프로이센의 철혈재상으로 불렸던 비스마르크(Otto von Bismarck)는 '사람들이 소시지와 법률이 어떻게 만들어지는지 덜 알수록 잠자리가 더욱 더 편해진다'고 말한 것으로 알려져 있다.[1]

비스마르크의 통찰은 오늘날에도 소시지업계에서든 정치권에서든 마찬가지로 타당하다. 차이라면 오늘날에는 인터넷이나 사회미디어 등 다양한 매체들을 통해 법률들이 어떻게 만들어지고 육가공업계가 어떻게 돌아가는지를 훨씬 쉽게 알 수 있다는 것 정도이다. 소시지 제조업자들 가운데 품질과 소비자후생이 아니라 이윤과 양 줄일 생각만 하는 업자들이 있듯이, 말은 번드르르하게 하면서 법을 자신에게 유리하게 만들거나 고치고 유권자들을 속이는 정치인들이 존재한다는 사실도 우리가 거의 매일같이 접할 수 있는 현실이다.[2]

비스마르크의 말은 법을 만드는 입법과정에 그만큼 추악한 요소들이 난무하고 있다는 뜻으로 와 닿는다. 그런 과정을 거쳐 만들어진 법의 품질이 어떨까도 충분히 짐작할 수 있지 않을까?

물론 입법과정 모두가, 모든 법이 다 그런 것은 아닐 것이다. 또한 입법의 산물이 불량일 수는 있지만 언제나 최고 품질의 양품만을 기대할 수는 없지 않을까. 도대체 완벽한 법이란 무엇인가? 100% 지켜지는 법인가? 과연 100% 지켜지는 법이 있을까?

그럼에도 불구하고 이제 우리는, 대한민국의 국민은 바로 이 추악할 수도 있는 (때로 드물지만 감동을 주기도 하는) 입법과정을 눈을 부릅뜨고 들여다보아야 하고, 상징입법의 폐해가 커지지 않도록 그 실상을 제대로 파악할 수 있어야 한다. 정부와 국회의 정신적 격려와 성원, 정치적 성의만으로는 성이 차지 않는 국민은 여전히 2016년 촛불을 들고 요구했던 나라다운 나라에서 주권자로서 제대로 대접을 받고 싶다. 대중을 우롱하거나 폐를 끼치는 상징입법의 실상을 적나라하게 드러내 책임을 추궁할 수 있는 책임입법의 정치와 제도적 해법은 바로 나라다운 나라에서 국민을 제대로 대접하는 길이 될 것이다.

주

제1장

1 상징정치론은 1964년 미국에서 발간된 Murray Edelman의 기념비적인 저서 『상징정치론(The Symbolic Uses of Politics)』과 그보다 1년 전에 출간된 J. R. Gusfield의 『상징적 십자군전쟁(Symbolic Crusade)』에서 시작되었다. Gusfield는 이 책에서 1920~1933년 사이에 미국 개정헌법하에서 전개된 금주운동(Temperance Movement)을 분석했는데, 이것이 상징정치론이 태동하는 계기가 되었다고 한다. 상징정치론의 기원과 이론사적 배경에 관해서는 Sack(2009: 65 이하) 참조.

2 Symbolic politics: what it is & why it matters(https://symbolicpolitics.wordpress.com/2018/11/29/symbolic politics/).

3 Pacific Warriors(https://world.350.org/pacificwarriors/)는 2019년 하반기에 시작되어 해를 넘긴 호주 사상 최대 산불의 원인을 둘러싼 논란과 관련하여 시사하는 바가 크다. 한국 면적의 절반, 2019년 아마존 열대우림 화재 면적의 6배에 달하는 이 초대형 산불의 (확대)원인을 기후변화(climate change)에서 찾는 것이 일반적이지만, 호주 산업의 큰 축인 석탄사업 보호에 급급했던 호주 정부와 정치인들이 산불을 키운 당사자들이라는 강력한 반론이 제기되고 있다. 약 50억 마리의 토종 동물들이 죽고 일부 동식물 종들이 멸종되었을 것으로 우려되는 이 전례 없는 국가적 위기에서 주요 정치인들이 보인 반응은 이 재난에 적절히 대응하지 못했다는 것이다. 2019년 12월 중순 화재가 걷잡을 수 없이 커지는 동안 야당인 노동당의 당수는 탄광공동체를 방문하여 석탄수출에 대한 확고한 지지를 밝혔고, 보수당의 스콧 모리슨 총리는 하와이로 휴가를 떠나 비난을 샀다. 1996년부터 호주 정부는 국가 석탄사업을 보호하기 위해 각종 기후변화협약에 효과적으로 어깃장을 놓았는데, 이는 호주가 석탄과 가스 최대수출국 중 하나라는 사실과 무관하지 않다. 호주는 '2020 Climate Change Performance Index'의 기후변화 활동 분야에서 57개 국가 중 57위를 차지했다. 이정현, "호주 산불은 기후재앙인가?"(http://www.climatechangecenter.kr/2020/01/15/

이달의-이슈-호주-산불은-기후재앙인가/); Richard Flanagan, "Australia Is Committing Climate Suicide", 2020.01.03. *New York Times* 기고문(https://www.nytimes.com/2020/01/03/opinion/australia-fires-climate-change.html) 등을 참조.

4 Voß, Symbolische Gesetzgebung, 1989, 3.

5 현대 형법에서 나타난 '나쁜' 상징형법 문제가 아니라 그동안 소홀히 다루어져 왔던 형법의 상징적 기능에 대한 사회학적 분석으로는 Kunz(2010) 참조.

6 Rottleuthner/Rottleuthner-Lutter는 알코올금지법(Alkohol-Prohibition)과 사회남용(Sozialmissbrauch) 사건을 예로 들고 있다. 후자는 24년간 미국에 거주하면서 서독 정부로부터 사회부조급여를 받아온 남자에 관한 사건(2003년 'Florida-Rolf' 사건)인데, 이에 언론으로부터 맹비난을 받자 급히 사회보장법 제12권 개정이 단행되었다. 그러나 사회보장기관에서 추가적 귀국 비용을 부담하는 등의 문제로 결국 소기의 성과를 거두지 못했다.

7 상징형법과 관련하여 배종대(1991: 246) 참조. Hassemer(1989: 555~556)나 Lübbe-Wolff(2000a: 27) 역시 상징입법의 개념을 'Entweder-Oder', 즉 상징입법이냐 아니냐 하는 일도양단의 문제가 아니라 'Mehr oder Weniger', 즉 다과 또는 정도의 문제로서 비교개념(komparativer Begriff)으로 보고 있다.

8 Newig에 따르면, 문헌에서는 진지한(ernsthafter), 작동하는(funktionaler) 입법(Dwyer, 1990), 실질적인(substanzieller) 또는 강력한(starker) 입법(Witteveen, 1999)과는 반대로 병리 현상(pathologische Erscheinung: Dwyer, 1990), 기만 입법(täuschende Gesetzgebung: Campbell, 1993) 또는 실패한 법률(missglücktes Gesetz: Diederichsen, 1997)로 불리고 있다고 한다.

9 Merton의 이 개념들은 Voß 등 독일 형법의 상징적 기능에 관한 문헌에서 수용되었고 국내문헌들도 이를 채용하고 있다. 이 개념들이 상징형법에 수용된 내용은 Voß, *Symbolische Gesetzgebung: Fragen zur Rationalität von Strafgesetzgebungsakten*, Ebelsbach 1989, S. 25-34, 82, 102; Amelung, 1980, S. 19(54 ff.) 등을 참조.

10 Merton은 여기서 사회학자들이 부지불식간에 주관적 범주인 동기(motivation)와 객관적 범주인 기능(function)을 혼동하는 경향이 있는데, 이는 양자가 서로 상관없이 따로 움직인다는 사실을 인식하지 못하기 때문이라고 지적하고 있다(Merton, 1968: 115).

11 상징입법에 관한 논의는 미국 법사회학에서 시작된 상징입법론을 배경으로 1980년대 독일과 스위스에서 대대적인 논란이 시작되었다. 이 논란은 Noll이 1981년 「상징

입법(Symbolische Gesetzgebung)」이라는 선구적인 논문에서 '도구적 입법(instrumentelle Gesetzgebung)'과 상징입법을 구별하면서 시작되었다. Noll에 따르면 도구적 입법은 입법의 효과(Effektivität)가 전면에 나타나는 반면 상징입법에서는 현실에 영향을 미치려는 의도가 결여되어 있다고 한다. 그러나 그의 견해는 이후 상징입법 역시 인간 행태에 영향을 미치기 위한 것이고, 모든 입법자의 동기는 법률 수범자들의 행태에 영향을 미치려는 의도로 귀결된다는 점에서 비판을 받았다. 도구적 입법과 상징입법은 입법자가 인간 행태에 영향을 미치고자 하는지 여부가 아니라 어떻게 영향을 미치고자 하는지, 그리고 어떤 행태에 관여하는지에 따라 구별되어야 한다는 것이다. 이에 관해서는 Kindermann(1989: 257~273, 257) 참조.

12 상징은 기호학적 맥락에서 표현(signifier)과 내용(signified)으로 구성되며, 사회적인 제도나 규약에 따라 추상적인 의미나 가치를 구체적 사물로 형상(구상)하는 것을 의미한다. 문자 그대로 또는 통상적인 의미와 더불어 2차적 의미(connotation)를 전달하는 특수한 종류의 함축적인 신호를 전달한다(Eco, 1984: 131~163). 반면, 상징이 전달하는 2차적(부차적) 의미는 해석을 결정하거나 안내하는 코드가 없기 때문에 일반적인 의미에 비해 해석의 불확정적인 성격을 갖는다(Bart Van Klink, 2016: 21).

13 가령 상징적 형법규범에 대해 부정적인 견해로는 김학태(2000: 188 이하); Hassemer(1989: 556 이하); Roxin, Strafrecht AT, Bd. I(4. Aufl.), 25 이하; Seelmann(김영환 옮김), "Risikostrafrecht", 『법학논총』 제14집(한양대학교 법학연구소), p.346 이하를 참조.

14 여기서 오존법은 상징입법에 해당하는 것으로 볼 수 있으나, 대형연소시설규제령은 비(非)상징입법에 해당한다고 결론지었다.

15 Röhl은 그렇다고 이 '별도의 의도'란 반드시 부차적(nebensächlich)이어야 하는 것은 아니고 오히려 '본래 의도(Hauptsache)'가 될 수도 있다고 한다(Röhl, 2010: 267).

16 Davidson(1985); Ames/Dissanayake Hrsg.(1996); Lazar(1999: 265~290); Hansjürgens(2000: 144~182)를 인용하고 있다.

17 정책의 정당성 확보는 상징조작을 통해 이루어진다. 상징조작은 상징을 이용하여 정책결정자가 사람들의 행태, 가치관을 자신의 의도대로 편집하려는 시도이다. 정책결정자는 정책이슈에 대해 상황이나 문제를 재규정하고 자신의 의도대로 상황이 해석될 수 있도록 유도한다. 상징조작을 통해 문제를 부각시켜 정책에 대한 집중도를 높일 수 있고, 반대로 문제를 무의미하게 만들어 갈등을 억제하거나 흡수할 수도 있다. 정책결정 및 집행과정은 매우 복잡하고 불확실하기 때문에 정책결정자는 상징 조작

을 통해 타인의 의사결정이나 선호에 영향을 미치려고 시도한다(Cohen, 2015).

18 Röhl에 따르면, 이러한 문제들에 대한 연구가 충분하지 않다고 한다(Röhl, 2010: 284).

19 형사정책 분야에서의 상징형법 문제를 다룬 국내문헌들은 주로 Voß, Symbolische Gesetzgebung, 1989: 25 이하를 참조하여 대표적인 상징형법 유형들을 소개하고 있다. 그런 예로 김학태(2000: 174 이하); 조성용(2003: 193~194); 최성진(2010: 303) 등을 참조. 또한 Kim, Jae-Yoon(2004: 61 이하) 참조.

20 김학태(2000: 176 각주 13)는 이러한 입장에서 본다면 환경형법은 결국 정치가가 비용이 적게 든다고 판단하여 선택한 '상징입법'에 불과하며, 장기적으로는 오히려 유효한 환경정책의 개발을 저해하는 악영향을 미치게 될 수 있다고 한다. 반면, 위험형법으로서의 환경형법이 귀속의 어려움과 왜곡된 도구화로 인해 형사정책적인 효율성이 떨어지고, 기대했던 상징형법으로서의 작용에 있어서도 행위와 처벌의 상징적 의미가 기능하지 못한다는 점에서 효율적이라고 말하기 어렵다는 비판으로 이소영(2017: 160)을 참조.

21 Funcke-Auffermann(2007)는 이러한 상징적인 적극적-일반예방효과는 단지 법익보호를 지향하는 규범제정의 반사적인 결과, 즉 2차적이고 잠재적인 결과에 불과하며, 따라서 형벌을 강화하자는 주장(형벌강화론)을 정당화할 수 없다고 결론짓고 있다.

제2장

1 당시 청와대는 재난의 컨트롤타워가 청와대 국가안보실이라는 규정을 참사 이후에 몰래 안전행정부로 고친 것으로 판명되었다. 국가위기관리 기본지침 중 "국가안보실장은 안정적 위기관리를 위한 컨트롤타워 역할을 한다"는 대목을 "국가안보실장은 국가위기 관련, 대통령의 안정적 국정수행을 보좌한다"로 바꾸고, "국가안보실장은 안보, 재난 분야별로 위기징후 목록 및 상황 정보를 종합, 관리한다"는 대목을, "국가안보실장은 안보 분야, 안전행정부장관은 재난 분야"를 각각 관리하는 것으로 수정한 것이다. 이같이 수정된 지침은 참사 3개월여 뒤인 지난 2014년 7월 전 부처에 통보되었다. ≪한국일보≫, 2017.10.12. "靑 박근혜 정부, 세월호 첫 보고시점·재난컨트롤타워 사후조작"(https://www.hankookilbo.com/News/Read/201710121738209769); JTBC 2017.10.13.(http://news.jtbc.joins.com/article/article.aspx?news_id= NB11533638).

2 ≪한겨레신문≫, 2014.04.29. "70년대식 국가개조론 강조, 반걸음도 못나간 박 대통령"(http://www.hani.co.kr/arti/ politics/bluehouse/635106.html).

3 헌법재판소, 2017.3.10. 11:21 선고 2016헌나1결정(대통령〈박근혜〉 탄핵), [53~ 55/89].

4 국가적 재난관리를 위한 재난안전 총괄부처로서 국무총리 소속으로 '국민안전처'를 신설하고, 현행 해양경찰청과 소방방재청의 업무를 조정·개편하여 국민안전처의 차관급 본부로 설치하는 정부조직법개정법률(법률 제12844호, 2014.11.19.)에 따라 국민안전처는 당시 안전행정부, 해양수산부, 소방방재청, 해양경찰청의 업무를 이관받았고, 안전 및 재난에 관한 정책의 수립·운영 및 총괄·조정, 비상대비에 관한 사무, 민방위에 관한 사무, 방재에 관한 사무, 소방에 관한 사무, 해양에서의 경비·안전·오염방제 및 해상에서 발생한 사건의 수사에 관한 사무 등을 담당했다.

5 이맹주(2017: 1~26)에 따르면 정부조직 개편 때마다 총괄부처 설치 요구가 제기되고 쉽게 정당화되는 이유는 기능별로 정부를 조직하는 기능주의 관행 때문이며, 기능주의적 관점에서 유사기능을 한 부처에서 총괄하도록 하는 것이 합리적으로 보일 수도 있을 것이라고 한다.

6 실제로 2019년 6월 25일 세월호특조위 조사방해 혐의로 이병기 전 대통령비서실장과 조윤선 전 청와대 정무수석, 해양수산부 김영석 전 장관 등이 형사처벌을 받았다. 서울동부지법 형사 12부는 이들 범행이 대통령비서실과 해수부 장차관의 강대한 권력을 동원해 각종 회의를 진행하거나 공문서를 작성·배포하는 등의 조직적인 형태로 이뤄졌다고 판시했다(http://news.khan.co.kr/kh_news/khan_art_view.html?art_id=201906251453001#csidx959882e6637f3d187846283adf87fc1). 당시 방해활동과 시행령을 둘러싼 갈등과 대립에 관해서는 이호영(2017: 205~245, 특히 시행령의 위법성에 관해서는 234~235) 참조.

7 당시 국회법 개정과정에 대한 정책학적 설명에 관해서는 Kingdon의 다중흐름모형과 Sabatier의 정책옹호연합모형을 결합, 분석한 신현재·홍준형(2017) 참조.

8 문재인 정부는 2017년 '국가위기관리 기본지침'을 통해 청와대 국가안보실장을 중대재난 최고책임자로 명문화했다.

9 이러한 관점을 정보통신 분야에 적용한 이맹주(2017: 10~19)는 지금까지 정보통신 분야의 정부조직 개편은 '컨트롤타워'의 탄생, 해체, 부활의 과정이었다고 분석한 바 있다. 즉 김영삼 정부부터 노무현 정부까지 정보통신 분야 정부조직 개편은 정보통신 분야의 총괄부처로서 정보통신부가 탄생했고, 국가사회정보화 '컨트롤타워'라는 상징적 존재(symbolic construction)로서 자리 잡은 시기로 요약된다는 것이다(같은

논문: 10).

10 『주간경향』, 2019.07.15. “새 정부 조직개편 공약 잘 지킬까”(http://weekly.khan.co.kr/khnm.html?mode=view&code=113&artid=201705081835151#csidx5edbb7b39fcd372ba2ec3b31347efb6). 이승만 정부에서 박근혜 정부에 이르는 역대 정부조직 개편에 관해서는 조성한·최정화(2018: 113~122); 행정안전부(2017); 박중훈(2016) 등을 참조.

11 ≪한국경제≫, 2017.01.31. “정권 바뀔 때마다 정부조직 칼질”(https://www.hankyung.com/economy/article/2017013121381).

12 한국행정연구원 설문조사 결과, 공직 경력 10년 이상 공직자의 약 75%는 소속 부처 개편을 경험했고, 20년 이상 공직자의 약 50%는 재직 중 세 번 이상 조직 개편을 경험한 것으로 나타났다(박중훈·김윤권·조세현, 2017.03).

13 ≪문화일보≫, 2017.05.15., 문명재, “문재인 정부 조직개편의 4대 원칙”(http://www.munhwa.com/news/view.html?no=2017051501073111000003).

14 이에 관해서는 대표적으로 오준근(2013: 75~99); 이재삼(2013: 187~220); 조성한·최정화(2018: 108) 등을 참조.

15 ≪조선일보≫, 2017.01.07. “적폐청산·국가 대개조, 朴 대통령의 단어인데…”(http://news.chosun.com/site/data/html_dir/2017/01/07/2017010700231.html).

16 박근혜 전 대통령을 중심으로 한 국정농단 사건의 주요 수사대상은 「박근혜 정부의 최순실 등 민간인에 의한 국정농단 의혹 사건 규명을 위한 특별검사의 임명 등에 관한 법률」(법률 제14276호, 2016.11.22.) 참조.

17 ≪경향신문≫, 2016.11.17., “[정리뉴스] 파도파도 끝없는 ‘박근혜·최순실 게이트’ 수사 일지”(https://h2.khan.co.kr/201611171457001).

18 제19대 대통령 선거 더불어민주당정책공약집(http://theminjoo.kr/policyReferenceDetail.do?bd_seq=70118).

19 연합뉴스, 2018.04.10., “文 대통령 ‘제도·관행 바로잡는 게 목적’…적폐청산 가이드라인 제시”(https://www.yna.co.kr/view/AKR20180410177100001).

20 연합뉴스, 2018.05.08., “중단 없는 적폐청산…불행한 역사도 반복”(https://www.yna.co.kr/view/AKR20180507052000004).

21 ≪국민일보≫, 2019.05.08., “[문재인정부 2년] 적폐청산 거악 잡았지만 개혁 제도화는 아직 갈 길이 멀다”(http://news.kmib.co.kr/article/view.asp?arcid=0924076806&code=11121600&cp=nv).

22 일례로 경실련, 2020.01.07., 문재인 대통령 신년사 논평 "개혁조치 없는 신년사, 실망"(논객닷컴 http://www.nongaek.com/news/articleView.html?idxno=65092) 참조.

23 ≪한겨레신문≫, 2020.01.12., 사설 "입법·인사까지 연착륙해야 검찰개혁 완성된다"(http://www.hani.co.kr/arti/opinion/editorial/924112.html) 참조.

24 http://news.khan.co.kr/kh_news/khan_art_view.html?artid=202001131956001&code=910402#csidxb7d94b08441915dada3eba43a20cffa.

25 ≪중앙일보≫, 2019.05.03.(https://en.yna.co.kr/view/AEN20190503000600315).

26 ≪경향신문≫, 2019.05.09., "[문재인 정부 3년차 - 정치 현안] 인적청산만으로는 한계…제도개혁까지 '협치'로 완성해야"(http://news.khan.co.kr/kh_news/khan_art_view.html?artid=201905090600175&code=910100#csidxf24ef8a6c620a578eefae5dcf4f6c7e).

27 ≪한겨레신문≫, 2017.10.07., "'적폐청산'이라는데 왜 자꾸 '정치보복' 논란이 일어날까"(http://www.hani.co.kr/arti/politics/assembly/813551.html#csidxf19629059e85fa4a1346f065f654f96).

28 ≪아시아경제≫, 2019.06.17. 1면, "차기 검찰총장에 윤석열 파격 발탁…적폐청산 수사 성공적으로 이끌어".

29 ≪경향신문≫, 2019.06.24. A8면 1단, "정부, 사학법 개정 등 적폐청산 시동…판도라 상자 여나".

30 ≪한국일보≫, 2019.12.08.

31 대법원, 2020.1.30. 선고 2018도2236전원합의체 판결(직권남용권리행사방해 등 (다) 파기환송).

32 ≪한국일보≫, 2020.01.31. 사설(https://www.hankookilbo.com/News/Read/202001301670728292).

33 연합통신, 2017.06.21., 납세자연맹 "2015·2016년 담배 판매량 감소 정부전망 크게 미달", "담배 세수는 예상 뛰어넘어…앞으로 5년간 57조 원 전망"(https://www.yna.co.kr/view/AKR20170620191651002).

34 김두얼(2014)에 따르면 지난 몇 십 년 동안 담배의 가격탄력성을 추정한 국내외 많은 연구들의 공통된 결론은 담배수요가 비탄력적이라는 것, 즉 가격이 올라도 소비가 크게 줄어들지 않는다는 것이라고 한다. 민희철(2013); 최성은(2014)의 연구 역시 동일한 결론이다.

35 김두얼(2014: 41)은 OECD 평균의 절반도 안 되는 한국의 낮은 담뱃값이 OECD 최

고 수준의 흡연율을 가져온 가장 중요한 요인이라고 지적한다. 담뱃값을 OECD 평균 수준까지 올린다면 현재보다 흡연율이 거의 절반 가까운 수준으로 떨어질 가능성이 높기 때문에 높은 가격 인상이 다른 어떤 대안보다 흡연율을 낮추는 매우 효과적인 정책일 수 있다고 한다. 이러한 제안은 그 정치적 실현가능성 문제는 차치하고라도 담뱃값 수준과 흡연율 간의 관계를 과도하게 결과 중심으로 단순화한 것으로 담뱃세 인상이라는 정책수단의 효과에 대한 설명을 결여하고 있어 담뱃세 인상 정책의 당부를 판단하는 근거로는 채택하기 곤란하다. 다른 한편, 그는 (역설적으로 들릴 수 있으나) 정부의 담뱃세 인상 의도가 세수 증대라면, 오히려 보건복지부가 제안한 2,000원보다 낮춰 500원이나 1,000원 정도만 올리는 것이 가장 안전했을 것이라고 한다. 그러나 가격 인상이 흡연율을 크게 낮추지 않기 때문에 온전히 세금수입이 늘어나게 된다면, 세수 증대가 정책목표라는 가정하에 얼마나 올려야 담뱃세 세입이 극대화될지는 계산을 해봐야 할 문제지만, 반대로 담뱃값이 실효적으로 흡연율을 떨어뜨릴 만큼 크게 인상되지 않은 현실을 두고, 오히려 정부가 담뱃세를 적게 올리지 않았기에 이를 세수 증대의 의도로 볼 수 없다고 하는 것은 좀 이상한, 상식에 맞지 않는 이야기가 된다. 정부가 담뱃세 인상이 흡연율을 감소시킬 만큼 충분히 높은 수준은 아닌, 그러나 그리 낮다고도 볼 수 없는 (어떤 의미에서 어정쩡한 수준에서) 올린 경우인데, 그런 정책의 의도는 어떻게 보아야 하는 것일까?

36 이 법은 학기 단위로 계약하던 시간강사들의 임용 기간을 1년 이상으로 하고 강사에게도 교원 지위를 부여하는 내용을 담고 있었다.

37 2018년 12월 18일 개정법률(법률 제15948호) 부칙 제2조는 강사 및 겸임교원 등에 관한 적용례로 "이 법은 2019년 8월 1일 이후 신규 임용되는 강사와 겸임교원 등부터 적용한다"고 규정했다.

38 ≪조선일보≫, 2018.11.13.(http://news.chosun.com/site/data/html_dir/2018/11/13/2018111300776.html).

39 연합뉴스, 2019.08.29.(https://www.yna.co.kr/view/AKR20190829032551004?section=search) 참조.

40 국회 교육위원회 소속 곽상도 미래통합당 의원이 교육부에서 제출받은 자료. ≪중앙일보≫, 2020.5.13.(https://news.joins.com/article/print/23775295) 참조.

41 ≪조선일보≫, 2019.10.31.(http://news.chosun.com/site/data/html_dir/2019/10/31/2019103101160.html).

42 이 매뉴얼에 따르면 퇴직금은 근로관계 법령에 따라 1주간 소정 근로시간이 15시간

미만인 경우에 대하여는 지급의무가 없도록 되어 있었고, 국민건강보험 역시 1개월 동안 소정 근로시간이 60시간 미만인 단시간 근로자는 건강보험의 직장가입자가 될 수 없어 강사에 적용되지 않게 되어 있었다. 한 대학에서 주당 6시간 이하의 강의를 하는 강사는 아예 건강보험 혜택을 받을 수 없었고, 퇴직금 역시 대학 측의 호의 없이는 법적으로 보장될 수 없었던 것이다.

43 권용선, 2019.12.21., "아름답고 완벽한 강사법? '강사공채'는 거대한 블랙코미디", 오마이뉴스(http://www.ohmynews.com/NWS_Web/View/at_pg.aspx?CNTN_CD=A0002597428&PAGE_CD=N0002&CMPT _CD=M0112).

제3장

1 Karpen의 인용, AöR 124(1999), 400(419).

2 법의 실효성을 이렇게 이해하는 입장은 Hans Kelsen에서도 확인된다. Kelsen은 「법실증주의란 무엇인가?(Was ist juristische Positivismus?)」, in: Juristenzeitung 20, 1965, S.465~469라는 논문에서 법을 규범적 강제의 질서라는 관점에 입각하여 규범의 실효성을 그와 같이 강제규범으로서 법 준수라는 관점에서 설명한 바 있다.

제4장

1 입법평가는 입법 및 법률에 기초한 행정상 의사결정과 관계를 맺는다는 점에서 정책분석(Policy Analysis)과도 다르다.

제5장

1 ≪중앙일보≫, 2018.09.28., "[남기고 싶은 이야기] 美 박사 들고 온 우라늄 상자_이승만의 눈빛이 반짝였다"(https://news.joins.com/article/23003051).

2 문 대통령의 탈원전 선언에 대한 비판으로는 대표적으로 양상훈 칼럼(2017.06.29. "대통령의 엉터리 脫원전 연설, 나라가 답답하다"(https://news.chosun.com/site/data/html_dir/2017/06/28/2017062803351.html)을 참조. 문재인 대통령이 탈원전을 처음으로 거론하기 시작한 것은 2012년 대선 전 후쿠시마 원전 사고가 발생한 일

본을 방문한 자리에서였다고 한다. 문 대통령은 2016년 겨울 영화 〈판도라〉 시사회장에서 다시 탈원전을 언급하기 시작했는데 이 영화를 보고 "많이 울었다"고 했고, 원자력 전문가들은 이 영화를 '말도 안 되는 내용'이라고 한다고 대비시킨 후, 관객 동원을 위한 영화적 과장과 허구를 사실처럼 느끼고 받아들여 '〈판도라〉를 보고 울었던 그 심정으로 국가 정책을 좌지우지하겠다'면 정말 보통 일이 아니라고 힐난한 바 있다. 이 칼럼은 취임 한 달여 만에 탈원전 정책을 발표한 것을 두고 정책 자체가 주는 충격보다 그 과정이 더 충격적이라고 비난했다.

3 이것은 캘리포니아 소재 스탠포드 대학의 커뮤니케이션 전공 교수인 James Fishkin에 의하여 개발된 기법으로, 브라질의 공무원 개혁에서부터 영국의 정치개혁에 이르는 많은 이슈들에 적용되었다.

4 대한민국은 세계에서 다섯 번째로 원자력을 많이 생산하는 국가이며, 24기의 원전이 전체 전기 생산의 1/3을 차지한다. 2017년 초 대선 선거운동 당시 문재인 대통령은 석탄과 원자력 에너지에서 탈출하겠다고 선언했는데, 주요한 이유는 대기오염과 원자력 안전에 대한 국민들의 증가하는 우려 때문이었다. 그 대신, 문재인 대통령은 2030년까지 전체 전기 생산에서 재생에너지가 차지하는 비율을 20%로 끌어 올리겠다고 약속했다.

5 2017년 9월, 행정구역, 성별, 연령에 기초하여 선별된 500명의 시민참여단은 정책브리핑 자료를 받았다. 다음 달에는 시민참여단이 함께 모여 중립적인 중재자 및 원자력 찬반 전문가와 함께 3일간의 논의과정을 거쳤다. 참가자들은 지진 단층선의 분포, 안전설비와 발전기의 기술발전, 인구밀집지역 주변의 발전기 위치 등을 전달받았다. 논의과정은 국가 전체에 송출되었다. 10월 15일의 최종투표 결과는 모호하지 않았지만 놀라웠다. 약 60%의 응답자들이 건설을 재개해야 한다고 투표한 것이다. 그러나 53.2%의 주민들이 국가의 에너지 배합에서 원자력의 비율을 감소시켜야 한다고 응답했으며, 35.5%는 유지, 9.7%는 확대해야 한다고 했다. 조사결과에 따라, 정부는 신고리 발전기 건설을 재개했으나 6기 추가건설 계획은 취소했다.

6 공론화 조사 결과에 관해서는, 신고리 5·6호기공론화위원회 결과보고서; About the Results of Participatory Surveys for Public Deliberation, see also report of the Public Deliberation Committee on Shin-Gori Nuclear Reactors No. 5 & 6 October 20, 2017(http://cdd.stanford.edu/2017/results-of-participatory-surveys-for-public-deliberation-on-shin-gori-nuclear-reactors-no-5-6/) 등을 참조.

7 제19대 대통령 선거 더불어민주당정책공약집(http://theminjoo.kr/policyReference

Detail.do?bd_seq= 70118).

8 ≪국민일보≫, 2012.11.06., "[대선 후보 공약 검증] 원전·에너지 정책"(http://news.kmib.co.kr/article/view.asp?arcid=0006600938).

9 청와대 홈페이지(http://www1.president.go.kr/government-projects#page3).

10 ≪조선일보≫, 2017.06.19., "文 대통령 신규 원전 건설 계획 전면 백지화…원전 정책 전면 재검토"(http://news.chosun.com/site/data/html_dir/2017/06/19/2017061901125.html).

11 ≪한겨레신문≫, 2017.06.27., "신고리 5·6호기 운명, 시민들이 결정한다"(http://www.hani.co.kr/arti/politics/politics_general/800527.html#csidx3cd1e9e12fd93b58192844fafba58b6).

12 한수원 측은 공사 중단으로 인한 경제적 손실액을 1,000억 원으로 예상했다. ≪아시아경제≫, 2017.07.15., "한수원 신고리 원전 공사 3개월 중단…손실 1000억"(http://www.asiae.co.kr/news/view.htm?idxno=2017071410231250365).

13 신고리 5·6호기 공론화 위원회(2017). 신고리 5, 6회 공론화 「시민참여형조사」 보고서.

14 이 권고의견 자체에 대해서도, 원자력 비중 축소 선호가 늘어난 것은 건설 재개로 생각을 바꾼 사람들 중 상당수가 비중 축소에 동의했기 때문인데 이는 일종의 보상심리가 작용한 것이라는 해석이 있다. 주한규, ≪한국경제≫, 2020.01.29., "탈원전 공론화, 제대로 해야"(https://www.hankyung.com/opinion/article/2020012817641).

15 2018년 말 탈핵에너지국회의원모임 등이 주최한 '2018 세계 원전산업 동향 보고서' 발표 간담회에서 송영길 의원이 '신한울 3·4호기 건설 재개 검토' 얘기를 꺼내자 김의겸 당시 청와대 대변인은 "원전 문제는 사회적 공론화위원회 논의를 거쳐 정리가 됐다고 생각한다. 추가로 논의가 필요한 시점은 아니다"라고 말한 것으로 알려졌는데, 이는 정부가 신고리 5·6호기 건설 재개 공론화위원회에서 탈원전하기로 방침을 정한 것이라고 기정사실화하고 있었음을 말해준다.

16 ≪중앙일보≫, 2019.02.12., "탈원전 신(新)팩트체크 3. 탈원전 공론화했나: 탈원전 독일의 아이러니…절반가로 전기 덤핑수출"(https://news.joins.com/article/23361840).

17 산업통상자원부 보도자료(2017.10.24.). "정부, 신고리 5·6호기 건설 재개 방침과 에너지 전환(탈원전) 로드맵 확정".

18 ≪경향신문≫, 2017.12.14., "[8차 전력수급기본계획] 노후 원전 10기 수명연장 금

지…경제성보다 환경·안전 우선".

19 공영 TV 수신료 결정은 의회유보의 대상으로 본 헌법재판소, 1999.05.27. 선고 98헌바70 전원재판부결정(한국방송공사법 제35조 등 위헌소원).

20 원자력 정치의 부재 원인을 한국의 발전국가적 특성과 행정 관료에 의해 수립되는 '계획'의 특성으로 파악하고, 원자력 정책에서 정치 부재의 효과를 원자력 관련 국회 상임위원회 회의록에 나타난 국회의원들의 발언을 통해 정성적으로 분석한 김수진(2018: 139~170) 참조.

21 발전국가 모델에 대해서는 김수진(2018: 142~145) 참조.

22 ≪경향신문≫, 2017.08.04., "탈원전 공방, 격렬한 '프레임 전쟁'으로"(http://news.khan.co.kr/kh_news/khan_art_view.html?artid=201708042139005&code=910402#csidx79aadcb5ffa2e56a93a6720ec472dba).

23 ≪경향신문≫, 2018.11.29., "문 대통령 '한국 원전 40년간 단 한 건 사고도 없어'"(http://news.khan.co.kr/kh_news/khan_art_view.html?art_id=201811290146001#csidxae59e1a642373bf8b94c8c6b47ec735).

24 정책위키: 한눈에 보는 정책(http://www.korea.kr/special/policyCurationView.do?newsId=148864795#L4).

25 이상 토론 요지는 ≪매일경제≫, 2017.10.15., "공포마케팅 판친 공론화…非전문가에 맡겨진 원자력 운명"(https://www.mk.co.kr/news/society/view/2017/10/680259)에서 인용함.

26 ≪주간경향≫, 1315호 2019.02.25., "탈원전이 미세먼지 불러왔을까"(http://weekly.khan.co.kr/khnm.html?mode=view&artid=201902181533171&code=114#csidxfb77547ef8494089c67cbd 2a1ace8dd).

27 http://www.korea.kr/special/policyCurationView.do?newsId=148864795#L4.

28 이상 정책위키(http://www.korea.kr/special/policyCurationView.do?newsId=148864795#L4)에서 발췌 인용.

29 정책위키: 한눈에 보는 정책(문화체육관광부) 홈페이지(http://www.korea.kr/special/policyCurationView.do?newsId=148864795#L4) 참조.

30 전력수요 지역 인근에 설치해 송전선로의 건설을 최소화할 수 있는 일정 규모 이하의 발전 설비를 말한다.

31 ≪연합뉴스≫, 2019.04.04., https://www.yna.co.kr/view/AKR20190403164700017.

32 일례로 윤성원·류재수·김연종(2017: 13~16) 참조.

33 일례로 현대경제연구원의 「친환경 전력정책의 비용과 편익」 보고서(2017.08.21., http://hri.co.kr/upload/publication/2017821172650[1].pdf)에 따르면, 친환경 전력정책을 따를 경우 기존 정책을 유지하는 경우보다 2020년에는 연간 8,000억 원, 2025년에는 3조 5,000억 원, 2030년에는 6조 6,000억 원의 비용이 더 들 것으로 예상되며, 이는 발전단가가 높은 재생에너지와 천연가스 비중이 확대되기 때문이라고 한다. 이 보고서는 그 경우 각 가구가 부담해야 하는 월평균 전기요금 인상분은 2020년은 660원이지만 2025년에는 2,964원, 2030년은 5,572원으로 추정했다. 다만 이 보고서는 직접적인 발전비용 외에 건설 및 계획 중인 발전소의 매몰비용과 국내 원전산업 위축 및 일자리 감소에 따른 영향을 간과해서는 안 되며, 이를 최소화하기 위한 노력이 병행되어야 하지만, 그와 같은 전기료 인상부담은 사회적 합의를 통해 수용 가능한 범위라고 판단하고 있다(보고서 12쪽).

34 이에 관해서는 가령 박찬국 외(2019); 노동석·이대연(2017) 등을 참조.

35 환경부(공동-해명), "2017년 온실가스 배출량 증가는 문재인 정부의 에너지 전환 정책과 무관하며, GDP 증가에 따른 전기 사용량 증가 등이 주요 원인입니다"(http://www.me.go.kr/cleanair/cleanair/).

36 ≪한겨레신문≫, 2019.03.07., "'탈원전' 탓에 미세먼지 심해졌다? 원전 설비 감축 시작도 안했는데…"(http://www.hani.co.kr/arti/economy/marketing/885038.html#csIdx1b10bad8a4c5eefa36bfdb0e6323a27).

37 대한민국 정책브리핑, "에너지 전환 정책"(최종수정일: 2019.09.18.): http://www.korea.kr/special/policyCurationView.do?newsId=148864795.

38 ≪한국경제신문≫, 2017.06.19., "[시사이슈 찬반토론] 정부의 탈(脫)원자력 정책은 옳은 방향인가".

39 결국 이러한 공익 산정의 왜곡을 피하기 위해서는 책임 없는 주장을 가려내는 전문가의 지속적인 정보제공을 바탕으로 한 국민적 판단이 중요하다고 한다.

40 ≪한국일보≫, 2020.01.15., "2019 한국인의 공공갈등 의식조사 결과"(https://www.hankookilbo.com/News/Read/202001141796098688?NClass=HC01).

41 ≪중앙일보≫, 2019.07.15., "[이기우의 퍼스펙티브] 탈원전 정책은 국회가 직접 법률로 결정해야 한다".

제6장

1 Difference Between, http://www.differencebetween.net/language/wordslanguage/difference-between-safety-and-security/#ixzz6BXPQlDPz.

2 독일에서의 반역죄, 테러범죄 및 중대한 국가위해폭력행사죄에서 나타난 선제적 전단계 범죄화(Vorfeldkriminalisierung)에 관해서는 Bützler(2017) 참조.

3 국가보안법과 함께 쌍두마차로 악명을 떨친 반공법은 국가보안법과 성격이 유사하고 중복된 조문이 많으므로 반공법을 폐지하여 이를 국가보안법에 통합함으로써 국가의 안전보장을 침해하는 범죄의 처벌·예방에 일원화를 기한다는 이유에서 1980년 12월 31일 국가보안법개정법률(법률 제3318호 부칙 제2조)에 의해 폐지되었다.

4 배종대(1991: 255)는 '정치형법-상징입법'의 관점에서 헌법재판소의 국가보안법 제7조에 대한 한정합헌결정(1990.4.2. 선고 89헌가11)을 비판하고 있다.

5 그 상세한 경위는 민주사회를 위한 변호사 모임(2000), 「1999년 국가보안법 보고서」, 187쪽 이하 참조.

6 Beck, Ulich(1986), *Risikogesellschaft, Auf dem Weg in einem andere Moderne*, Suhrkamp. 이 책의 한글 번역판으로는 홍성태 옮김, 『위험사회: 새로운 근대성을 향하여』(새물결, 2006) 참조.

7 국내에서도 지난 20여 년간 위험형법에 관한 다양한 논의가 이루어져 왔다. 대표적인 문헌으로 Seelmann/김영환(1997), 「위험형법」, 『한양대법학논총』 14집; 박강우(1997), 「위험사회와 형법의 변화」, 『형사정책연구』 제8권 제4호(한국형사정책연구원); 심재무(1999), 「위험사회와 환경형법」, 『형사법연구』 제11호; 김영환(2000), 「위험사회에서의 형법의 귀속원리」, 『법철학연구』 제3권 제2호(한국법철학회); 이용식(2001), 「위험사회에서의 법익보호와 적극적 일반예방」, 『형사정책』 제13권 제1호; 김학태(2001), 「현대위험사회에서의 형법상 귀속구조의 변화」, 『비교형사법연구』 제3권 제1호(한국비교형사법학회); 최석윤(2002), 「위험사회와 상징형법」, 『해양환경·안전학회지』 제8권 제2호; 허일태(2003), 「위험사회에 있어서 형법의 임무」, 『비교형사법연구』 제3권 제2호(한국비교형사법학회); 조성용(2003), 「형사입법의 상징적 기능에 대한 비판적 고찰」, 『형사정책연구』(한국형사정책연구원) 통권 제53호; 이진국(2003), 「형사입법자의 형벌법규 제정권한의 한계에 관한 연구」, 『형사정책연구원 연구보고서 2003 - 11』; 박광민·이성대(2006), 「위험사회의 등장에 따른 형법의 대응」, 『성균관법학』 제18권 제3호(성균관대학교 법학연구소); 김재윤(2010), 『현대형법의 위기와 과제』(전남대학교출판부); 최성진(2010), 「현대사회에 있어서

형법의 이원화 경향: Jakobs의 적대형법 구상을 예로 하여」, 『형사정책연구』 제21권 제3호(통권 제83호, 2010·가을호); 김일수(2011), 「나의 형법학 이해 30년 - 배움과 가르침의 여정에서」 정년퇴임기념강연논문. 『고려법학』(고려대학교 법학연구원) 제62호; 하태훈(2011), 「법치국가에서의 형법과 형사소송법의 과제 - 최근 형사 관련법 개정경향을 중심으로」, 『고려법학』(고려대학교 법학연구원) 제62호; 백상진(2011), 「위험형법의 전개에 대한 비판과 바람직한 형법적 대응방안」, 『비교형사법연구』 제13권 제1호(한국비교형사법학회); 이승준(2012), 「새로운 위험의 등장과 형법의 임무 변화?: 9·11 테러 이후 영국을 중심으로」, 『형사정책』 제24권 제2호(한국형사정책학회); 김태명(2012), 「최근 우리나라의 중형주의 입법경향에 대한 비판」, 『형사법연구』 제24권 제3호(한국형사법학회); 김재윤(2013), 「위험사회에서 형법을 통한 위험조종의 가능성과 한계 - 위험형법과 적대형법을 중심으로」, 『일감법학』 제25호; 윤영철(2018). 「법치국가에서의 안전지향형법에 대한 비판적 고찰」, 『원광법학』 34: 1 등을 참조.

8 '위험형법'이나 안전지향형법 또는 안전형법이라는 용어는 이들이 동일한 형사정책/형사법의 발전과정에서 나타나는 현상이라는 점에서 동일한 의미로 사용할 수 있을 것이다(윤영철, 2018: 136 각주 10).

9 '적대형법(Feindstrafrecht)'이란 Günther Jakobs의 주장으로, 시민의 지위가 아닌 적의 지위를 가진 자, 예컨대 범죄인에 대해서는 전통적인 자유주의 법치국가원칙에 입각한 '시민형법(Burgerstrafrecht)'을 그대로 적용할 수는 없으며, 이들로부터 사회를 지킬 수 있는 별도의 형법규정들이 필요하다는 것이다. 다만 Jakobs는 두 개의 서로 고립된 별도의 형법영역(zwei isolierte Strafrechtssphären)을 지칭하는 것이 아니라 '하나의 세계의 양극(zwei Pole einer Welt)' 또는 하나의 형법에서 두 개의 상반된 경향들(zwei gegenläufige Tendenzen)로 서로 중첩도 가능한 관계의 개념이라고 주의를 환기하고 있다. 상세한 내용은 Jakobs(2004: 95 이하) 참조.

10 ≪한겨레신문≫, 2019.06.24., "국정원, 테러방지법 활용해 출입국 정보 등 3,000여 건 수집했다".

11 '미국 애국자법(USA PATRIOT Act)'이란 약칭은 법률의 원래 제명인 'Uniting and Strengthening America by Providing Appropriate Tools Required to Intercept and Obstruct Terrorism Act'에서 앞 글자들을 따와 만든 것이다(逆 頭文字語: backronym).

12 테러방지법에 관해서는 권오국·김윤영(2017), 「국제사회의 테러리즘 동향과 국내

테러대응 체계 및 시사점 분석」, 『통일문제연구』 제29권 1호; 김형오·김민정(2017), 「빅데이터 시대의 테러방지법과 대중감시」, 『사이버커뮤니케이션학보』 34(3); 이계수(2002), 「정부의 테러방지법안에 대한 의견서」, 『민주법학』 제21권, 377~400; 조성제(2009), 「국민의 기본권 보장과 국가안보를 위한 방안으로서 테러방지법 제정에 관한 연구」, 『세계헌법연구』 제15권 1호, 331~360; 참여연대(2015), 「테러방지법에 대한 시민사회단체 의견서」 제출(2015.12.01.), Available: http://www.peoplepower21.org/index.php?_filter=search&mid=Peace&search_target=title_content&search_keyword=%ED%85%8C%EB%9F%AC%EB%B0%A9%EC%A7%80%EB%B2%95&page=2&document_srl=1378469&listStyle=list; 한국공법학회(2018), 「인권보호 강화를 위한 테러방지법 개정방향 연구용역 보고서」; 황문규(2016), 「테러방지법상 정보활동의 범위와 한계」, 『경찰법 연구』 제14권 제1호, 3~63; Noll, *Symbolische Gesetgebung*, ZfSchwR 1981: 327ff.; Hegenbarth, a.a.O: 201ff.; Schmehl, *Symbolische Gesetzgebung*, ZRP 1991: 251ff.; Noll, *Gesetgebungslehre*, Reinbek, 1973: 63 등을 참조.

13 ≪매일경제신문≫, 2019.01.29., "경제난에 한국도 '외로운 늑대 테러' 나올 수 있다".

14 한국공법학회, 인권보호 강화를 위한 테러방지법 개정방향 연구용역 보고서, 2018.

15 김한균(2019: 161 각주 4)에 따르면, 청와대 국민청원 및 제안에 올라온 전체 17개 청원분야 41만여 건 청원(2017년 8월~2019년 3월) 중 '처벌' 내용 청원이 4만 1,000여 건에 이른다(www1.president.go.kr/petitions/2019년 3월 25일 최종 검색).

16 공직선거법 개정안 13개, 정보통신망법 개정안 22개, 신문진흥법 개정안 11개, 언론중재법 개정안 4개 그리고 통합법 제정안 2개 등 50여 개의 법률안이 발의되었고 이들은 대부분 처벌강화를 담고 있었다.

17 고려대를 휴학하고 카투사로 복무하던 윤창호 군이 2018년 9월 25일 새벽 2시경 횡단보도에서 신호를 기다리다 만취한 26세 운전자가 몰던 차량에 치여 뇌사상태에 빠졌고, 46일 후에 사망한 사건이다. 피해자가 뇌사 상태에 빠지자 피해자의 대학 동기들과 친구들이 나서 청와대 국민청원 등을 통해 음주운전 처벌 강화를 위한 입법을 촉구하기 시작했다. 이 사실이 언론을 통해 보도되면서 그렇지 않아도 인천 일가족 사망 사건 등을 계기로 음주운전에 대한 처벌 강화 여론이 일던 상황에서 '음주운전 처벌을 강화하고, 음주교통사고로 사람을 사망케 한 경우 미필적 고의에 의한 살인에 준해 처벌해야 한다'는 주장에 대한 사회적 공감대가 확산되었다. 이들의 청원은 청와대 국민청원 게시판에서 40만 명을 넘는 수의 참여를 이끌어냈고 대통령의 언급

과 법무부 장관의 답변 등을 거쳐, 국회에서 '윤창호법'이라 명명된 관련법률 개정으로 이어졌다.

18 위 특가법 제5조의 11(위험운전치사상)에서 음주나 약물 영향으로 정상적인 운전이 곤란한 상태에서 사람을 다치게 하면 10년 이하의 징역 또는 500만 원에 처하도록 한 것을 1년 이상 15년 이하의 징역 또는 1,000만 원으로, 사람을 사망에 이르게 하면 1년 이상의 유기징역에서 무기 또는 3년 이상의 징역으로 개정함으로써 음주운전 사망사고를 내면 벌금형 없이 징역형을, 그것도 최소 3년에서 최대 무기징역까지 처벌할 수 있도록 했다.

19 다소 이르기는 하지만 윤창호법의 시행효과를 두고 최근까지도 갑론을박이 이어지고 있다. 예컨대 https://news.sbs.co.kr/news/endPage.do?news_id=N1005588661&plink=COPYPASTE&cooper=SBSNEWSEND을 참조. KBS 2020년 1월 21일 뉴스에서 인용한 한국교통연구원 임재경 교통안전방재연구센터장에 따르면, 2018년에 윤창호 법이 시행되고 2017년과 18년 사이에 음주운전 사고를 살펴보면 사망자 수는 21%로 대폭 줄었지만 사고 건수는 한 1% 정도밖에 줄지 않았다고 한다. 그래서 아직까지 사소한 음주운전은 많이 줄어들지 않고 있다는 것이다(http://news.kbs.co.kr/news/view.do?ncd=4366376).

20 2008년 개정(법률 제8634호); 2010년 개정(법률 제9765호); 2010년 개정(법률 제10260호); 2011년 개정(법률 제11047호); 2012년 개정(법률 제11287호); 2019년 개정(법률 제16275호).

21 2004년 17대 국회부터 20대 국회 2019년 3월 현재까지 성폭력범죄처벌특례법 개정안은 189건, 아동·청소년성보호법 개정안은 178건이 제출되었다(http://likms.assembly.go.kr/bill/main.do).

22 이 연구는 국내 아동 성폭력 사건 이후의 정책변동을 설명하기 위하여 사건중심 정책변동 모형(Event-Related Policy Change Model)을 바탕으로 실제 정책과정이 어떤 변화를 가져왔는지 분석했다(http://kiss.kstudy.com/thesis/thesis-view.asp?key=2946302).

23 일례로 김선남(2012: 75~78) 참조.

24 대법원 2009.5.14. 선고 2009도1947, 2009전도5판결. 그 밖에도 대법원 2009.5.14. 선고 2009도1947, 2009전도5판결; 2009.9.10. 선고 2009도6061, 2009전도13판결; 2010.11.11. 선고 2010도7955, 2010전도46판결; 2011.7.28. 선고 2011도5813, 2011전도99판결 등을 참조. 이러한 대법원 판례에 대한 비판으로는 김봉수(2011: 60 이

하) 참조.

25 특정 범죄자에 대한 위치추적 전자장치 부착 등에 관한 법률 부칙 제2조 제1항 위헌제청 등 사건에 대한 헌법재판소 2012.12.27. 선고 2010헌가82, 2011헌바393(병합) 결정: 전자장치 부착을 통한 위치추적 감시제도가 처음 시행될 때 부착명령 대상에서 제외되었던 2008.9.1. 이전에 제1심판결을 선고받은 사람들 중 구 '특정 범죄자에 대한 위치추적 전자장치 부착 등에 관한 법률'(2010.4.15. 법률 제10257호로 개정되고, 2012.12.18. 법률 제11558호로 개정되기 전의 것) 시행 당시 징역형 등의 집행 중이거나 집행이 종료, 가종료·가출소·가석방 또는 면제된 후 3년이 경과하지 아니한 자에 대하여도 위치추적 전자장치를 부착할 수 있도록 규정하고 있는 '특정 범죄자에 대한 위치추적 전자장치 부착 등에 관한 법률'(2008.6.13. 법률 제9112호) 부칙 제2조 제1항(2010.4.15. 법률 제10257호로 개정된 것)이 형벌불소급의 원칙에 위배되는지 여부에 대한 헌법재판소의 결정.

26 ≪서울신문≫, 2019.03.03 "조두순 24시간 감시할 전자발찌 … 80가지 징후로 성범죄 사전대응": HYPERLINK https//www.seoul.co.kr/news/newsView.php₩?id=20190401015002#csidx6d1552916bf4502ab8db366ced25b33, https://www.seoul.co.kr/news/newsView.php?id=20190401015002#csidx6d1552916bf4502ab8db366ced25b33.

27 https://news.v.daum.net/v/20190130095319785?f=m.

28 ≪한국일보≫, 2019.01.30., "성범죄자 AI 전자발찌? '핵심은 기술이 아니라 인력'".

29 ≪한국일보≫, 2019.07.01., "'나 이런 사람이야' 범행과 위협도구가 된 전자발찌"(https://www.hankookilbo.com/News/Read/201907151694762012). 이수정 경기대 범죄심리학과 교수는 "담당자가 최소 일주일에 한 번은 착용자를 면담할 수 있도록 해야 하는데, 그러기 위해선 1인당 관리 대상자 수를 7명 정도로 제한하는 것이 가장 적절하다"고 말했다.

30 앞의 기사에서 인용된 전문가 의견 참조: "전자발찌 착용자가 필수 의무 사항을 위반했을 경우 금고형 이상으로 무겁게 처벌토록 해야 한다"(이수정 경기대 범죄심리학과 교수), "영국은 성범죄자들을 대상으로 거짓말 탐지기를 이용한 면담을 주기적으로 해서 준수사항 위반 여부를 확인한다", "위반사항이 나오면 곧바로 구금 시설로 격리해 교화 프로그램을 이수토록 하는데, 우리도 이런 시스템 도입을 검토해볼 필요가 있다"(이웅혁 건국대 경찰학과 교수).

31 Tennessee Board of Probation and Parole In conjunction with Middle Tennessee

State University Department of Criminal Justice Administration(2007), Monitoring Tennessee's Sex Offenders Using Global Positioning Systems - A Project Evaluation. Retrieved from http://www.correcttechllc.com/uploads/document39.pdf.

32 범죄억제효과의 실효성을 둘러싼 쟁점에 관해서는 법무부(2017: 28 이하) 참조.

33 ≪한국일보≫, 2019.07.16., "'나 이런 사람이야' 범행과 위협도구가 된 전자발찌" (https://www.hankookilbo.com/News/Read/201907151694762012).

제7장

1 황사는 중국 몽골의 건조지대에서 강한 바람에 의해 높은 대기로 불어 올라간 흙먼지가 바람을 타고 이동해 지상으로 떨어지는 자연현상이지만, 고농도 미세먼지 발생은 자동차·공장·가정 등에서 사용하는 화석연료 사용으로 배출된 인위적 오염물질이 주요 원인이라는 점에서 차이가 있다. [네이버 지식백과] '황사와 미세먼지'(국가건강정보포털 의학정보, 국가건강정보포털): https://terms.naver.com/entry.nhn?docId=5550467&cid=51004&categoryId=51004.

2 한국보건사회연구원, 「사회통합 실태 진단 및 대응 방안 연구(IV)」 보고서(2018.5.14.)에 따르면, 지난해 성인 3,839명을 대상으로 각종 위험에 대한 불안 수준을 측정한 결과, 대기오염과 더불어 저성장, 고령화, 수질오염, 북핵도 국민에 불안을 안기는 대표적인 요인으로 꼽혔는데, 그중 가장 높은 항목은 '미세먼지 등과 같은 대기오염'으로 나타났다. 연합뉴스, 2018.05.14.(https://www.yna.co.kr/view/AKR20180511144500017?section=search). 통계청의 '2018 한국의 사회지표'(2019.03.22.)에 따르면 환경문제에 대한 국민인식 중 미세먼지에 대한 불안이 82.5%로 방사능(54.9), 유해화학물질(53.5), 기후변화(49.3) 등에 비해 압도적으로 높게 나타났다(http://kostat.go.kr/assist/synap/preview/synapview373801_5.view.xhtml, p.44).

3 ≪조선일보≫, 2019.03.17.(http://news.chosun.com/site/data/html_dir/2019/03/15/2019031501788.html).

4 이종태, Air Pollution Epidemiologic Studies in Korea, 「미세먼지에 대한 현행 규제 분석 및 개선방안에 대한 모색」, 한국환경법학회 제129회 정기학술대회 및 임시총회 제1주제발표문, 2017년 3월 17일.

5 ≪한겨레신문≫, 2017.03.21.(http://www.hani.co.kr/arti/society/environment/787355.html).

6 현대경제연구원, 2019.03.15.,「미세먼지에 대한 국민 인식 조사」 보고서, 한국경제주평(http://hri.co.kr/).

7 2019년 3월 초 극심한 대기 정체(풍속 2m/s 이하)로 1주일간 고농도 미세먼지가 지속되었고 최고 농도 기록을 경신했다.

8 관계부처합동(국무조정실·기획재정부·교육부·과학기술정보통신부·외교부·농림축산식품부·산업통상자원부·보건복지부·환경부·국토교통부·해양수산부·산림청),「미세먼지 관리 종합대책」(2017.09.26.), 2.

9 미세먼지 통계는 환경부 홈페이지 http://www.me.go.kr/cleanair/sub02.do 참조.

10 이승민·최기철 외(2019),「기후변화에 따른 대기오염 예측 및 중장기 대기관리정책 수립연구」(심창섭, 2019: 13에서 재인용).

11 장재연, 오마이뉴스, 2019.02.28., "'미세먼지=중국'은 틀렸다, 환경부는 왜 국민을 속이나. [미세먼지 오해와 진실 ⑤] 중국발 미세먼지에 대한 오해…올바른 환경 외교란?"(http://www.ohmynews.com/NWS_Web/View/at_pg.aspx?CNTN_CD=A0002514331).

12 http://www.greenpostkorea.co.kr/news/articleView.html?idxno=102245 "'미세먼지 사태'가 공포스러운 진짜 이유를 말한다". 이 기사 중 조명래 환경부장관이 기자간담회에서 한 이야기가 주목된다. 미세먼지가 정량적으로 줄고 있고 특히 비상저감조치 기간엔 최소 4, 5%가량이 줄어든다. 그럼에도 고농도 미세먼지가 발생하는 이유는 '대기정체' 때문인데, 이런 현상이 동북아시아 전반적으로 나타나고 있어 '기후변화'를 해결하지 않으면 미세먼지 해결이 요원하다는 것이다. 그는 미세먼지 문제를 해결하려면 기후변화 정책으로 가야 하는데 하루아침에 대응할 순 없다고 고충을 털어놓으며, "전 지구촌이 힘을 합쳐도 될까 말까 한 문제"라고까지 말했다고 한다.

13 OECD(2019), Exposure to PM2.5 in countries and regions(https://stats.oecd.org/index.aspx?queryid=72722).

14 관계부처합동 미세먼지 관리 종합계획(2019.11.01.), 29.

15 http://www.me.go.kr/home/web/dictionary/read.do?pagerOffset=0&maxPageItems=10&maxIndexPages=10&searchKey=ㅁ&searchValue=&menuId=10448&orgCd=&condition.createDeptName=%EB%AF%B8%EC%84%B8%EB%A8%BC%EC%A7%80&boardMasterId=&dicSeq=447&decorator=: 국내 미세먼지 오염도가 심각한 문제로 대두되어 관계부처합동으로 2016년 6월 수립된 대책이다. 경유사에 내안 실노로 기순 인승, 노후 경유차의 조기 폐차, 경유버스의 CNG버스로의 단

계적 대체, 노후 석탄화력에 대한 친환경적 처리 등의 내용이 담겼으나, 대체적으로 기존 대책을 재탕했다는 평가를 받았다.

16 http://www.me.go.kr/home/web/dictionary/read.do?pagerOffset=0&maxPageItems=10&maxIndexPages=10&searchKey=ㅁ&searchValue=&menuId=10448&orgCd=&condition.createDeptName=%EB%AF%B8%EC%84%B8%EB%A8%BC%EC%A7%80&boardMasterId=&dicSeq=446&decorator=: 국무회의에서 환경부 등 12개 관계부처합동으로 마련한 대책으로 종전의 미세먼지 관리 특별대책(2016년 6월)보다 목표가 강화되고 구체화되었다. 단기(2017년 9월~2018년 상반기) 대책으로 고농도미세먼지 발생 시 응급감축 조치 실시, 차량부제 등 고농도 비상저감조치, 민감계층 활동 공간 개선 등이 있고, 중장기(2018년 하반기~2022년) 대책으로 2022년까지 미세먼지배출량 30% 감축을 목표로 사회 전 분야에 대한 전 방위적인 감축대책 추진을 내용으로 한다.

17 『환경백서』, 2018, 환경부, 25.

18 정책위키 미세먼지 종합대책(http://www.korea.kr/special/policyCurationView.do?newsId=148864591#L2).

19 이후 법개정으로 미세먼지 정보 관리·지원 업무의 선택과 집중을 위해 국가미세먼지정보센터의 설치·운영규정은 기존의 임의규정에서 강행규정으로 변경되었고 그 기능에 발생원인, 정책영향 등의 분석이 추가되었다(제17조).

20 이 법률 시행으로(공포 후 1년 경과한 날부터) 수도권 대기환경개선에 관한 특별법은 폐지된다.

21 국가기후환경회 홈페이지(https://www.ncca.go.kr/cmn/sym/mnu/mpm/103020200/htmlMenuView.do).

22 North-East Asia Clean Air Partnership: 동북아지역 과학·정책·기술협력, 연구결과 기반 정책개발 기여를 위한 협력기구를 말한다.

23 그린포스트코리아(http://www.greenpostkorea.co.kr).

24 관계부처합동(2019). 「미세먼지 관리 종합계획」(2020~2024). 2019.11.01.: 제3차 미세먼지특별대책위원회 심의안건 1.

25 종전의 2017.9.26 종합대책 및 2018.11.8 강화대책의 계획기간은 2017~2022년이었다.

26 「미세먼지 관리 종합계획」은 2019년 3월부터 10월까지 종합계획 수립 기준을 마련하고(배출량 기준년도, 계획기간 등), 삭감량 산출·농도변화 모델링·위해성지표 도출, B/C분석 + 고용·기후변화대응 등 포함 AHP분석 등 관계 전문기관의 연구용역

을 토대로 계획 초안을 작성하여 관계부처 협의, 지자체 의견 수렴, 국가기후환경회의 제1차 국민정책제안 반영 등을 거쳐 수립되었다.

27 환경부, 2019년 11월 7일, 문재인 정부 2년 반, 환경정책 성과는?(http://www.me.go.kr/cleanair/cleanair/read.do?pagerOffset=10&maxPageItems=10&maxIndexPages=10&searchKey=&searchValue=&menuId=8&orgCd=&boardId=1083430&boardMasterId=747&boardCategoryId=&decorator=).

28 http://www.korea.kr/special/policyCurationView.do?newsId=148864795#L4.

29 관계부처합동, 「미세먼지 관리 종합계획」(2019.11.01.), 29.

30 2019년 7월 16일, 조명래 환경부장관과 뉴스핌 인터뷰(http://www.newspim.com/news/view/20190719 000379).

31 2019년 7월 16일, 조명래 환경부장관과 뉴스핌 인터뷰(http://www.newspim.com/news/view/20190719000379). 물론 지구가 도는 방향 때문에 우리한테 주로 영향이 오고, 이는 중국도 인정하고 있다고 한다. 이에 따라 중국에서 고농도 미세먼지가 발생할 경우 우리나라에 정보를 제공해 예보제를 실시하겠다는 것이다. 2019년 하반기 중 우선 베이징과 서울 간 공유가 이루어지고 2020년에는 장관급 고위정책협의회가 정식 출범할 것이며 이를 발전시켜 자발적으로 미세먼지를 감축하는 협약체제로 발전시킬 계획이라고 한다.

32 장재연, 오마이뉴스, 2019.02.28., "'미세먼지=중국'은 틀렸다, 환경부는 왜 국민을 속이나"(http://www.ohmynews.com/NWS_Web/View/at_pg.aspx?CNTN_CD=A0002514331).

33 장재연, 앞의 글.

34 관계부처합동(2019), 미세먼지 고농도 시기(2019.12~2020.3) 대응 특별대책(2019.11.01. 제3차 미세먼지특별대책위원회 안건 2), 1.

35 2000년부터 진행된 이 연구의 결과를 보고서 형태로 외부에 공표한 건 이번이 처음이라고 한다.

36 ≪한겨레신문≫, 2019.11.21.(http://www.hani.co.kr/arti/society/environment/917731.html): 보고서는 한·중·일 연구진이 각국 주요 도시(한국은 서울·대전·부산 3곳)에서 측정·분석해 산출한 도시별 초미세먼지 기여율을 산술 평균한 값을 담았다. 결과를 보면 2017년 한국의 연평균 초미세먼지 기여율은 자체 기여가 51%, 중국이 32%, 일본이 2%였다. 같은 해 중국은 자체가 91%, 한국 2%, 일본 1%였다. 일본은 자체 55%, 한국 8%, 중국 25%로 나왔다. 편서풍 지역인 동북아 서쪽에 위치한 중국

에서 초미세먼지가 발생해 한국과 일본으로 흘러가고 있음을 3국 연구진이 함께 확인한 셈이다.

37 북한의 영향도 약 10% 내외로 추정되고 있지만, 향후 경제개발이 활성화될 경우 그 영향이 훨씬 커질 것으로 예상된다고 한다. JTBC 〈이규연의 스포트라이트〉 231회(2020.02.06. 방송): http://tv.jtbc.joins.com/replay/pr10010365/pm10030344/ep20078450/view).

38 장재연, 오마이뉴스, 2019.02.15., "[미세먼지 오해와 진실 ④] 우리는 지금 그럴 때가 아니다"(http://www.ohmynews.com/NWS_Web/View/at_pg.aspx?CNTN_CD=A0002511769).

39 KORUS-AQ: An International Cooperative Air Quality Field Study in Korea(2016): https://espo.nasa.gov/korus-aq. 최종보고서는 금명간 발표 예정이라고 한다. 같은 맥락의 KORUS-AQ 예비종합보고서(https://espo.nasa.gov/sites/default/files/documents/KORUS-AQ-RSSR.pdf), 특히 26~28을 참조.

40 JTBC 〈이규연의 스포트라이트〉 231회(2020.02.06. 방송): http://tv.jtbc.joins.com/replay/pr10010365/pm10030344/ep20078450/view.

제8장

1 가습기살균제 피해 규모에 관해서는 최예용(2019: 292); 이경무(2017) 등을 참조.

2 당시 유공은 신상품으로 출시한 '팡이제로' 곰팡이 제거제가 인기를 끌면서 가습기살균제 쪽으로 사업을 확장했고, 언론 보도에 의하면 1년간 18억 원의 연구비를 들여서 가습기살균제 '가습기메이트'를 개발해서 출시했다. 가습기를 세정하는 세정제가 아니라, 물에 타서 세균을 죽이는 살균제는 당시 이 연구를 주도했던 노승권 박사의 아이디어였다고 한다(홍성욱, 2018: 71~72). 그는 여러 후보 물질을 놓고 고르다가 농약과 산업용 살균제로 사용되던 클로로메틸이소티아졸리논/메틸이소티아졸리논(CMIT/MIT)을 원료로 선택했는데, CMIT/MIT는 독성을 가진 물질이었지만, 연구팀은 농도를 잘 맞추면 흡입독성 없이 이를 가습기살균제로 쓸 수 있다고 생각했다는 것이다.

3 2016년에 가서야 뒤늦게 곰팡이제거제로 용도특허를 받은 이소티아졸리논계 물질(CMIT/MIT)이 가습기살균제 조성물로 사용되었다는 증거가 발견되었다. 유공이 세계 최초로 흡입용 곰팡이 살균제를 개발한 셈이 되었다. 인터넷 환경일보, 2016년 8

월 29일자 기사(http://www.hkbs.co.kr/news/articleView.html?idxno=402795).

4 옥시싹싹가습기당번(PHMG-인산염), 와이즐렉 가습기살균제(PHMG-인산염), 홈플러스가습기청정제(PHMG-인산염), 가습기클린업(PHMG-염산염), 세퓨 가습기술균제(PGH), 아토오가닉가습기살균제(PGH).

5 사건 인지과정은 보건복지부 질병관리본부 폐손상조사위원회, 2014: vii~viii, 홍성욱(2018: 74~75)에 의거 요약.

6 가습기살균제 국정조사에 관해서는 박태현(2018: 92~94) 참조.

7 대표적으로 '특별법을 통해 피해자 찾기와 피해대책을 마련해야 하고, 민형사적 징벌법과 집단소송제도가 도입되어야 유사한 피해의 재발을 방지할 수 있다'며, 판정기준을 확대해야 하고 미나마타병과 원진레이온의 경우처럼 사회적 해결방안이 필요하다고 주장한 최예용(2017) 참조. 정책옹호연합모형 Advocacy Coalition Framework(ACF)에 의한 가습기살균제 관련 정책변동과정 설명으로는 이희진(2019) 참조.

8 ≪경향신문≫, 2016.05.22. "'가습기살균제 참사' 막을 수 있었던 7번의 기회"(https://m.khan.co.kr/view.html?art_id=201605022244005).

9 이 법은 2016년 1월 27일 「전기용품 및 생활용품 안전관리법」(법률 제13859호) 부칙 제2조로 폐지되었다.

10 정부는 2007년 이전에는 가습기살균제는 세정제가 아니라고 보았다가 이후 세정제에 포함된다고 입장을 바꾸었다. 가습기살균제가 공산품안전법상 자율확인대상인 '세정제'에 속하는지 여부에 대한 법률적 쟁점과 관련하여 이를 긍정하는 견해로는 위 보건복지부 질병관리본부 폐손상조사위원회(2014: 182~183) 참조.

11 살생물제(殺生物劑)란 살생물물질, 살생물제품 및 살생물처리제품을 말한다(화학제품안전법 제3조 6호).

12 법개정의 주요 쟁점 및 각 당 의원들이 발의한 개정법률안에 관해서는 사회적참사특별조사위원회(2019), 「가습기살균제 피해 인정, 무엇이 문제인가?」(제3회 사회적참사 피해지원 포럼자료집 2019.05.30) 참조.

13 홍성욱(2018: 107)은 가습기살균제가 공산품안전법('품공법')의 적용대상이 되었더라도 기존의 세목을 가지고는 품공법의 안전기준을 통과해도 차이가 없었기 때문에 달라질 것은 없었다고 한다.

14 「국회 가습기살균제 사고 진상규명 국정조사 특별위원회 조사록」(2016.08.16) 중 이석준 국무조정실장 증언(49쪽), 홍성욱(2018: 109)에서 재인용.

15 국가배상청구소송에서 피고 대한민국이 제출한 2012.12.31.자 준비서면 4쪽. 박태

현(2018: 102)에서 재인용.

16 과소보호 금지(Untermaßverbot) 원칙이란 일정한 경우 국가는 사인인 제3자에 의한 국민의 기본권 침해에 대해서도 적극적으로 기본권 보호조치를 취할 의무를 지지만, 헌법재판소가 이를 심사할 때에는 국가가 국민의 기본권적 법익 보호를 위하여 적어도 적절하고 효율적인 최소한의 보호조치를 취했는가 여부를 기준으로 삼아야 한다는 법리를 말한다. 헌법재판소의 확립된 판례이다. 이 원칙을 기준으로 법률의 위헌성을 심사한 판례로는 헌법재판소 2008.7.31. 2006헌마711결정; 2015.9.24. 2013헌마384 결정 등이 있다.

17 독일 연방헌법재판소는 임신중절로부터 태아의 생명 보호 문제, 기본법 제2조 제2항 제1문에서 도출되는 생명과 건강보호에 대한 기본권보호의무에 관한 다수의 판례들을 축적해왔다. 예를 들어, 테러공격(Schleyer 납치), 원자력법상 인가절차(Kalkar), 비행기 소음, 독일연방공화국 영역 내 화학무기의 설치와 이 무기의 가동으로 인한 위험, 교통 소음, 상대적 운전불가 기준이 되는 알코올 기준치의 삭감과 아우토반 속도제한을 통한 교통안전 개선 문제, 오존농도 저감 문제, 모바일기기의 전자기파(전자 스모그) 위험, 인간생명을 위협하는 범죄무기로 사용된 항공기를 직접 격추할 수 있도록 군에 권한을 부여한 항공안전법사건 등이 있다. 이에 대하여 상세한 것은 방승주 외(2018: 34~36) 참조.

18 헌법재판소 2008.7.31. 선고 2006헌마711 전원재판부결정(입법부작위 위헌확인).

19 헌법재판소 2011.8.30. 선고 2006헌마788결정[인용(위헌확인)]: 대한민국과 일본국 간의 재산 및 청구권에 관한 문제의 해결과 경제협력에 관한 협정 제3조 부작위 위헌확인. - 행정부작위에 대한 헌법소원에서 정부의 헌법상 입법의무를 인정하고 그 위반을 확인한 사례이다.

20 헌법재판소 2011.8.30. 선고 2008헌마648결정[인용(위헌확인)]: 대한민국과 일본국 간의 재산 및 청구권에 관한 문제의 해결과 경제협력에 관한 협정 제3조 부작위 위헌확인.

21 더욱이 이 사건에서 소음의 유발은 공직선거법이 허용한 일정 기간의 공직선거 운동기간 중에 공적 의사를 형성하는 과정 중에 발생하는 것이므로, 비록 그 소음이 선거운동원 등 사인에 의해서 유발되고 있는 것이라고 하더라도 공적 활동으로서 이해되는 측면도 있는바, 공적 영역에서 발생하는 환경권 침해 가능성에 대해 국가가 규율할 의무는 좀 더 분명해진다고 하지 않을 수 없다고 판단했다.

22 그 밖에도 헌법재판소는 공직선거법상 확성장치 소음방지 관련 규정들이 정온한 환

경에서 생활할 환경권을 보호해야 할 입법자의 의무를 해태했다고 할 만큼 불충분한 조항이라고 보기 어렵고, 선거운동에 관하여 "법률이 정하는 범위 안에서 하되, 균등한 기회가 보장되어야 한다"고 한, 입법부에 입법재량을 부여한 헌법 제116조 제1항에 비추어 선거운동의 자유가 보장되어야 하므로(헌재 2006.7.27. 2004헌마215, 판례집 18-2, 200, 208), 선거운동 과정에서 다소 불편이 초래된다고 하여 이를 과도하게 제한하여서는 안 되므로, 기본권보호의무의 인정 여부는 선거운동의 자유와의 비교형량하에서 판단되어야 한다는 등의 이유를 들었다.

23 입법부작위만이 아니라 입법행위의 경우에도 국가배상책임요건과 관련한 난점이 따르는 것은 마찬가지이다. 드문 예이기는 하지만, 1989년 12월 18일 위헌결정을 받은 국가보위회의법 부칙 제4항에 근거하여 면직처분을 받은 국회사무처 및 국회도서관 근무자들이 제기한 손해배상청구소송에서 입법상 불법을 이유로 국가의 배상책임을 인정한 사례(서울민사지법 1992.8.28. 선고 91가합84035판결)가 있다. 이에 관해서는 정하중(1993: 4 이하); 김남진(1988: 568) 참조. 김남진은 동법이 처분법률에 해당하는데다 헌법재판소에서 위헌결정을 받았기에 비교적 쉽게 승소판결을 받을 수 있었다고 풀이한다.

24 이것은 대법원의 확립된 판례이다(예컨대 대법원 2008.6.12.선고 2007다64365판결을 참조). 이에 대해서는 홍준형(2018: 521~524) 참조.

25 서울중앙지방법원 2015.1.29. 선고 2012가합4515판결. 이후 소송경과는 이상만(2016: 37 이하) 참조.

26 Berkovitz v. United States, 486 U.S. 531(1988): https://supreme.justia.com/cases/federal/us/486/531/. 이에 관해서는 김민호(1995: 149) 참조.

27 뉴스타파, 2017.12.22., 〈목격자들 - 가습기살균제 피해자의 자격〉, https://www.youtube.com/watch?v=GAhy3mwZ4o0.

28 사회적참사 특별조사위원회에서 2019년 12월 31일 발행한 가습기살균제 피해기록집 「우리 곁에서 일어나고 있는 일」에 따르면, 수십만(49만~56만 명)으로 추정되는 피해자 가운데 현재까지 정부에 피해 사실을 신고한 피해자는 2019년 12월 13일 기준 6,684명에 불과하고, 정부가 피해를 인정해 구제급여를 지원한 대상자는 895명(중복 포함/중복 제외 877명), 특별구제계정으로 지원한 대상자는 2,144명이라고 한다.

29 피인정인(894명) = 폐질환(487명) + 태아피해(28명) + 천식피해(397명) - 폐질환·태아 중복인정자(4명) - 폐질환·천식 중복인정자(14명).

30 2019년 7월 19일 사회적참사특별조사위원회 주최 '가습기살균제 피해자 대상 업무

설명회'에서 황전원 위원(지원소위위원장)의 발표 '피해 지원 문제점과 개선 방향' 참조(자료: 사회적참사특별조사위원회 '가습기살균제 피해자 지원대책 보완 시급', http://www.socialdisasterscommission.go.kr/webzine/201907/sdic/sdic_01.jsp.

31 사회적참사특별조사위원회에 따르면, 1차 피해자 접수 때 피해 인정까지 평균 283일, 4차 때는 526일이나 걸렸다고 한다.

32 환경보건시민센터 보고서 337호, 2020년-2호, 1월 14일자 가습기살균제 참사에 대한 국민여론조사결과 (1).

33 이 법률안은 2020년 2월 법제사법위원회에서 제동이 걸려 국회 본회의에 상정되지 못하다가(제374회 국회임시회 법제사법위원회회의록 제2호 2020년 1월 9일, 21 참조), 2020년 3월 6일 국회를 통과했다.

34 연합뉴스, 2019.12.14.(https://www.yna.co.kr/view/AKR20191214028800004?section=search).

35 환경보건시민센터(2020). 가습기살균제 참사에 대한 국민여론조사결과 (1): 환경보건시민센터 보고서 337호, 2020년-2호(2020.1.14: http://eco-health.org/bbs/download.php?bo_table=sub02_04&wr_id=298&no=0).

36 최예용 사회적참사 특조위 부위원장 인터뷰(http://www.socialdisasterscommission.go.kr/webzine/201903 /empathy/empathy_01.jsp).

에필로그

1 "Je weniger die Leute wissen, wie Würste und Gesetze gemacht werden, desto besser schlafen sie!": 비스마르크가 이 말을 처음으로 했는지는 논란이 있으나, '들여다봐서는 안 될 두 가지가 있는데 하나는 입법과정이고 다른 하나는 소시지 제조과정'이라는 표현과 함께 비스마르크의 '명언'으로 인용되는 말이다.

2 http://www.wurstakademie.com/blog/otto-von-bismarck-ueber-die-wurst

참고문헌

감사원. 2019.「여성 범죄피해 예방 제도 운영실태」 감사보고서.

강성남. 2012.「차기정부의 반(反)부패 정책과제」. 한국행정학회 2012년 하계학술대회 발표논문집 1~17(http://www.kapa21.or.kr/data/data_download.php?did=5521).

강원택. 2018.「문재인 정부 1년의 평가와 전망」.『의정연구』24(1).

강호성·문희갑. 2010.「전자발찌 도입 2년의 성과와 확대발전 방향」.『보호관찰』제10권 2호.

관계부처합동. 2019.「미세먼지 고농도 시기(2019.12~2020.3) 대응 특별대책」. 2019.11.1. 제3차 미세먼지특별대책위원회 안건 2.

관계부처합동. 2019.「미세먼지 관리 종합계획」(2020~2024). 2019.11.1. 제3차 미세먼지특별대책위원회 심의안건 1.

관계부처합동(국무조정실·기획재정부·교육부·과학기술정보통신부·외교부·농림축산식품부·산업통상자원부·보건복지부·환경부·국토교통부·해양수산부·산림청). 2017.9.26.「미세먼지 관리 종합대책」.

구병삭 외. 1991.『한국법학의 회고와 전망』. 법문사.

국회법제실. 2011.『법제실무』.

권오국·김윤영. 2017.「국제사회의 테러리즘 동향과 국내 테러대응 체계 및 시사점 분석」.『통일문제연구』제29권 1호.

김근세·최도림. 1996.「우리나라 정부조직의 신설·폐지·승계에 관한 분석」. 한국정치학회 연례학술대회 발표논문.

김남진. 1988.『행정법 I』. 법문사.

김남진. 1990.『행정법의 기본문제』. 법문사.

김남철. 2018.「탈원전을 위한 공론화위원회의 공법적 과제」.『공법연구』46(3).

김대진. 2014. 「성범죄 재범 방지를 위한 전자감시제도의 경제적 효율성과 지속가능성: 성범죄전과자에 대한 전자발찌사업의 비용·편익분석」. 『한국정책과학학회보』 18(2).
김도창. 1992. 『일반행정법론(상)』. 청운사.
김동희 외. 2014. 「전자감독제도의 실태분석을 통한 지능형 전자발찌 도입 방안」. *Journal of the Korea Society of Disaster* Vol.10 No.3.
김두얼. 2014. 「담뱃세 논쟁: 말을 마차 앞으로 가져와야」. 『나라경제』 10월호.
김민호.1995. 「규제부작위와 국가배상책임」. 『성균관법학』 제6권 제1호.
김범식·송광섭. 2017. 「위치추적 전자감시제도의 정당성과 그 개선방안」. 『형사법의 신동향』(대검찰청) 통권 제55호.
김병섭·박상희. 2005. 「한국의 정부개혁: 성과, 문제, 그리고 과제」. 한국행정학회 하계학술대회 발표논문.
김봉수. 2011. 「전자감시장치 부착의 법적 성격과 확대적용에 대한 비판적 고찰」. 『법학논고』(경북대학교 법학연구원) 제36집.
김선남. 2012. 「성폭력 관련 보도특성에 대한 비판적 고찰」. 『언론중재』(언론중재위원회) 통권 제125호.
김수진. 2018. 「원자력 정치의 부재와 탈원전의 정책규범에 관한 고찰」. 『환경사회학연구』 22(1).
김순은. 2004. 「정부혁신과 지방분권 개혁: 한일 간 비교분석」. 한국행정학회 춘계학술대회 발표논문.
김연식. 2018. 「'적폐청산'의 시대에 다원적 법형성」. 『법과 사회』 57.
김용화. 2016. 「환경독성학적 관점에서 본 가습기살균제 사건과 국가의 책임」. 『환경법과 정책』 제16권.
김운태. 1984. 『조선왕조행정사』(전정신판). 일조각.
김일수. 2011. 「나의 형법학 이해 30년: 배움과 가르침의 여정에서」. 정년퇴임기념강연논문 『고려법학』(고려대학교 법학연구원) 제62호.
김재윤. 2013. 「위험사회에서 형법을 통한 위험조종의 가능성과 한계: 위험형법과 적대형법을 중심으로」. 『일감법학』 제25호.

김정오. 1994. 「로베르토 웅거, 법의 지배는 해체되고 있는가?」. 『현대사회와 법의 발전』, 균제 양승두 교수 화갑기념논문집 II.
김정완. 1999. 「정부개혁의 상징성과 정치성: 김대중 정부의 제2차 조직개편을 중심으로」. 『광주전남행정학회보』 제6호.
김창록. 1994. 「일본에서의 서양 헌법사상의 수용에 관한 연구: 「대일본제국헌법」의 제정에서 「일본국헌법」의 '출현'까지」. 서울대학교 대학원 박사학위논문.
김창록. 1995. 「식민지 피지배기 법제의 기초」. 『법제연구』 제8호.
김창록. 1996. 「한국법의 역사적 형성」. 서원우 엮음. 『한국법의 이해』. 두성사.
김창수. 2019a. 「숙의민주주의와 공론조사의 딜레마: 신고리 5, 6호기 건설재개 공론화와 부산BRT시민공론화 사례의 비교 분석」. 한국지방정부학회 학술대회자료집.
김창수. 2019b. 「숙의민주주의 기반 공론조사와 정책딜레마: 부산광역시 중앙버스전용차로제 시민공론화 사례의 분석」. 『지방정부연구』 23(2).
김철수. 1988. 『한국헌법사』. 대학출판사.
김철식. 2018. 「적폐청산 이후 개혁 방향」. 『경제와 사회』 3월호.
김태룡. 2000. 「행정학의 신패러다임으로서 신공공관리모형의 적실성에 관한 연구」. 『한국행정학보』 제34권 제1호.
김태룡. 2004. 「한국과 미국의 정부개혁: 노무현정부와 부시정부를 중심으로」. 『한국사회와 행정연구』 15(2).
김태명. 2012. 「최근 우리나라의 중형주의 입법경향에 대한 비판」. 『형사법연구』(한국형사법학회) 제24권 제3호.
김택. 2011. 「이명박 정부의 공정사회와 반부패 윤리」. 한국행정학회 하계학술대회 발표논문.
김판석. 2000. 「김대중 정부의 정부개혁과정 연구」. 『행정논총』 38(2).
김학태. 2000. 「법의 상징기능에 관한 연구: 상징입법의 개념과 기능에 대한 비판적 고찰」. 『법철학연구』 제3권 제2호.
김한균. 2019. 「고강도 형벌정책과 적정한 양형」. 『형사정책』 제31권 제1호(통권 제57호).
김형석. 2011. 「부패방지법의 문제점과 개선방안」. 국회 반부패세미나 2011.3.18.
김형오·김민정. 2017. 「빅데이터 시대의 테러방지법과 대중감시」. 『사이버커뮤니케이션학보』 34(3).
김혜정. 2009. 「'특정 성폭력범죄자에 대한 위치추적 전자장치 부착에 관한 법률'에 관한 검토」. 『형사정책』 제20권 제1호(통권 제77호).
김효전. 1991. 「서구 헌법사상의 초기수용」. 『한국법사학논총』. 박병호 교수 환갑기념 논문집 II.
노동석·이대연. 2017. 「주요국 탈원전 정책의 결정과정과 정책시사점 분석」. 에너지경제연구원.
문명재. 2009. 「정부조직개편의 정치주기적 반복성과 실제」. 『한국공공관리학보』 23(4).
문성제. 2014. 「가습기살균제로 인한 피해와 국가의 위험관리책임」. 『소비자문제연구』 45(1).
문화체육관광부. 2017. 「문재인 정부 국정운영 5개년 계획」.
민희철. 2013. 「소득이 담배수요에 미치는 효과 분석」. 『보건사회연구』 33(3).
박경규. 2019. 「법정형의 적정성 판단기준의 상세화 및 입법환경의 개선을 통한 고강도형벌정책 경향의 감소방안」. 『형사정책』 제31권 제1호(통권 제57호).
박동서. 1998. 「한국행정의 연구와 개혁: 궤도 수정」. 『한국행정학보』 32(1).
박병호. 1987. 『한국법제사고』. 법문사.
박병호. 1991. 「법치주의 실현에의 역사적 교훈」. 『법제연구』 창간호.
박병호교수환갑기념론총문발간위원회. 1991. 『한국법사학논총』. 박영사.
박상기·손동권·이순래. 2009. 『형사정책』. 한국형사정책연구원.
박상희·김명연. 1995. 『공정행정구현을 위한 행정절차법 제정방안』. 한국법제연구원.
박수경. 2005. 「김대중 정부와 노무현 정부의 행정개혁 비교」. 한국행정학회 하계학술대회 발표논문.
박영도. 2002. 「입법평가제도에 관한 연구」. 『법제』 3월호.
박재완. 1999. 「정부개혁 평가: 비참여자의 시각」. 『정부개혁백서』. 기획예산처.
박중훈. 2016. 「역대 정부 조직개편에 대한 성찰과 전망」. 기본연구과제.
박중훈·김윤권·조세현. 2017.3. 「정부조직개편의 원칙과 전략」. 한국행정연구원 *Issue Paper* 통권 48호.

박찬국 외. 2019.「에너지전환 정책 대안의 영향과 시사점」. 에너지경제연구원 자체연구보고서 17-3.

박천오. 2002.「김대중 정부의 행정개혁에 대한 공무원 반응: 실증적 연구」. 한국행정학회 하계학술대회.

박천오. 2011.「한국 정부조직개편에 대한 비판적 고찰」.『한국조직학회보』8(1).

박치성·오재록·남주현. 2011.「정부조직개편의 효과 실증분석: 노무현·이명박 정부의 중앙부처 간 업무관계 네트워크의 변화를 중심으로」,『행정논총』제49권 제4호.

박태현. 2016.「가습기살균제 사건과 국가배상책임」.『환경법과 정책』제16권.

박태현. 2018.「가습기살균제 사건과 법적 과제: 피해구제시스템 개선을 중심으로」.『환경법과 정책』20.

박태현. 2019.「가습기살균제 특별법에 의한 피해구제의 문제점과 개선방안」. 제3회 사회적 참사 피해지원 포럼자료집『가습기살균제 피해 인정, 무엇이 문제인가?』(2019.5.30.).

방승주 외. 2018.「공권력의 불행사에 대한 헌법소원심판 구조 연구」.『헌법재판』(헌법재판소) 29권.

배미란. 2014.「사회 내 처우로서의 전자감시제도에 관한 검토」.『법학연구』(경상대학교 법학연구소) 제22권 제4호.

배종대. 1991.「정치형법의 이론」.『법학논집』(고려대학교 법학연구원) 26권(구병삭 교수 정년기념호).

법무부. 2017a.「전자감독제도 운영의 효과성 분석」. 김대진·최천근 공동연구.

법무부. 2017b.「전자감독제도의 장기 발전전략 수립을 위한 부착명령 대상범죄 및 부착기간 등의 적정성에 관한 연구」. 2015년 법무부 정책연구보고서(영남대학교 산학협력단).

보건복지부 질병관리본부 폐손상조사위원회(백도명·최보율 외). 2014.12.「가습기 살균제 건강피해 사건 백서: 사건 인지부터 피해 1차 판정까지」.

사공영호. 2016.「세월호 사고와 규제 실패의 성격」.『규제연구』제25권 제1호.

사회적참사특별조사위원회. 2019a.「우리 곁에서 일어나고 있는 일: 가습기살균제 참사 피해 기록」.

사회적참사특별조사위원회. 2019b.「가습기살균제 피해 인정, 무엇이 문제인가?」. 제3회 사회적 참사 피해지원 포럼자료집 2019.5.30.
서울대학교 사회발전연구소. 1996.『한국역사와 개혁정치』.
서울대학교 행정대학원. 1987.『한국행정의 역사적 분석』.
손외철. 2014.「한국 전자감독제도의 재범방지 성과와 실효성 강화 방안」.『한국범죄심리연구』 제10권 제2호(통권 제23호).
송기춘. 2002.「사면권의 본질과 한계」.『공법연구』 제30집 제5호.
송기춘. 2007.「참여정부에서의 법치주의의 발전: 헌법적 평가와 전망」.『공법연구』 제35집 제4호.
송병주. 2018.「정책결정 정치적 결정과 행정적 결정」.『한국사회와 행정연구』 28(4).
송정은·정남순. 2016.「가습기 살균제 사건의 민사적 쟁점」.『환경법과 정책』 16.
신현재·홍준형. 2017.「행정입법에 대한 국회 관여 제도화 과정 분석」.『행정논총』(서울대학교 한국행정연구소) 제55권 제3호.
심재무. 1999.「위험사회와 환경형법」.『형사법연구』 제11호.
심창섭. 2019.「미세먼지의 주요원인과 대응 전략」.『에너지 포커스』(에너지경제연구원) 제16권 제1호(통권71호, 2019 봄호).
심희기. 1995.「미군정기 남한의 사법제도 개편」.『법제연구』 제8호.
연성진·유진. 2016.「전자감독제도 운영성과 분석 및 효과적인 개선방안에 관한 연구」. *KIC ISSUE PAPER* 제6호.
塩野 宏. 1996. 서원우·오세탁 공역.『일본행정법론』. 법문사.
염재호. 2009.「한일 행정개혁의 비교연구: 정부조직개편의 제도론적 접근」.『정부학연구』 15(2).
오석홍. 2019.『통치하기 어려운 나라: 국정관리의 현안과 쟁점』. 법문사.
오유석. 2019.「한국의 '적폐'정치: 역대 정부의 역사적 청산의 궤적과 과제」.『경제와 사회』 121.
오준근. 2013.「정부조직개편에 대한 입법 정책적 고찰」.『한국행정학보』 47(3).
유진오. 1975.「한국의 법제와 법학」.『헌법과 현대법학의 제문제』(현민 유진오 박사 고희기념논문집). 일조각.

윤대규. 1997. 『법사회학』. 경남대학교출판부.

윤성원·류재수·김연종. 2017. 「독일의 탈원전 정책과 시사점」. 원자력정책 *Brief Report* 2017-4호(통권 41호).

윤순진. 2018. 「원자력발전정책을 둘러싼 사회갈등 해결을 위한 쟁점과 과제: 신고리 5·6호기 공론화에 대한 평가를 중심으로」. 『경제와 사회』 6월호.

윤영철. 2018. 「법치국가에서의 안전지향형법에 대한 비판적 고찰」. 『원광법학』 34:1.

윤은주. 2014. 「전자감독 성폭력범죄자의 삶에 대한 내러티브 탐구: 전자발찌 성폭력 대상자로 살아가기」. 『보호관찰』 제14권 2호.

윤태범. 2011. 「우리나라 반부패정책의 평가와 전망」. 안민포럼 발제문(2011.6.1.).

이경무. 2017. 「가습기살균제 피해의 특성과 피해 규모」. 환경독성보건학회 심포지엄 및 학술대회.

이계수. 2002. 「정부의 테러방지법안에 대한 의견서」. 『민주법학』 제21권.

이동규·박치호·조은지. 2014. 「옹호연합모형을 활용한 정책과정 분석: '특정 범죄자에 대한 위치추적 전자장치 부착 등에 관한 법률'(일명 전자발찌 법안)의 입법과정을 중심으로」. 『국가정책연구』(국가정책연구소) vol.28, no.4, 243~281: DOI: 10.17327/ippa.2014.28.4.010.

이동규·박형준·양고운. 2011. 「초점사건 중심 정책변동 모형의 탐색: 한국의 아동 성폭력 사건 이후 정책변동을 중심으로」. 『한국정책학회보』 20(3).

이맹주. 2017. 「정부조직개편의 제도논리와 성과논리」. 『한국조직학회보』 14(1).

이명석. 2001. 「신공공관리론, 신거버넌스론, 그리고 김대중 정부의 행정개혁」. 『정부개혁과 행정학 연구』 2001년도 춘계학술대회 발표논문집.

이상만. 2016. 「생명 및 신체의 안전에 대한 국가의 보호의무: 가습기 살균제 피해사건과 일본 센난 석면사건의 판결을 중심으로」. 『의생명과학과 법』 제15권(원광대학교 법학연구소).

이소영. 2017. 「환경형법에 있어서 '효율성' 개념의 재구성」. 『환경법과 정책』 제18권.

이용식. 2001. 「위험사회에서의 법익보호와 적극적 일반예방」. 『형사정책』 제13권 제1호.

이재삼. 2013. 「우리나라 정부조직개편에 대한 발전 방안 연구」. 『법학연구』 49.

이재석. 2011.「형법의 중벌화와 입법경향에 대한 비판적 고찰」.『법학연구』 제44집 (한국법학회).
이재호. 2017.「문재인 정부의 정부조직개편의 향후 쟁점과 과제」.『의정연구』 제23권 제2호(통권51호).
이종수. 1998.「정치와 행정: 관료제에 대한 정치적 통제와 자율성」. 관악행정학회 1998년 동계학술대회발표논문.
이진국. 2003.「형사입법자의 형벌법규 제정권한의 한계에 관한 연구」. 형사정책연구원 연구보고서 2003-11.
이창원. 2009.「우리나라 민주화 이후 정부조직 변화에 대한 고찰」. 한국행정학회 Conference 자료.
이헌환. 1997.「한국사법사에 비추어본 1971년의 사법파동」.『법과 사회』 제15호.
이현욱. 2016.「가습기살균제 사건에 있어서 환경소송에서 발전한 인과관계 증명책임 완화 법리의 적용: 대법원의 증명책임 완화 적용요건 검토를 중심으로」.『환경법연구』 38(1).
이혜경. 2016.「가습기 살균제 사건과 입법·정책 과제」.『이슈와 논점』(국회입법조사처) 제1168호.
이호영. 2017.「세월호 특조위 활동과 박근혜 정부의 방해」.『민주법학』 제63호 (2017.3. DOI: 10.15756/dls. 2017.63.205).
이희진. 2019.「가습기살균제 피해구제 특별법 제정 과정에 대한 연구: Expert-Based Information and Policy Subsystems을 중심으로」. 한국과학기술학회 학술대회.
임주영·박형준. 2017.「정부조직개편과정에 따른 동태적 조직변동의 탐색적 연구」.『한국행정학보』 51(1).
장동희. 1995.『한국행정사』. 법문사.
정긍식. 1991.「한말 법률기초기관에 관한 소고」.『한국법사학논총』(박병호 교수 환갑기념논문집 II).
정긍식. 1995.「개화기 서구법의 수용과 의의」.『법제연구』 제8호.
정시채. 1986.『한국행정제도사』. 법문사.
정용덕. 1995.「한국의 정부조직개편」.『한국정책학회보』 제4권 제1호.

정인환·김택. 2013. 「정치부패 어떻게 할 것인가?: 박근혜 정부의 권력부패개혁을 중심으로」. 한국행정학회 2013년 춘계학술대회발표논문.

정철호. 2013. 「전자감시제도의 확대와 소급형벌금지의 원칙」. 『한국위기관리논집』 Vol.9(11).

정하중. 1993. 「입법상의 불법에 대한 국가책임의 문제: 서울민사지법 42부판결 91가합84035에 관련하여」. 『사법행정』 387호.

정현미. 2005. 「성폭력범죄자에 대한 전자발찌 적용가능성에 대한 검토」. 『형사정책연구』 16(3).

조성봉 외. 2011. 『이명박 정부 정책평가 및 선진화 과제(상)』. 한국경제연구원.

조성용. 2003. 「형사입법의 상징적 기능에 대한 비판적 고찰」. 『형사정책연구』(한국형사정책연구원) 통권 제53호.

조성제. 2009. 「국민의 기본권 보장과 국가안보를 위한 방안으로써 테러방지법 제정에 관한 연구」. 『세계헌법연구』 제15권 1호.

조성한·최정화. 2018. 「역대 정부조직개편 재고: 합목적성과 정치적 상징」. 『현대사회와 행정』 제28권 제4호.

조윤오. 2009a. 「성폭력범죄자에 대한 위치추적 전자감독제도의 효과성 연구」. 법무부 연구과제.

조윤오. 2009b. 「GPS 위치추적 전자감시의 범죄억제 효과에 대한 연구」. 『한국공안행정학회보』 제18권 4호.

조윤오. 2010. 「경향성 점수를 활용한 전자감시제도의 효과성 분석: 준수사항 위반행동을 중심으로」. 『한국공안행정학회보』 제39호.

조일형·권기헌. 2013. 「성범죄 예방 정책의 전략적 우선순위 분석」. 『한국정책과학학회보』 17(2).

조재현. 2013. 「정부조직의 개편의 목적과 방향」. 『한국부패학회보』 18(1).

주승희. 2016. 「21세기 대한민국 안보형사법의 의의, 특성 그리고 위험형법과의 조우」. 『형사정책연구』(한국형사정책연구원) 제27권 제3호(통권 제107호).

참여연대. 2015. 「테러방지법에 대한 시민사회단체 의견서」 제출(2015.12.1). Available: http://www.peoplepower21.org/index.php?_filter=search&mid=Peace &search_

target=title_content&search_keyword=%ED%85%8C%EB%9F%AC%EB%B0%A9%EC%A7%80%EB%B2%95&page=2&document_srl=1378469&listStyle=list.
최대권. 1997. 『사례중심 헌법학』. 박영사.
최석윤. 2002. 「위험사회와 상징형법」. 『해양환경·안전학회지』 제8권 제2호.
최석윤. 2002a. 「위험사회와 상징형법」. 『범죄방지포럼』(한국범죄방지재단) 제11호.
최성욱. 2012. 「정부조직개편의 논리와 수사: 능률신화를 넘어서」. 『정부학연구』 18(3).
최성은. 2014. 「담배과세의 효과와 재정」. 한국조세재정연구원 연구보고서 2014-06.
최성진. 2010. 「현대사회에 있어서 형법의 이원화 경향: Jakobs의 적대형법 구상을 예로 하여」. 『형사정책연구』 제21권 제3호(통권 제83호).
최예용. 2017. 「가습기살균제 참사의 진행과 교훈」. 『한국환경보건학회지』 제43권 제1호.
최예용. 2019. 「가습기살균제 참사와 과학 그리고 과학자」. 한국과학기술학회 2019년 전기학술대회 집담회 발표자료.
최정학. 2011. 「특정 범죄자에 대한 위치추적 전자장치 부착 등에 관한 법률의 위헌성에 대한 재검토」. 형법개정안과 인권 『공익과 인권』.
최종고. 1991. 「해방 후 한국기본법제의 정비」. 『한국법사학논총』(박병호 교수 환갑기념논문집 II).
하태훈. 2011. 「법치국가에서의 형법과 형사소송법의 과제: 최근 형사 관련법 개정경향을 중심으로」. 고려법학(고려대학교 법학연구원) 제62호.
한국공법학회. 2018. 「인권보호 강화를 위한 테러방지법 개정방향 연구용역 보고서」.
한인섭. 1991. 「치안유지법과 식민지 통제법령의 전개」. 『한국법사학논총』(박병호 교수 환갑기념논문집 II).
한창규. 1989. 「한국행정법 I: 법치행정의 출발」. 『공법연구』 제17집.
행정안전부. 2017. 『정부조직개편 백서』.
허영. 1995. 『한국헌법론』. 박영사.
허영민. 1989. 「한국행정법 II: 현대행정에의 대응과 과제(1961~1988)」. 『공법연구』 제17집.

허완중. 2014.「기본권의 대사인적 효력과 기본권보호의무 그리고 기본권충돌의 관계」. 『헌법논총』 25집. 헌법재판소.
허철행. 2000.「김대중 정부 신자유주의 정부혁신의 비판적 검토」.『행정개혁 2년: 성과와 반성』. 2000년도 한국행정학회 춘계학술대회 발표논문집.
현대경제연구원. 2017.「친환경 전력정책의 비용과 편익」. 2017년 8월 22일 발표(http://hri.co.kr/upload/publication/2017821172650[1].pdf).
홍성욱. 2018.「가습기살균제 참사와 관료적 조직 문화」.『과학기술학연구』 18(1).
홍완식. 2014.「세월호 사고에 관한 입법적 성찰」.『법학연구』(한국법학회) 제56집.
홍준형. 2008.『법정책의 이론과 실제』. 법문사.
홍준형. 2018.『한국 행정법의 쟁점』. 서울대학교 출판문화원.
환경보건시민센터. 2020.「가습기살균제 참사에 대한 국민여론조사결과(1)」. 환경보건시민센터 보고서 337호, 2020년-2호(http://eco-health.org/bbs/download.php?bo_table=sub02_04&wr_id=298&no=0).
환경부. 2000.「신규화학물질 유해성심사제도 개선방안 연구」.
황문규. 2016.「테러방지법상 정보활동의 범위와 한계」.『경찰법 연구』 제14권 제1호.
鈴木敬夫.「併合以前の治安法: 保安法の判例にみる抗日運動彈壓」.『韓國法史學論叢』(朴秉濠教授還甲紀念論文集 II).
Amelung, K. 2009. "Strafrechtswissenschaft und Strafgesetzgebung". *Zeitschrift für die gesamte Strafrechtswissenschaft* 92(1). Retrieved 17 Jan. 2020, from doi:10.1515/zstw.1980.92.1.19;
Amelung, Knut. 1980. "Strafrechtswissenschaft und Strafgesetzgebung". *ZStW* 92.
Ames, Roger T. / Dissanayake, Wimal(Hrsg.). 1996. *Self and deception: a cross-cultural philosophical enquiry*. Albany.
Arnold, Thurman. 1962. *The Symbols of Government*. Harbinger Books. New York.
Birkland, Thomas A. 1998. "Focusing Events, Mobilization, and Agenda Setting". *Journal of Public Policy* Vol.18, No.1.
Blankenburg, Erhard. 1977. "Über die Unwirksamkeit von Gesetzen". *Archiv für Rechts und Sozialphilosophie* (ARSP) 63.

Blankenburg, Erhard. 1986. "Rechtssoziologie und Rechtswirksamkeitsforschung: Warum es so schwierig ist, die Wirksamkeit von Gesetzen zu erforschen". In *Gesetzgebungslehre: Grundlagen – Zugänge – Anwendung.* ed. Waldemar Schreckenberger. Stuttgart: Kohlhammer.

Blühdorn, Ingolfur. 2007. "Sustaining the Unsustainable: Symbolic Politics and the Politics of Simulation". in: *Environmental Politics* 16(2).

Bourdieu P. 1991. *Language and Symbolic Power.* Harvard University Press, Cambridge, MA.

Bützler, Volker. 2017. "Staatsschutz mittels Vorfeldkriminalisierung - Eine Studie zum Hochverrat". *Terrorismus und den schweren staatsgefährdenden Gewalttaten.* Nomos.

Calliess, Christian. 2006. "Die grundrechtliche Schutzpflicht im mehrpoligen Verfassungsrechtsverhältnis". *JuristenZeitung* 61. Jahrg., Nr. 7(7. April 2006).

Campbell, Robert M. 1993. "Symbolic Regulation: The Case of Third-Party Regulation of Canada Post". in: *Canadian Public Policy – Analyse de Politiques* XIX (3).

Chung, Ji-Bum. 2018. "Let democracy rule nuclear energy". 22 March 2018, Vol. 555, 415, *NATURE* (doi: 10.1038/d41586-018-03264-8: https://www.nature.com/articles/d41586-018-03264 –8).

Cohen, A. 1974. "Two-Dimensional Man". A*n Essay in the Anthropology of Power and Symbolism in Complex Society.* London: Routledge & Kegan Paul.

Cohen, Steve & Eimicke, William. 1995. *The New Effective Public Manager.* San Francisco: Jossy-Bass Publishers.

Davidson, Donald. 1985. *Deception and division.* in: Elster, J.(Hrsg.): The multiple self, Cambridge.

Diederichsen, Uwe. 1997. Die Methodologie des missglückten Gesetzes – zur Einfü hrung in die Schlussdiskussion, in: Diederichsen, U./Dreier, R.(Hrsg.): Das missglückte Gesetz, Gottingen: 159~172;

Diekmann, Andreas. 1980. Die Befolgung von Gesetzen. Empirische Untersuchungen zu einer rechtssoziologischen Theorie, Schriftenreihe zur Rechtssoziologie und Rechtstatsachenforschung. Berlin.

Dollinger, Bernd / Schmidt-Semisch, Henning(Hrsg.). 2009. *Handbuch Jugendkriminalität: Kriminologie und Sozialpädagogik im Dialog.* Springer-Verlag.

Dwyer, John Patrick. 1990. "The Pathology of Symbolic Legislation". in: *Ecology Law Quarterly* 17.

Edelman, Murry. 1964. *The Symbolic Uses of Politics.* Urbana: University of Illinois Press.

Edelman, Murry. 2006. *Politik als Ritual. Die symbolische Funktion staatlicher Institutionen und politischen Handelns.* Campus Verlag, Frankfurt a.M.

Enders, Christoph / Lange, Robert. 2006. "Symbolische Gesetzgebung im Versammlungsrecht?" *Juristenzeitung* (JZ) 61.

Finn, M. A, & Muirhead-Steves, S. 2002. "The Effectiveness of Electronic Monitoring with Violent Male Parolees". *Justice Quarterly*, Vol.19 Issue 2.

Frommel, Monika. 2005. "Die Reform des Sexualstrafrechts – strafrechtliche Konsequenzen einer veränderten Sexualmoral, symbolische Politik oder beides?" in: Bub, Wolf-Rudiger(Hg.). *Zivilrecht im Sozialstaat* (FS Derleder), Baden-Baden.

Funcke-Auffermann, Niklas. 2007. "Symbolische Gesetzgebung im Lichte der positiven Generalprävention". *Strafrechtliche Abhandlungen.* Neue Folge, Band: 188. Duncker & Humblot.

Ghai, Y. 1986. "The Rule of Law, Legitimacy and Governance". in *International Journal of Sociology of Law* Vol.14. Academic Press.

Grimm, Christoph. 2000. "Gesetzesfolgenabschätzung - Möglichkeiten und Grenzen aus der Sicht des Parlaments". ZRP 2000.

Gunther Jakobs. 2004. "Burgerstrafrecht und Feindstrafrecht". HRPS 2004, 95.

Hansjürgens, Bernd. 2000. "Symbolische Umweltpolitik – Eine Erklärung aus Sicht der Neuen Politischen Ökonomie" in: Hansjürgens, B./Lübbe-Wolff, G.(Hrsg.), *Symbolische Umweltpolitik.* Frankfurt a. M.

Hassemer, Winfried. 1989. “Symbolisches Strafrecht und Rechtsgüterschutz”. in: NStZ(한글번역본: 원혜욱. 1998. 「상징적인 형법과 법익보호」. 배종대·이상돈 편역. 『형법정책: 법치국가와 형법』. 세창출판사).

Hassemer, Winfried. 2006. “Sicherheit durch Strafrecht?” Eröffnungsvortrag des 30. Strafverteidigertages. Frankfurt am Main 2006(https://www.strafverteidigervereinigungen.org/Strafverteidigertage/Ergebnisse /30_Hassemer_Eroeffnung.pdf).

Hegenbarth, R. 1981. “Symbolische und instrumentelle Funktionen moderner Gesetze”. *Zeitschrift Für Rechtspolitik* 14(9). Retrieved from www.jstor.org/stable/23417243.

Hong, J. H. 1995. “Rule of Law and Law Reform in Korea”. 1995 Annual Meeting of Research Committee on Sociology of Law, International Sociological Association(August 1~4, 1995 Univ. of Tokyo, Japan).

Hong, J. H. 2013. “NPM as ‘die hard’ Legacy? - NPM Reform and Administrative Law in Korea”. *Public Administration & Development*. Vol 33, Issue 4.

Hong, Seung-Hee. 2002. “Flexibilisierungstendenzen des modernen Strafrechts und das Computerstrafrecht”. Dissertation der Universität Konstanz(https://kops.uni-konstanz.de/bitstream/handle/123456789/3365/Hong.pdf?sequence=1).

Hunt, Allan. 1978. *The Sociololgical Movement in Law*. Macmillan.

Hunt, Allan. 1993. *Explorations in Law and Society, Toward a Constitutive Theory of Law*. Routledge.

Jakobs, Gunther. 2004. “Burgerstrafrecht und Feindstrafrecht”. HRPS 2004(http://www.google.co.kr/url?sa=t&rct=j&q=&esrc=s&source=web&cd=1&cad=rja&uact=8&ved=2ahUKEwjZ5sD_h5rnAhVIA4gKHRSRADIQFjAAegQIAxAC&url=http%3A%2F%2Fwww.asianlii.org%2Fjp%2Fjournals%2FRitsLRev%2F2004%2F5.pdf&usg=AOvVaw2xE7dBhIZG20YXRSEm-Eci).

Karpen, Ulrich. 1999. “Gesetzfolgenabschätzung in der Europäischen Union – Erweiterung und Vertiefung der Europäischen Union als Herausforderung”. AöR 124.

Kearney, Richard / Berman, Evan M.(ed.). 1999. "Public Sector Performance: Management, Motivation, And Measurement". ASPA.

Kelsen, Hans. 1965. *Was ist juristische Positivismus?.* in: Juristenzeitung 20.

Kettle, Donald F. 2018. *Politics of the Administrative Process.* 7th. ed. SAGE.

Kim, Jae-Yoon. 2004. "Umweltstrafrecht in der Risikogesellschaft: ein Beitrag zum Umgang mit abstrakten Gefährdungsdelikten". Cuivillier.

Kindermann, Harald. 1988. "Symbolische Gesetzgebung". in: *Jahrbuch fur Rechtssoziologie und Rechtstheorie* 13.

Kindermann, Harald. 1989. "Alibigesetzgebung als symbolische Gesetzgebung". in: *Symbole der Politik — Politik der Symbole.*

Krishnendu Mukherjee / 이영주. 2016. 「한국 가습기 살균제의 비극」. 『환경법과 정책』 16.

Kunz, Karl-Ludwig. 2010. "Zur Symbolik des Strafrechts". Retirieved from https://www.researchgate.net/publication/265913147_Zur_Symbolik_des_Strafrechts. In: Verbrechen – Strafe – Resozialisierung, Festschrift für Heinz Schöch zum 70. Geburtstag. ed. Dölling Dieter. de Gruyter Berlin.

LaFleur, William R. 1996. "A Half-Dressed Emperor. Societal Self-Deception and Recent 'Japanokritik' in America". in: Ames, R. T./Dissanayake, W.(Hrsg.): Self and deception: a cross-cultural philosophical enquiry, Albany.

Lauterwein, Carl Constantin. 2006. *Symbolische Gesetzgebung.* Eine Untersuchung am Beispiel Strafrecht, Munchen;

Lazar, Ariela. 1999. "Deceiving Oneself Or Self-Deceived? On the Formation of Beliefs 'Under the Influence' ". in: Mind 108 (430).

Light, P. C. 2006. "The tides of reform revisited: patterns in making government work, 1945~2002". *Public Administration Review* 66(1).

Loeser, Roman. 1994. *System des Verwaltungsrechts.* Bd.2, Nomos.

Lübbe-Wolff, Gertrude, 2000a, "Erscheinungsformen symbolischen Umweltrechts". In *Symbolische Umweltpolitik*, eds. Bernd Hansjürgens and Gertude Lübbe-

Wolff. Frankfurt am Main: Suhrkamp.

Lübbe-Wolff, Gertrude. 2000b. "Verfassungsrechtliche Grenzen symbolischer Umweltpolitik". in: Hansjurgens, B./Lübbe-Wolff, G.(Hrsg.): *Symbolische Umweltpolitik*. Frankfurt a. M.

MacCormick, D.N. 1984. *Der Rechtsstaat und die rule of law*. Juristenzeitung.

March, J. G., & Olson, J. P. 1983. "Organizing political life: What administrative reorganization tells us about government". *American Political Science Review* 77(02).

Maurer, Hartmut. 2009. *Allgemeines Verwaltungsrecht*. 17.Aufl., C.H. Beck, Mü nchen.

Merton, Robert K. 1968. *Social Theory And Social Structure*. The Free Press.

Meßerschmidt, Klaus. 2008. "Gesetzgebungslehre zwischen Wissenschaft und Politik Entwicklungstendenzen der Legisprudenz – Teil 1". Retrieved from http://www.zjs-online.com/dat/artikel/2008_2_37.pdf;

Neves, Marcelo. 1998. *Symbolische Konstitutionalisierung*. Schriften zur Rechtstheerie ; I-1. 187. Duncker & Humblot – Berlin.

Neves, Marcelo. 1999. "Von der symbolischen Gesetzgebung zur symbolischen Konstitutionalisierung". http://www.staatswissenschaft.de/pdf/IFSNachrichten16.pdf(Zusamenfassung von Neves 1998).

Newig, Jens. 2003. "Symbolische Umweltgesetzgebung - Rechtssoziologische Untersuchungen am Beispiel des Ozongesetzes, des Kreislaufwirtschafts und Abfallgesetzes sowie der Großfeuerungsanlagenverordnung". *Schriftenreihe zur Rechtssoziologie und Rechtstatsachenforschung* (RR), Band 84.

Newig, Jens. 2010. "Symbolische Gesetzgebung zwischen Machtausübung und gesellschaftlicher Selbsttäuschung". in: Michelle Cottier, Josef Estermann, Michael Wrase(Hrsg.) *Wie wirkt Recht?*, 301~322(Ausgewählte Beiträge zum ersten gemeinsamen Kongress der deutschsprachigen Rechtssozio-logie-Vereinigung 1. Auflage 2010) Reihe: Recht und Gesellschaft - Law and Society,

Bd. 1 nomos Verlag.

Noll, Peter. 1972. "Gründe für die soziale Unwirksamkeit von Gesetzen". in: Manfred Rehbinder/Helmut Schelsky (Hg). *Zur Effektivität des Rechts* (Jahrbuch für Rechtssoziologie und Rcchtstheorie, Bd. lll), Düsseldorf: Bertelsmann, S.

Noll, Peter. 1981. "Symbolische Gesetzgebung". in: *Zeitschrift für Schweizerisches Recht* (N.F.) 100(Basel: Helbing 8.: Lichtenhahn).

OECD. 2019. "Exposure to PM2.5 in countries and regions". https://stats.oecd.org/index.aspx?queryid=72722.

Park C-O / Joo J. 2010. "Control over the Korean bureaucracy: a review of the NPM civil service reforms under the RohMoo-Hyun government". *Review of Public Personnel Administration* 30(2): http://rop.sagepub.com/content/ 30/2/189.

Pears, David. 1985. "The goals and strategies on self-deception". in: Elster, J. (Hrsg.): The multiple self, Cambridge.

Radin, Beryl A. / Chanin, Joshua M. 2009. *Federal Government Reorganization: A Policy and Management Perspective.* Jones & Bartlett Publishers.

Renzema, M. / Mayo-Willson E. 2005. "Can Electronic Monitoring Reduce Crime for Moderate to High-risk Offenders?". *Journal of Experimental Criminology* 1(2).

Röhl, Klaus F. 2010. "Die Macht der Symbole". Michelle Cottier, Josef Estermann, Michael Wrase(Hrsg.). *Wie wirkt Recht?.*

Rosenbloom, David. H. 1994. *Handbook of Regulation and Administrative Law.* CRC Press.

Rottleuthner, Hubert / Rottleuthner-Lutter, Margret. 2010. "Effektivität von Recht: Der Beitrag der Rechtssoziologie". in: Wagner, Gerhard(Hrsg.). *Kraft Gesetz – Beiträge zur rechtssoziologischen Effektivitätsforschung.* VS Verlag.

Sabatier, P. A. 1988. "An advocacy coalition framework of policy change and the role of policy-oriented learning therein". *Policy Sciences* 21(2).

Sack, Fritz. 2009. "Symbolische Kriminalpolitk und wachsende Punitivität", in: Dollinger, Bernd / Schmidt-Semisch, Henning(Hrsg.). *Handbuch Jugendkrimi-*

nalität: Kriminologie und Sozialpädagogik im Dialog. Springer-Verlag.

Sakizlioglu, Nur Bahar / Uitermark, Justus. 2014. "The symbolic politics of gentrification: the restructuring of stigmatized neighborhoods in Amsterdam and Istanbul". *Environment and Planning A 2014* volume 46(doi: 10.1068/a45638).

Sánchez Lázaro, Fernando Guanarteme. 2008. "Öffentliche Meinung und Strafrecht". Retrieved from http://www.zis-online.com/dat/artikel/2008_4_234.pdf;

Sarcinelli, Ulrich. 2008. "Symbolic Politics". https://doi.org/10.1002/9781405186407.wbiecs127.

Schmehl, Arndt. 1991. "Symbolische Gesetzgebung". Zeitschrift für Rechtspolitik 24. Jahrg., H. 7 (Juli 1991). https://www.jstor.org/stable/23422424.

Seelmann, Kurt. 1991. "Risikostrafrecht". KritV 74.

Selznick, Philip / Nonet, Philip. 1978. *Law and Society in Transition: Toward Responsive Law*. Harper & Row.

SHIN, Okju. 2017. "Grundrechtliche Schutzpflicht des Staates in der Verfassung der Republik Korea". *Ritsumeikan Law Review* No.35.

Siehr, Angelika. 2005. "'Objektivität' in der Gesetzgebung? Symbolische Gesetzgebung zwischen Rationalitätsanspruch des Gesetzes und demokratischem Mehrheitsprinzip". ARSP: *Archiv für Rechts- und Sozialphilosophie / Archives for Philosophy of Law and Social Philosophy* Vol.91, No.4, https://www.jstor.org/stable/23681579;

Siehr, Angelika. 2016. "Symbolic Legislation Under Judicial Control". in: Klaus Meßerschmidt / A. Daniel Oliver-Lalana. Rational Lawmaking under Review Legisprudence According to the German Federal Constitutional Court. Springer. https://www.academia.edu/29078225/Symbolic_Legislation_Under_Judicial_Control?auto=download.

Tamanaha, Brian Z. 2006. *Law as a means to an end : Threat to the Rule of Law*. Cambridge University Press.

Tennessee Board of Probation and Parole In conjunction with Middle Tennessee State

University Department of Criminal Justice Administration. 2007. "Monitoring Tennessee's Sex Offenders Using Global Positioning Systems - A Project Evaluation". Retrieved from http://www.correcttechllc.com/uploads/document39.pdf;

Thompson, E. P. 1975. *Whigs and Hunters: the Origin of the Black Act.* Pantheon Books.

Traughber et al. 2007. "Monitoring tennessee's sex offenders using global positioning systems" state of tennessee board of probation and parole.

Unger, R.M. 1976. *Law in Modern Society: Toward a Criticism of Social Theory.* Free Press.

van Klink, Bart. 2016. "Symbolic Legislation: An Essentially Political Concept". in: Bart van Klink, Britta van Beers and Bart van Klink(eds.). *Symbolic Legislation Theory and Developments in Biolaw.* Springer: Cham 2016.

Vogelsang-Coombs, Vera / Cummins, Marvin. 1999. "Reorganizations and Reforms: Promises, Promises". in: Kearney / Berman(ed.). *Public Sector Performance: Management, Motivation, And Measurement.*

Voigt, Rüdiger. 1989. "Mythe, Rituale und Symbole in der Politik" in: Voigt, R.(Hrsg). *Symbole der Politik — Politik der Symbole.* Leske + Budrich.

Voigt, Rüdiger(Hrsg). 1989. *Symbole der Politik — Politik der Symbole.* Leske Budrich.

Voß, Monika. 1989. "Symbolische Gesetzgebung: Fragen zur Rationalität von Strafgesetzgebungsakten". *Abhandlungen zur rechtswissenschaftlichen Grundlagenforschung* 72. Ebelsbach.

Wagner, Gerhard(Hrsg.). 2010. Kraft Gesetz - Beiträge zur rechtssoziologischen Effektivitätsforschung. VS Verlag.

Wintgens, Luc. 2006. "Legisprudence as a New Theory of Legislation". Ratio Juris · March 2006: DOI: 10.1111/j.1467-9337.2006.00315.x;

Yoon, Dae-Kyu. 1990. *Law and Political Authority in South Korea,* Westview Press & Kyungnam Univ. Press.

찾아보기

ㄴ

ㄷ

ㅅ

ㅊ

ㅋ

숫자·영어

지은이

홍준형(洪準亨)

현재 서울대학교 행정대학원 교수

서울대학교 법과대학 및 대학원 법학과 졸

독일 괴팅겐 대학교 법학박사(Dr.iur.)

서울대학교 국가전략위원회 위원장(2019~현재)

행정안전부 주민등록번호변경위원회 위원장(2017~현재)

정보보호산업분쟁조정위원회 위원장(2016~현재)

문화재위원회 위원 역임(2017~2019)

베를린자유대 한국학과 초빙교수·한국학연구소장 역임(2001~2003)

한국학술단체총연합회 이사장/한국공법학회·한국환경법학회 회장 역임

개인정보분쟁조정위원회 위원장/중앙환경분쟁조정위원회 위원/환경정의 정책기획위원장 역임

※ 주요 저서

『한국행정법의 쟁점』(2018), 『시민을 위한 행정법입문』(2018), 『행정법』(2017), 『환경법특강』(2017), 『행정쟁송법』(2017), 『행정구제법』(2012), 『법정책의 이론과 실제』(2008), 『공공갈등의 관리: 과제와 해법』(공저, 2008), 『환경법』(2005), 『행정구제법(제4판)』(2001), 『판례행정법』(1999), *Die Klage zur Durchsetzung von Vornahmepflichten der Verwaltung* (1992).

한울아카데미 2236

상징입법
겉과 속이 다른 입법의 정체

지은이 **홍준형** | 펴낸이 **김종수** | 펴낸곳 **한울엠플러스(주)** | 편집 **배소영**
초판 1쇄 인쇄 **2020년 7월 1일** | 초판 1쇄 발행 **2020년 7월 15일**
주소 **10881 경기도 파주시 광인사길 153 한울시소빌딩 3층**
전화 **031-955-0655** | 팩스 **031-955-0656** | 홈페이지 **www.hanulmplus.kr**
등록번호 **제406-2015-000143호**
ISBN **978-89-460-7236-7 93360**
Printed in Korea.

※ 책값은 겉표지에 표시되어 있습니다.